동양
사상으로
읽는
영문학

동양사상으로 읽는 영문학

인 쇄 2018년 11월 10일
발 행 2018년 11월 15일

저 자 강용기
발행인 정병석
발행처 전남대학교출판문화원

등 록 1981. 5. 21. 제53호
주 소 61186 광주광역시 북구 용봉로 77
전 화 (062) 530-0571～2 마케팅 530-0573
팩 스 (062) 530-0579
홈페이지 http://www.cnup.co.kr
이메일 cnup0571@hanmail.net

값 15,000원

ISBN 978-89-6849-567-0 (93150)

이 도서의 국립중앙도서관 출판예정도서목록(CIP)은
서지정보유통지원시스템 홈페이지(http://seoji.nl.go.kr)와
국가자료종합목록시스템(http://www.nl.go.kr/kolisnet)에서 이용하실 수 있습니다.
(CIP제어번호 : CIP2018036243)

동양 사상으로 읽는 영문학

강용기

전남대학교출판문화원

CONTENTS

1. 들어가며

외국 문학을 연구하는 목적이 있다면, 그것은 해당 나라 사람들의 생각과 정서 혹은 습속을 모방하기 위함이 아닐 것이다. 그것이 모방은 아니지만, 그렇다고 단순한 호기심 때문에 외국어 습득의 난관을 극복하면서 다른 나라의 문학을 애써 연구하는 것도 아니다. 보다 넓은 시각으로 보면, 외국 문학을 공부하는 목적은 우선 해당 외국의 문화를 이해하는 것으로 수렴될 것이다. 교통과 통신 수단이 급속도로 발달함에 따라 인류의 역사상 그 어느 때보다 물질적, 문화적 교류가 더 활발해진 오늘의 지구촌 현실에서 외국 문화 이해의 필요성을 부정하는 사람은 없을 것이다. 더구나 오늘날 지구촌의 정치군사적 갈등과 충돌이 기실 문화적, 종교적 편견과 몰이해에 기인한 바가 크다는 점을 상기하면, 문화 이해와 문화적 관용의 필요성을 강조하지 않을 수 없다. 영문학 연구도 영문학 작품을 생산한 나라와 사라들의 문화에 대한 보다 심도 깊은 이해에 맞추어져야 함은 당연하다.

물론 한국인이 영문학을 공부하는 목적이 영미 문화의 이해에 머물 수는 없다. 그것은 오히려 영문학 연구를 통하여 얻은 지혜와 통찰력이 우리에게 한국의 문학과 문화를 보다 객관적인 시각으로 바라보도록 도와주는 역할을 포함함은 물론, 영미 문학 작품에 대한 새로운 해석의 가능성을 제공함으로써 영미비평의 지평을 넓힐 수 있을 뿐만 아니라 궁극적으로 영미인들이 자신들의 문화를 보다 더 객관적으로 바라볼 수 있도록 유도하는 차원까지 포함해야 할 것이다. 무릇 현대의 영문학 연구는 마르크스주의 비평으로부터 시작하여 해체사상이나 (탈)식민주의 담론에 이르기까지 서양의 사회사상과 철학사상에 그 뿌리를 내리고 있는 수많은 비평의 틀에 기대어 이루어져 왔다. 한국의 영문학계도 예외가 아니다. 최근에 일부 연구자들이 간헐적으로 동양철학이나 한국의 사상을 비평의 배경으로 삼아 영문학 작품을 읽고 분석하는 시도를 하고 있으나 대부분의 연구자들은 역시 서구유럽의 비평방식을 답습하고 있다. 물론 영문학도로서 영문학 작품을 보다 깊고 정확하게 이해하기 위하여 작품의 철학적, 사상적 배경을 섭렵하는 작업이 매우 중요하다. 그러나 전술하였듯이, 영미인들이 자신들의 문학 작품을 보다 객관화하여 이해하려면 그들이 천착하는 비평의 틀로부터 스스로 일정한 거리를 유지할 필요가 있다. 이것이 타문화권의 영문학 연구가 절실히 요구되는 지점이다. 일반화의 위험성은 있으나, 아무래도 동양의 사상과 철학에 친숙한 동양인 연구자가 영미문학비평학계에 동양사상에 기반을 둔 독법을 제공함에 있어서 영미인 연구자들보다 더 유리한 입장에 있기 때문이다.

이 책은 동양사상을 비평의 틀로 삼아 시, 소설, 희곡 등, 다양한 영문학 작품을 분석한 내용이다. 주지하듯이, 불교사상과 노장사상 그리고 동양의 음양이론 등은 그 논리적인 모호성에도 불구하고 매우 매력적인 문학비평의 틀이다. 그것들이 논리적인 모호성을 노출하기 때문에 그 반대급부로 사고와 상상력의 깊이와 탄력성을 확보한다. 예컨대, 불교의 연기론은 가히 모든 문학 작품을 분석할 수 있는 논리적 탄력성을 지니고 있다. 중국의 음양론도 마찬가지다. 한 번이라도 연기론이나 음양이론으로 문학작품을 분석한 경험이 있는 연구자라면 그 후 다른 작품을 읽을 때도 저절로 연기론이나 음양론을 떠올리기 마련이다. 동양사상은 그만큼 마력을 지니고 있다. 한국의 많은 영문학도들이 그러한 마력에 취하는 것은 바람직하다고 믿는다. 이 책은 그러한 믿음의 실천이다.

이 책에 실린 글은 대부분 필자가 지난 20여 년 동안 관련 학회지에 기고한 논문을 모아 수정·보완한 내용이다. 2-1. 오온의 굴레 – 사무엘 베케트의 『고도를 기다리며』는 「'모자'와 '장화' 벗기 – 불교사상으로 읽는 사무엘 베케트의 『고도를 기다리며』」 (『동서비교문학저널』 39호), 2-2. 오온의 폭력성 – 제럴드 비즈너의 『챈서즈』는 「오온 비우기 – 제럴드 비즈너의 『챈서즈』」 (『영미문화』 16권 4호), 2-3. 무상을 넘어서 – 개리 스나이더의 『정상의 위험을 중심으로』는 「개리 스나이더의 공성 – 『정상의 위험』을 중심으로」 (『문학과 환경 13권 1호), 2-4. 연기적 자아를 향하여 – D. H. 로렌스의 『사랑하는 여인들』은 「불교의 연기론으로 본 사랑 – D. H. 로렌스의 『사랑하는 여인들』 (『동서비교문학저널 25호), 2-5. 연기적 주권을 향하여 – 북미 인디언 문학계의 문화주권 논쟁은 「연기적 주권을 향하여 : 미국 인디언 문학 비평에서 민족주의와 세계시민주의 논쟁」 (영미문화 17권 4호), 2-6. 전체주의적 생태론의 대안으로서 불교 생태학은 「불교 생태학은 전체주의적 자연관의 대안인가?」 『동서비교문학저널』 18호), 3-1. 음과 양의 조화로서의 신 – D. H. 로렌스의 『날개 달린 뱀』은 「음양이론을 통한 성차별주의의 극복과 그 한계 – D. H. 로렌스의 『날개 달린 뱀』」(『동서비교문학저널』 13호), 3-2. 무위자연의 정치학 – 어슐러 K. 르귄의 『어둠의 왼손』은 「어슐러 K. 르귄의 『어둠의 왼손』에서 현실의 확장」(『현대영미소설』 22권 3호), 4-1. 고은과 개리 스나이더의 공(空)과 그 정치학은 「무상과 공감 – 고은과 개리 스나이더의 시적 변주」(『문학과 환경』 16권 4호), 4-2. 토착문화로 귀의하는 김지하와 개리 스나이더의 생태시학은 「김지하와 개리 스나이더의 토착문화 그리고 자연」(『문학과 환경』 1권 2호), 그리고 4-3. 공(空)과 차연(差延)의 접점 – 개리 스나이더의 「수면의 물결」은 「지속가능한 사회를 향한 (반)문화 서사 – 개리 스나이더의 「수면의 물결」」(『문학과 환경』 5권 2호)을 각각 수정하고 보완한 내용임을 밝힌다.

2. 불교사상으로 읽기

불교는 절대자를 신봉하지 않고 논리를 중시한다는 점에서 종교라기보다는 하나의 철학이다. 불교의 제법무아(諸法無我), 오온(五蘊), 공(空), 혹은 연기(緣起) 등의 개념이 모두 논리적인 사유의 결과물이다. 붓다는 불법을 모범적으로 실천한 인물일 뿐이다. 불교사상의 이러한 논리성과 실증성은 주지하듯이 동서양을 막론하고 인문학은 물론 자연과학계에서까지 진지한 연구의 대상이 되어왔다. 특히 동서양의 철학과 문학은 불교의 핵심 사상과 개념들에 지대한 관심을 기울이고 있다. 예컨대, 중국과 인도의 관련 학자들을 필두로 수많은 인문학자들이 불교의 공을 20세기 말엽에 서양의 해체철학을 집대성한 자크 데리다(Jacques Derrida)의 차연(差延, differance)의 개념과 비교·연구하였다. 심리학과 정신의학계의 연구에서도 불교사상을 원용하는 연구가 활기를 띠고 있다.

아쉽게도 국내외를 막론하고 영문학도들이 불교사상을 비평의 틀로 활용하는 연구는 아직도 찾아보기가 쉽지 않다. 그나마 한국동서비교문학회의 회원들이 주축이 되어 동양과 서양의 철학 사상을 비교·연구하거나 한국의 문학 작품을 서양의 문학 작품과 비교하는 연구를 활발히 수행하고 있어서 다행이다. 그러나 비교 연구 대부분이 동양사상과 서양사상의 정합성을 밝혀내는 작업에 초점을 맞추고 있는 점은 아쉬운 대목이다. 이제 관련 연구는 두

사상의 정합성을 찾아내는 단계를 넘어 동양사상이라는 비평의 틀로 서양 문학에 내재한 사상과 주제를 조명함으로써 서양문학 비평의 지평을 한 걸음 더 확장하는 연구를 지향해야 할 때이다. 이 장에서 수행하는 영문학 작품의 분석은 작품의 플롯과 주제 혹은 시점과 인물설정의 허와 실을 불교사상의 틀로 들여다봄으로써 작가의 작중 (탈)메시지를 감히 서양비평의 틀로부터 탈출시키기를 시도한다. 영문학 작품 속에서 군림하는 서양사상은 이제 더 이상 보편적인 진리가 아니고 기껏해야 상대적 진리의 지위에 만족해야 할 터이다. 이 장에서 영문학 작품을 불교사상으로 읽는 시도는 어쩌면 서양사상의 전체성에 대한 도전이다.

2-1. 오온의 굴레 – 사무엘 베케트의 『고도를 기다리며』

I

플레처(John Fletcher)가 베케트의 작품에서 무엇이든 '적극적인 의미'를 찾는 것은 오류라고 단언하듯이(51), 『고도를 기다리며』(Waiting for Godot, 이후 『고도』로 표기함)를 포함하여 사무엘 베케트(Samuel Beckett)의 극과 시 그리고 소설 등, 다양한 장르의 작품들을 관류하는 작가의 메시지가 있다면, 그것은 의미의 불확실성일 것이다. 베케트는 자신의 작품을 자신이 연출할 때는 연극적 요소의 정확성을 극도로 추구하였는데, 그 목적은 작품의 합리적인 의미나 메시지를 정확하게 전달하기 위해서가 아니고 오히려 의미를 불투명하게 하려는 효과 때문이었다고 한다(McDonald 55). 베케트가 자신의 작품에서 의미 찾기를 거부하는 의도에는 특히 두 번의 참혹한 세계전쟁을 겪은 서유럽의 후기 모더니스트 작가로서 휴머니즘의 위선을 개탄하는 속내가 숨어 있을 법하다. 인간사랑을 DNA로 삼은 서구의 형이상학과 문화가치의 진정성과 정당성이 무너지는 현실을 살아내면서 그는 이제 "출신지가 없는 예술가"(Disjecta, 149)이기를 자처한다. 유럽이라는 지역적, 문화적, 역사적 그리고 사상적 편견으로부터 벗어나고 싶었을 터이다. 환언하면, 그는 엘리어트(T. S. Eliot)가 말한 "종족의 방언을 순화하는"(194) 작품을 넘어 그것이 가능하든 불가능하든 유럽의 방언들을 초월하는 보편적 메시지를 추구한 작가로 볼 수 있다. 베케트는 "일반화된 문화 현상"을 묘사하는 작품을 썼다거나(Boxall 160)

그의 “상상력은 역사 밖에서 작동하였다”(Gilman 83)는 언급은 모두 문화적 편견을 제거하려는 작가의 노력을 증거하고 있는 것이다.

베케트가 보편적 주제를 탐색한다는 진술은 자칫 오해를 야기할 수 있다. 전술하였듯이, 그의 문학적 서사는 서구 유럽 중심의 보편주의 문화가치를 거부하거나 적어도 회의하기 때문이다. 그는 다만 특수한 지역성과 문화적 범주를 넘어서는 보편가치의 존재 가능성까지 부정하지는 않는다. 예컨대, 작가는 『고도』에서 드넓고 고매한 의미를 찾는 것은 “적절치 못한” 독법이라고 말하면서도 “그러나 그것은 분명히 가능하다.”라는 언급을 덧붙임으로써 의미심장한 여운을 남긴다(The Letters, 316). 베케트의 주제는 결국 보편성과 특수성을 동시에 추구한다는 진단이 가능하며, 그러한 모순어법을 가능하게 하는 그의 문학적 전략을 응축하는 단어가 ‘불확실성’이다. 베케트의 문학에서 보편적 의미는 불확실하다. 그러나 보편적 의미가 불확실하다는 언사는 보편적 의미가 존재하지 않는다거나 그것의 포착 가능성마저 부정하는 뜻이 아니라는 것이다. 결국 베케트는 『고도』에서 보편적 의미 찾기의 가능성을 배제하지 않으면서 특수한 의미 찾기의 가능성을 모두 허용하고 있는 것이다. 즉, 불확실성과 무정의(無定意) 그리고 추상성이라는 베케트 문학의 키워드가 다양한 문화적, 사회적, 정치적 맥락에서 『고도』를 조명할 수 있는 독법의 탄력성을 허용한다(McDonald 56). 그처럼 다양한 독법 중의 하나가 이 작품을 불교사상으로 분석하는 것일 수 있다.

이 글은 『고도』가 암시하거나 혹은 풍유하는 자아(self)의 문제를 불교적 관점으로 탐색한다. 특히 오온(五蘊)의 개념과 연기론(緣起論)을 그러한 자아의 문제를 탐구하는 비평의 틀로 삼는다. 이러한 불교적 독법은 베케트 문학이 천착하는 주제, 곧 특수성과 보편성 혹은 "구체성과 추상성의 상호작용"(Hulle xviii)과 그 맥을 함께 할 수 있을 것이다.

Ⅱ

무대가 열리자마자 관객은 황량한 시골길에 앉아 장화를 벗으려고 애쓰는 에스트라공(Estragon)의 모습을 보면서 그리고 이후 같은 행동이 반복되는 것을 확인하면서 에스트라공의 장화 벗기와 이 극작품의 (탈)주제 사이의 함수관계를 떠올릴 법하다. 더구나 장화 벗기에 이어 에스트라공과 블라디미르(Vladimir)의 모자 벗기와 쓰기가 반복되고 럭키의 장광설이 모자를 씌어주자 시작되고 모자를 벗기자 끝난다는 상황이 더해지면 언뜻 하찮아 보이는 이러한 동작은 이 작품 안에서 각별한 풍유(諷諭)의 기능을 담당하고 있음이 분명해진다. 이 글에서는 우선 모자와 장화 벗기의 풍유적 의미를 불교의 자아관에 기대어 짚어보려 한다. 19세기의 서양문학에서 자아 정체성을 찾는 문제가 문학의 중요한 관심사였다면, 20세기에는 자아의 개념 자체의 (불)가능성에 보다 진지한 관심을 기울인다는 모드(Ulrika Maude)의 언급은 적어도 『고도』가 전달하는 다양한 주제의 한 축을 여지없이 제시하고 있다고 보기 때문이다.

결론부터 말하자면, 장화와 모자는 각기 서로 다른 자아의 구성인자를 풍유한다. 더 구체적으로 장화는 물질적, 생리적 인간조건을 가리킨다면, 모자는 인간의 의식을 지배하는 문화 가치, 이를테면 종교, 이념, 사상, 지식 등을 포괄하는 형이상학적인 인간 조건을 풍유한다고 볼 수 있을 것이다. 그래서 블라디미르, 에스트라공, 포조(Pozzo)와 럭키(Lucky) 등, 네 인물이 예외 없이 모자와 부츠를 착용하고 있다. 한편, 예의 형이하학적인 조건과 형이상학적인 요소는 불교에서 가르치는 오온가화합(五蘊假和合)의 개념을 떠올리게 한다.[1] 즉, 모자와 부츠의 풍유적 의미는 인간의 자아는 기실 오온(色受想行識)의 합에 불과하다는 제법무아(諸法無我)의 불교사상을 전제한다고 볼 수 있는 것이다.

본디 무아임을 전제하는 불교의 자아관에서는 생리적인 기본 욕구를 제외하면 무엇이든 본질적인 인간 조건을 인정하지 않는다. 인간의 (무)의식, 곧 오온은 생득적으로 주어지는 것이 아니라,

---

1 부파불교(部派佛教)나 상좌부불교(上座部佛教)는 물론 대승불교에서도 오온(五蘊, panka-skandha)의 개념을 상정한다. 주지하듯이, 오온이란 자아를 구성하는 다섯 가지의 요소, 즉 색(色), 수(受), 상(想), 행(行), 식(識)을 가리킨다. 색온은 물질의 집합이나 몸을 지칭한다. 색온이 몸이라면, 나머지 넷은 물리적인 형체가 없으면서 감각과 정신작용에 관여하는 요소들이다. 즉, 수온은 오감을 통하여 외부의 자극을 받아들이는 감수 작용이다. 그것은 감정과 육체적인 감각 모두를 지칭한다. 상온은 물질적, 정신적 대상을 개념화하는 것을 의미한다. 그것은 생각, 광경, 소리 등의 경험이 형성하는 개념이다. 그러한 개념화는 필수적으로 언어의 매개를 거친다. 즉, 언어로 온갖 상을 짓는 것이다. 한편, 수온과 상온이 호오(好惡)의 분별을 낳고 온갖 계층적 이원론을 야기한다. 행온은 조작하는 마음의 활동(의지)이나 행위를 가리킨다. 행온이 업(業, karma)을 짓는다. 행은 자유를 성취하고 업을 예방하기보다는 호오의 감정을 일으켜 적대적인 반응만을 유발하기 십상이다. 마지막으로 식온은 마음속에 고착된 의식이나 지식의 총체다. 온갖 무상(無常)한 지식과 흔히 '~주의' 등의 철학적, 문화적 입장들이 모두 식온에 해당한다(강용기 4 참조).

그것은 경험과 훈육을 통하여 획득되는 것이다. 자아는 공(空)이기에 "끊임없는 부정의 운동일 뿐"(한자경 337)이라거나 "인간의 본질은 현실적으로 사회관계의 총화"(엄정식 91에서 재인용)라는 맑스(Karl Marx)의 언사는 모두 인간의 자아 정체성은 가지고 태어나는 것이 아니라 경험에 의하여 형성되는 성향임을 인정하고 있는 것이다. 특히 서구의 관념론에 뿌리를 두고 있는 선험적 자아 개념을 부정하는 실용주의 철학의 자아관이 불교의 그것과 닮아 있다는 사실은 흥미로운 점이다. 존슨(Mark Johnson)의 이른바 '체화된 마음'(the embodied mind)은 실용주의 철학이 상정하는 자아의 개념을 잘 설명하고 있다. 그의 체화된 마음은 선험적인 인간 정체성이 아니고 바로 삶의 경험을 통하여 축적된 오온의 총화다. 그가 말하는 몸의 의미는 단순히 물리적, 생리적 함의에 그치지 않고 사회문화적으로 확장되는 개념이다(276-77). 그의 체화된 몸은 늘 다섯 개의 온(蘊)이 상호작용하는 상태다. 그러한 상호작용은 듀이(John Dewey)의 '의식적 반응'(conscious response)의 개념에 의하여 잘 설명된다. 듀이의 의식적 반응이란 인간의 몸이 외부의 자극에 단순하게 물리적으로나 생리적으로만 반응하는 것이 아니고 과거의 자극에 의하여 축적된 반응 방식에 따라 반응한다는 개념이다(9). 생리적, 물리적 자극을 색온(色蘊)과 수온(受蘊)으로 치환하면, 그러한 일차적 자극은 상온(想蘊), 행온(行蘊) 그리고 식온(識蘊)의 변화를 일으키고, 그렇게 변화된 반응 방식은 다시 미래의 외부 자극에 되먹임하면서 자극 자체에 변화를 야기한다는 것이다. 그렇다면 듀이의 '의식적'이라는 수식어는 생리적, 물리적 의미와 형이상학적 함의를 모두 포괄하는 용어다. 즉, 듀이와 존슨의 실용주의 인간관도 선험적인 자아의 본질을 부정하면서 유기적으로 상호작용하는 오온가화합의 상태가 자아의 실상임을 직시하고 있는 것이다.

『고도』는 불교사상과 서구의 경험주의 철학이 문제로 삼는 관념적 구속 그리고 끈질긴 물질적 속박으로부터 끝내 벗어날 수 없는 인간의 희비극적 상황을 절묘하게 묘사하고 있다. 이 희곡의 모두에서 장화를 벗으려 애쓰는 에스트라공이나 모자를 벗어 그 안을 들여다보면서 무언가를 찾으려는 블라디미르가 "되는 일이 없어"(7)라고 입버릇처럼 중얼거리는 상황이나 아마도 물질적인 주종 관계로 엮여있거나 혹은 정치적인 힘의 논리에 지배당하는 포조와 럭키의 상황이 모두 오온의 굴레를 벗어날 수 없는 현대인의 곤궁한 처지를 표상하고 있다. 과연 베케트는 이 극작품에서 최악의 인간존재상황을 코믹한 이야기로 만들어버리는 범상한 능력을 발휘하고 있다(Cronin 391). 블라디미르와 에스트라공이 그토록 기다리는 고도를 끝내 만나지 못하는 이야기의 결말은 차치하고라도 네 명의 주요 등장인물들이 주고받는 대화와 하찮은 동작에 배어있는 회의와 절망의 정서와 논리만으로도 이 극작품은 일관된 자아 정체성을 유지하려는 현대인의 욕망을 좌절시키기에 충분하다.

Ⅲ

네 명의 주요 등장인물은 각기 다른 자아의 구성인자를 표상한다. 우선 블라디미르와 에스트라공은 일찍이 에슬린(Martin Esslin)

도 지적하였듯이 자아의 두 측면을 표상하는 인물들이다(48). 블라디미르는 그의 언행이 이성과 논리에 기대고 있는 철학자라면, 에스트라공은 감성에 경도된 시인이다(9). 서구의 로고스중심주의에서 그의 논리를 끌어오는 블라디미르는 끝내 오지 않는 고도를 기다리며 희망의 끈을 놓지 않지만, 상대적으로 주의나 주장 등의 상온(想蘊)으로부터 보다 더 자유로운 에스트라공은 절망과 회의에 가까운 인물이다. 환언하면, 블라디미르는 보다 관념에 집착하는 인물이라면, 에스트라공은 표피적인 감각과 물질성에 경도된 인간형인 것이다. 물론 두 인물은 스스로 그들이 각각 집착하는 정신과 물질의 가치에 대한 의심과 회의를 품는다.

> 블라디미르: 나는 종종 그래도 그것[지연된 희망]이 다가오고 있다고 느끼네. 그리고는 또 매우 의심을 하지. (그는 모자를 벗어 그 안을 들여다보며 더듬어보고 흔들어본 후에 다시 쓴다.) 뭐랄까, 안심이 되면서 동시에 … (그는 적합한 단어를 찾는다.) … 섬뜩해. (강조하면서) 섬뜩해. (그는 다시 모자를 벗어 안을 들여다본다.) 우스워. (그는 이물질을 털어내려는 듯이 모자 꼭대기를 툭툭 친 후에 그 안을 들여다보고 모자를 다시 쓴다.) 아무 일(것)도 없군. (에스트라공은 무진 애를 쓴 끝에 장화 벗기에 성공한다. 그는 장화 속을 들여다 보고 더듬어본다. 그는 장화를 거꾸로 들고 흔든다. 그리고 무엇이 떨어졌는지 알아보려고 땅 바닥을 내려다보지만 아무 것도 없다. 그는 멍한 눈으로 앞을 응시하면서 장화 안쪽을 더듬는다.) 어때?
>
> 에스트라공: 아무 것도 없어.

Vladimir: Sometimes I feel it coming all the same. Then I go all queer. (He takes off his hat, peers inside it, feels about inside it, shakes it, puts it on again.) How shall I say? Relieved and at the same time ··· (he searches for the word) ··· appalled. (With emphasis.) AP-PALLED. (He takes off his hat again, peers inside it.) Funny. (He knocks on the crown as though to dislodge a foreign body, peers into it again, puts it again.) Nothing to be done. (Estragon with a supreme effort succeeds in pulling off his boots. He peers inside it, feels about inside it, turn it upside down, shakes it, looks on the ground to see if anything has fallen out, finds nothing, feels inside it again, staring sightlessly before him.) Well?

Estragon: Nothing. (8)

전술하였듯이, 모자와 장화는 자아를 구성하는 오온이다. 그리고 블라디미르가 모자에 집착하는 반면에 에스트라공은 장화에 더 큰 관심을 기울인다는 점은 두 인물이 각각 서로 다른 자아의 구성인자를 대표하는 상황을 형상화한다고 볼 수 있다. 그렇다면 모자는 무엇보다도 관념이 지어놓은 상온을 그리고 장화는 물질에 관여하는 색온을 풍유하고 있는 것이다. 주목할 점은 두 인물이 모두 그들이 집착하는 온의 실체를 찾지 못한다는 사실이다. 블라디미르는 '지연된 희망'(hope deferred)이라는 관념에 집착하면서도 그것이 실현되리라는 확신을 갖지 못한다. 그렇다고 그는 완전히 절망적이지도 않고 그저 불확실한 상황에 처해있다고 느낄 뿐이다. 관심의 방향은 다르지만 에스트라공도 장화, 곧 색온의 실체에 대한 확신이 없다. 그에게 색온은 생계를 유지하는 수단으로부터 시작하여 사회제도와 법규범 등, 개인을 구속하는 온갖 인간 조건을 함의한다. 그러한 외부의 구속으로부터 자유롭기를 추구하는 에스트라공이 애써 장화를 벗어 그 안을 면밀히 살펴보지만 거기에는 아무 것도 없다는 사실을 깨닫는다. 즉, 블라디미르가 모자 속에는 아무 것도 없다는 것을 깨닫고, 에스트라공이 장화 속에서 아무 것도 발견하지 못한다는 사실은 바로 오온개공(五蘊皆空)의 설법을 상기시킨다. 자아란 오온의 합일 뿐, 그것의 본질은 없음이다.

블라디미르는 서구 유럽이 플라톤(Plato) 이래로 인간성의 본질이라고 믿었던 인도주의(공감심)의 효용성이 무엇인가를 자문한다(7). 마치 오지 않는 고도를 기다리듯이 그는 인간 주체성의 본질적 존재에 대한 믿음을 포기하지 않는다. 블라디미르에게 자아의 본질적 구성인자의 존재를 확인시켜주는 인식론적 수단은 이성이다. 에스트라공에게 이성은 '죽은 목소리'에 불과하지만, 블라디미르는 이성의 힘으로부터 구원의 희망을 찾으려 애쓴다. 그는 "경험은 이성을 충분히 감당하지 못한다"(40)라고 말한다. 블라디미르에게 로고스중심주의, 곧 목적론적 관념에 뿌리를 둔 이성이 자아를 구성하는 가장 핵심적인 자성(自性)이다. 이성의 힘이 그에게 고도를 기다리라고 '중얼거린다.' 그래서 그는 죽음과 경험을 초월하는 구원을 꿈꾼다. 그래서 그는 다른 어느 인물보다도 비교적 고도의 귀환에 대한 믿음이 강하다.

이미 언급하였듯이, 블라디미르의 성향이 이성적 자아를 표상한다면, 에스트라공의 자아는 색온과 수온으로 기운다. 그에게 중요한 것은 블라디미르가 강조하는 관념적인 희망이기보다는 당장

식욕을 해결해 줄 '당근'이다. 그리고 블라디미르가 자아의 정체를 파악하는 수단은 '사고'(thinking)이지만, 에스트라공은 오히려 감각의 힘을 믿는다.

블라디미르: 사람들은 무얼 찾기 위하여 듣지.
에스트라공: 그래.
블라디미르: 그래서 찾지 못하지.
에스트라공: 그렇지.
블라디미르: 그래서 생각을 못하지.
에스트라공: 자네는 항상 똑같이 생각해.
블라디미르: 아니야. 그건 불가능해.
에스트라공: 그건 관념이네. 서로 의견을 달리하세.

Vladimir: When you seek you hear.
Estragon: You do.
Vladimir: That prevents you from finding.
Estragon: It does.
Vladimir: That presents you from thinking.
Estragon: You think all the same.
Vladimir: No no, impossible.
Estragon: That's the idea, let's contradict each other. (41)

에스트라공은 그것이 무엇이든 선험적인 존재를 가정하면서 그러한 초월적인 존재를 인식하기 위하여 데카르트류의 방법론을 동원하려는 블라디미르와 상당한 거리를 유지한다. 물론 에스트라공이 오감을 동원하여 진리(자아의 본질)를 파악하려는 방식을 다

믿지 못하듯이, 블라디미르도 일관성 있는 사유의 가능성을 신뢰하지 못한다. 사유의 일관성은 불가능하다. 그래서 에스트라공은 이성적 사유와 감성이 경합하도록 놓아두자고 제안하지만, 인식론적 상황이 그렇게 녹녹하지 않다. 이미 고도라는 관념, 즉 고착된 사고가 존재하기 때문이다. 그리고 진정으로 강압적인 자아 정체성은 사유하는 과정(thinking)이 아니라 고착된 관념(thought)의 소산이기 때문이다.

에스트라공이 그가 잠시 '머리를 잃었었다.'고 인정하면서 블라디미르와 벌이는 외발 서기 놀이는 정신, 관념, 이성의 힘이 물질, 경험, 감성의 힘과 경합하는 상황의 풍유다. 나아가 그것은 무엇이든 이원론적인 세계관을 전제하고 양쪽의 상반된 요소가 조화와 균형을 모색해야 하는 필요성을 강조하는 동작이다. 그것은 좌와 우, 정신과 물질, 이성과 감성이 계층적으로 이분화 되기 이전의 "원시적 호시절로의 회귀"(48)를 지향한다. 그리고 그것은 상(想), 행(行), 식(識)을 자아의 구성요소로서 색(色)과 수(受)의 우위에 두는 오류의 시정을 요구한다. 오온이 모두 자성의 소산이 아니고 기실 경험을 통하여 형성된 허상임에도 불구하고 그러한 허상들 사이에서 우열을 분별하는 현대인의 사유와 문화를 풍자하는 장면이다. 두 사람의 외발 서기 놀이가 끝내 서로 비방하고 욕설을 내뱉는 상황으로 치닫고 마는 것은 한편으로는 베케트가 뼈저리게 경험한 2차 세계전쟁을 비롯한 절망적인 사회적 상황을 꼬집고 있지만, 다른 한편으로는 자아를 정신과 몸으로 이분하는 서구의 형이상학을 총체적으로 비판하고 있는 것이다. 이 작품에 베케트가 집어넣은 온갖 주제의 불확실성에도 불구하고 블라디미르와 에스트라공은 확실히 두 발로 서기의 세계관을 지향한다. 블라디미르는 에스트라공을, 에스트라공은 블라디미르를 결코 떠날 수 없다. 외발로 설 수 없음을 아는 "그들은 서로 오래 동안 바라보다 갑자기 포옹하며 등을 토닥거린다"(38). 마치 두 사람의 포옹은 정신과 몸의 혼융인 듯이.

블라디미르와 에스트라공이 이성과 감성이라는 자아의 본질을 파악할 수 있는 인간의 인식론적인 능력을 두고 서로 상반된 입장을 보인다면, 포조와 럭키의 관계는 사회적 경험이 자아 정체성을 형성한다는 현실을 잘 보여주고 있다. 포조와 럭키의 조합은 주종관계, 지배와 피지배, 혹은 자본가와 노동자 사이의 계층관계를 연상시킨다. 블라디미르와 에스트라공이 장화와 모자를 벗어 그 안을 들여다보고 다시 착용하는 동작을 반복하면서 자아의 본질 자체와 그러한 자아의 존재를 인식할 수 있는 인간의 능력과 권리를 근원적으로 의문시한다면, 포조와 럭키의 관계는 미드(A. George H. Mead)가 말하는 이른바 '사회적 자아'의 존재를 예증하고 있다.[2] 포조와 럭키는 블라디미르와 에스트라공이 그처럼 애타게 기다리는 고도에는 관심이 없다. 그들에게 중요한 것은 물질의 힘과 사회정치적인 역학관계에 착근한 계층적 인간 조건이다.

포조와 럭키가 자아의 사회적 가변성(可變性)을 예증하는 관계

2 미드의 주장에 따르면, 인간의 의식은 심리적으로 고착되는 것이 아니고 사회적으로 형성된다. 자극에 대한 최초의 반응상(反應想)은 사라지지 않고 기억 속에 남아 있다가 새로운 자극과 융합된다. 따라서 그러한 반응상은 타자아들에 대한 '나'의 주의(attention)인 셈인데, 미드의 'me'의 개념은 타자들의 반응과 교감한 'I'이고, "사회적 교류를 하는 자의식적인 현실 자아"는 바로 그러한 반응 과정이 계속되는 객관화된 me다(406). 미드에게 자아는 과거의 자아가 새로운 사태에 반응하며 끊임없이 진화하는 사회적 자아다.

를 맺고 있다는 주장은 1막에서 매우 견고하던 주종관계가 2막에 오면 지배자로서 포조의 위상이 현저히 약화된다는 사실에 의하여 그 설득력을 확보한다. 포조가 2막에서 재등장할 때 그는 장님이 되어 있고 기억상실증을 앓고 있다(54, 56). 그가 눈이 멀었다는 사실은 나치즘과 파시즘 혹은 자본주의와 사회주의를 비롯하여 휴머니즘을 기치로 내건 온갖 정치체제와 사회제도가 방향성을 상실한 20세기 중엽의 사회적 곤궁함을 암시하는 한편, 그것은 그와 럭키 사이에 유지되어 온 계층관계가 변하고 있음을 시사하기도 한다. 행운의 무상성이다. 포조는 히틀러(Adolf Hitler)나 무솔리니(Benito Mussolini)를 연상시키는, 동료 집단의 지지가 없으면 살아갈 수 없는 정치적 인물이다. 그래서 그는 블라디미르와 에스트라공이 자신을 지지하는 동지가 되어주기를 간청한다.

> 포조: 그렇소, 신사양반들. 나는 나와 입장을 함께하는 사람들과 교류하지 않으면 오래 버틸 수 없어요. … 입장이 완벽하게 일치하지 않더라도 말입니다. … 그것이 내가 더 많은 모험을 떠나기 전에 신사분들의 허락을 받아 잠시 함께 하기를 청하는 이유입니다.

> Pozzo: Yes, gentlemen, I cannot go for long without the society of my likes. … even when the likeness is an imperfect one. … That is why with your permission, I propose to dally with you a moment, before I venture any further. (16-7)

포조는 권력을 향한 맹목적인 의지를 상기시키는 인물로서 행온에 빠진 중생이라고 치부할 수 있지만, 그와 럭키는 사실 공생하는 관계에 놓여있다. "그가 나의 호감을 사기 원해서 그를 데리고 있다."(21)라는 포조의 말에서 알 수 있듯이 피지배자인 럭키는 추호도 포조에 대한 저항감이나 반감을 드러내지 않는다. 이들의 공생 관계는 현대인의 자아 정체성에 내장된 수많은 층위의 계층 관계, 예컨대, 정치적 지배자와 피지배자의 관계를 포함하여 남성과 여성, 백인과 유색인종, 자본과 노동, 곧 현존과 부재 사이의 상호 의존성을 표상한다고 보면, 그것이 편견이든 아니든 그것은 현대인의 오온 특히 상온과 행온을 오롯이 증거하고 있다.

『고도』의 해체적 분석은 본질주의 자아론을 비판하는 유효한 독법이다. 이 극작품이 제공하는 "상상의 매트릭스"는 극의 내재적 일관성을 거부한다는 롤리(Paul Lawley)의 말은 극의 형식과 주제에 있어서 『고도』의 해체성을 잘 지적하고 있다(3). 특히 이 작품의 주제를 논의하는 비평가들이 모두 공감하는 단어가 있다면, 그것은 아마도 '불확실성'일 것이다. 베케트가 조이스(James Joyce)는 "전지와 전능"을 지향하는 예술가라면 자신은 "불능과 무지"를 지향한다고 말하거나(Federman 148에서 재인용), 현대 해체철학의 거두인 자크 데리다(Jacques Derrida)가 베케트는 "내가 가장 가깝게 느끼거나 혹은 내가 스스로 가장 가깝게 느끼고 싶어 하는 작가"(60)임을 인정하고 있다는 사실만 상기해도 베케트의 작품세계를 통괄하는 중요한 키워드 중 하나는 '해체'임이 분명하다. 전통적인 형식을 무시하고 2막으로 끝내는 파격이나 일관성을 찾기 어려운 주제와 인물 설정 그리고 등장인물들이 벌이는 언어유희나 무의미한 동작의 반복 등은 과연 해체적 문학 전략으로 읽힐 수 있다.

블라디미르와 에스트라공은 그 강도의 차이는 있으나 모두 고도의 귀환이라는 현존(presence)의 형이상학에 갇혀 있다. 그들은 각기 다른 언어적, 철학적, 종교적 로고스의 환상에 붙잡혀 있는 중생을 대표하는 인물들이다. 그들이 기다리는 고도는 어떤 특정한 의미로 정의되거나 정형화되지 않는다. 고도는 수많은 의미를 내포하면서 동시에 아무것도 의미하지 않는, 곧 해석을 거부하는 아포리아(aporia)다. 따라서 두 인물은 의미 없는 그들의 삶에 의미를 부여하기 위하여 의미 없는 고도에게 현존의 의미를 부여하려 애쓴다. 그러나 이 극이 끝날 때까지 고도의 정체는 밝혀지지 않는다. 예컨대, 블라디미르는 기표의 무한한 의미 생성, 즉 차연의 작동 때문에 고도의 정체성을 포착할 수 없다. 그렇다면 고도의 이름은 부재(absence)이고, 그것은 하나의 의미를 갖기보다는 하나의 기능이다(Worton 71). 곧, 그것은 모든 인간이 자신의 특수한 현존의 의미로 채우면서 비우고, 비우면서 채워야 하는 희망과 절망의 이중주다. 그리고 헤아릴 수 없이 많은 고도의 이름 중 하나가 자아임은 물론이다.

특히 등장인물들의 기억과 시간 개념이 불확실하다는 점은 역사적 현존의 해체에 관여한다. 블라디미르와 에스트라공은 그들이 어제 어디에 있었는지조차 확실하게 기억하지 못한다.

> 에스트라공: 우리는 어제 여기에 없었네. [여기에 있었다고 생각한다면] 그건 또 하나의 자네 백일몽일세.
>
> 블라디미르: 그렇다면 자네는 어제 우리가 어디에 있었다고 생각하는가?

에스트라공: 그걸 내가 어떻게 아나? 다른 곳에 있었겠지. 장소는 많아.

블라디미르: (스스로 확신하며). 그래. 어제 저녁에 우리는 여기에 있지 않았어. 그렇다면 어제 저녁에 우리는 뭘 했지?

Estragon: I tell you we weren't here yesterday. Another of your nightmares.

Vladimir: And where were we yesterday evening according to you?

Estragon: How would I know? In another compartment. There's no lack of void.

Vladimir: (sure of himself). Good. We weren't here yesterday evening. Now what did we do yesterday evening? (42)

시간 개념의 해체는 선형적 역사 발전에 대한 믿음의 전복이고, 현존의 형이상학적 전통에 의하여 고착된 자아 개념의 뒤흔들기다. 오늘의 내가 어제의 우리일 수는 없다. 두 인물의 기억 상실증은 과거와 전통이 지어놓은 자아 정체성, 곧 오온의 거부다. 기억(시간의 연장)과 습관(문화, 시간의 응축)은 실재를 반영하지 못한다(Lawley 35). 차연(differance)의 작동은 자아의 본질을 영원히 유폐시킨다. 『고도』는 그것이 휴머니즘이든 자아 정체성이든 보편적 의미 찾기를 거부한다. 그 이유는 보편적 의미는 인간의 고통을 야기하는 특수한 역사적 상황을 회피하기 때문이기도 하지만(McDonald 59), 베케트 자신이 고백하듯이, 표현할 보편적 의미 자체가 없으며 그것을 "표현할 수단이 없고, 표현할 수 있는 기준이 없으며 표현할 힘과 욕구가 없기" 때문이다(Proust, 103). 이 말은 자아의 보편적 의미 찾기에도 적용될 터이다.

럭키의 긴 독백은 끊임없이 이어져 온 형이상학의 역사 해체다. 일관성이 없는 럭키의 사고와 장광설은 "역사를 초월하는 모든 보편적 메타 서사의 개념을 전복하고 해체하는 서사"다(Nealon 44). 그것은 데카르트류의 관념론을 풍자하면서 동시에 서구의 로고스중심주의에 뿌리를 둔 인간중심사상과 휴머니즘의 허구성을 폭로하고 있다. 그의 열띤 연설 후에 럭키는 즉시 포조의 노예로 되돌아감으로써 휴머니즘의 가치를 표방하는 자본주의 체제의 위선과 비인도적인 수탈을 여지없이 고발하기 때문이다. 한편, 베케트가 여기에서 비판하는 사회 체제는 자본주의에 국한하지 않는다. 포조와 럭키 사이에 형성된 계층적 공생 관계는 사실 인류의 모든 역시 속에 존재했고 앞으로도 여지없이 존재할 인간 조건일 법하다. 역사는 절대적 인간 평등을 실현한 경험이 없다. 원시사회든 중세의 봉건사회든 혹은 사회주의 체제이든 자본주의 사회이든, 정치경제적 계층과 함께 인종주의적, 문화적 계층의식이 청산된 이상향을 지향하는 베케트의 언어는 늘 부재다. 그리고 베케트의 서사가 이상향을 향한 믿음을 포기하는 만큼 그것은 인간이 보편적 자아 개념을 실현할 수 있다는 확신을 버린다. 이상 사회의 건설을 추동하는 동력으로 믿어왔던 로고스중심주의와 휴머니즘의 가치는 이제 더 이상 현대인의 자아 정체성을 지배하는 보편적 미덕이 아니고 그 위상이 오온의 지위로 격하된 것이다.

Ⅳ

베케트가 『고도』에서 자아의 본질을 문제시한다고 하여 그가 자아의 존재 자체를 부정한다고 볼 수는 없다. 불교사상에서는 만물과 만인의 자성을 부정할 뿐이지 여전히 '산은 산이고, 물은 물임'을 인정하는 것은 주지하는 바이다. 그렇다면 인간의 자아 자체도 여전히 존재한다. 다만 그 본질이 고착된 상태로 존재하지 않는다는 주장이 제행무상(諸行無常), 제법무아(諸法無我)인 것이다. 블라디미르가 고도의 메신저 소년에게 "네가 내일 와서 나를 전혀 보지 못했다고 말하면 안 된다."(59)라고 말하는 장면은 자아의 불안정성을 드러내고 있지만, 다른 한편으로는 그만큼의 자아 정체성이라도 확보해야 하는 절박함이 묻어있기도 하다. 적어도 블라디미르는 블라디미르고, 에스트라공은 에스트라공임을 인정해주라는 짠한 요구이지만, 불교의 자아론에서는 그처럼 짠한 자아로 만족한다. 불교사상이 요구하는 자아는 본질적 자아가 아니고 연기적(緣起的) 자아이기 때문이다.

주지하듯이 석가모니 부처가 보리수 밑에서 깨달은 바는 연기의 법칙이다. 그리고 불교의 모든 종파가 예외 없이 수용하는 불교사상이 있다면, 그것은 연기법이다. 흔히 연기론을 설명할 때 인용하는 부처의 설법, '차유고피유(此有故彼有) 차유고피생(此有故彼生) 차무고피무(此無故彼無) 차멸고피멸(此滅故彼滅)'을 매시(Joanna Macy)는 "이것이 있을 때, 저것이 이루어진다. 이것이 생할 때, 저것이 생한다. 이것이 없을 때, 저것이 이루어지지 않는다. 이것이 멸할 때, 저것이 멸한다."("This being, that becomes./ From the arising of this, that arises./ This not being, that becomes not./ From the ceasing of this, that ceases.")라고 해석하고 있다(33). 매시가 굳이 '이것'과 '저것'의 관계를 원인과 결과의 관계로 보지 않으려는 속내를 드러내는 이유는 자칫 인과론이 허용할 수 있는 이것과 저것의 계층관계를 경계하기 때문이다. 연기론은 삼라만상의 계층관계를 부정하고 만물과 만인은 마치 인드라망의 구조처럼 상호의존적 관계를 맺고 있는 자연의 법칙을 따른다. 인간의 자아 역시 자립적으로 존재하는 실체가 아니고 타 자아와 상호 의존적인 경험을 통하여 형성되는 가소성(可塑性)의 존재다.

블라디미르와 에스트라공이 고독한 이유는 그들이 바로 연기론적 자아관을 수용하지 못하기 때문이다. 그들이 번갈아 가며 수차래에 걸쳐 장화와 모자를 벗어 그 안을 꼼꼼하게 들여다보며 무엇인가를 찾으려는 동작은 기실 자아의 본질 찾기다. 그들이 '아무것'(nothing)도 찾지 못하고 다시 모자를 쓰며 장화를 신는 동작을 반복하는 것은 자아의 본질적이 실체를 찾을 수 없다는 사실을 인정하면서도 자신의 자아를 결코 포기하지 못한다는 인간조건을 받아들이는 행위다. 그렇다면 고도를 기다리는 그들의 행위도 자아의 본질 찾기에 다름 아니다. 그리고 끝내 고도가 돌아오지 않는 상황은 자아의 본질을 찾으려는 그들의 '놀이'(play)가 승산이 없는 게임임을 증명하고 있는 것이다. 그러나 그들은 황량한 들판길을 떠날 수 없다. '가자'라고 몇 번이고 시도하지만, 그래도 그들은 '고도를 기다리기' 때문에 그 자리를 떠날 수 없다. 그들은 아직도 본질적인 자아 정체성을 성취할 수 있는 가능성을 포기하지 못하기 때문이다.

롤리는 끝내 연기론적 자아관을 받아들이지 못하는 블라디미르와 에스트라공의 곤궁한 처지를 넘어 작가의 관계론적 세계관을 견인하기 위하여 극 중 인물들의 입장을 벗어나 극을 보는 관객의 입장을 끌어들인다. 예컨대, 관객은 극 중의 인물들과는 달리 2막에서 나뭇잎이 두세 잎 돋아난 나무를 보면서 과거와 현재의 차이를 확신하는데, 이러한 상황에 대한 인물들과 관객 사이의 인식 차이, 혹은 모자와 장화에 대한 인물들 사이의 인식 차이를 감지하는 관객의 반응이 궁극적인 작가의 메시지라는 것이다(Lawley 40). 즉, 이 극작품에서는 주관적, 객관적 인식 경험이 공존하면서 무엇이든 관계론적 의미, 곧 과정으로서의 의미 생성이 가능해진다는 주장이다. 급기야 "안정성을 상실한 자아는 관계론적으로 존재할 수밖에 없다."(112)고 말하는 롤리의 지적은 확실히 연기적 자아론과 그 맥을 함께하고 있다. 고도는 블라디미르와 에스트라공 사이에 그리고 포조와 럭키, 두 메신저 소년들, 그리고 성경 속에서 인용한 두 도둑들 사이에 존재한다. 고도는 연기론적 자아의 또 다른 이름이다. 그것은 희망과 절망, 삶과 죽음의 이중주다. 그것은 자유다. 본질에 대한 집착을 비운 자리가 니르바나이기 때문이다. 블라디미르와 에스트라공은 이제 더 이상 오지 않는 고도를 기약 없이 기다리는 무명(無明)에서 벗어나 길을 떠나야 한다. 자아의 실체를 찾고 있는 한 그들은 황량한 들판 길을 떠날 수 없다. 자아는 조건에 따라 형성되고 타자와 상호 관련을 맺으면서 변화하는 과정임을 깨달을 때 그들은 비로소 연기적 고도를 만날 수 있을 터이다. 그들이 끝내 모자와 장화를 벗을 수 없듯이, 그들은 오온의 굴레에서 결코 벗어날 수 없다. 다만 오온이 자아의 본질적 실체라는 망상에서 벗어나 타자의 오온과 나의 오온이 연기적 관계에 놓여있다는 다르마를 깨달을 때, 블라디미르와 에스트라공은 절망과 불안의 황무지를 떠나 자유의 땅으로 들어설 수 있으리라.

2-2. 오온의 폭력성 – 제럴드 비즈너의 『챈서즈』

I

북미의 아니쉬나베(Anishinaabe) 토착민 작가인 제럴드 비즈너(Gerald Vizenor)의 소설과 시 그리고 그의 산문과 학술 논문을 일관하는 주제가 있다면, 그것은 토착민의 인종주의와 구미의 식민주의에 대한 그의 양비론적 입장일 것이다. 그의 첫 번째 소설 『베어하트』(*Bearheart*)에서 산문 「명백한 관습」("Manifest Manners")과 2009년에 출판된 『토착민의 자유: 자연적 이성과 문화적 생존투쟁』(*Native Liberty: Natural Reason and Cultural Survivance*)[3]에 이르기까지 그가 천착하는 주제는 이른바 '막장 신조'(terminal creeds)의 전복이라고 해도 과언이 아니다. 막장 신조의 한 면이 백인의 식민주의라면, 그 이면은 토착문화에 집착하는 토착민들 자신의 근본주의적인 집단의식이다. 비즈너에게 '인디언'(Indian)이라는 개념은 본디 존재하지 않는 허상에 불과하다. 그것은 유럽인 침입자들이 토착민에게 덧씌워 놓은 날조된 이름일 뿐이다. 따라서 그는 북미 토착민의 사고와 상상력을 특정한 틀에 가두려는 교묘한 식

---

3 비즈너는 언어의 의미 고착화를 막고 언어의 모호성을 되살려냄으로써 인디언 문화에 대한 그의 새로운 관점을 제시하기 위하여 새로운 어휘들을 만들어낸다. 생존 투쟁(survivance), 사회적 침술(socioacupuncture), 명백한 관습(manifest manners), 탈인디언(postindian), 상(상)을 짓는(imagic), 언어 극장(word cinema) 등이 대표적인 신조어다(Blaeser 263). 이러한 신조어들 자체가 주류의 문화에 대응하는 비즈너의 문화적 생존 전략을 함의한다. 예컨대, "생존 투쟁은 지배 그리고 노골적인 비극, 허무 및 희생논리의 담론에 대한 적극적인 저항과 거부다."(Vizenor, "The Aesthetics of Survivance" 88).

민주의적 욕망과 전략에 저항하는 한편 동시에 만들어진 인디언성(Indianness)에 농락당하는 토착민들의 과오를 질타한다. 주지하다시피, 비즈너는 유머러스하고 희화적이며, 넌지시 빈정대는 글쓰기 전략을 자주 구사한다. 비즈너 비평은 작가의 그러한 희화화와 빈정거림의 속살을 헤쳐 드러내 보이면서 현재의 지배계층과 토착민들 모두에게 (탈)식민주의적인 삶의 윤리적 전략을 요구한다. 비즈너의 트릭스터(trickster)는 그러한 (탈)식민적 윤리를 표상하는 인물이다.

토착민의 문학은 그것이 문자든지 구두든지 [문화적] 혼종이고 어느 것도 순수하거나 독립적이지 않은 문화적 교류(21)라는 크루팻(Annold Krupat)의 언급은 미국 토착민의 문화와 문학의 (탈)근대성, 특히 혼종(pastiche)과 잡종성(hybridity)을 지적한 말이다. 같은 맥락에서 비즈너도 "미국 토착민 이야기꾼들은 최초의 (탈)근대론자들이었다"("On This Ice", 293)라고 언급한다. 그렇다면 작가 자신의 주장에 걸맞은 (탈)근대 비평담론은 과연 비즈너의 양비론적 메시지의 역가를 확인시켜주는 하나의 유효한 잣대임에는 틀림없다. 그러나 비즈너의 문학적 메시지의 방점이 궁극적으로 문화적 침입자의 번역으로 뒤틀린 토착문화의 해방이고 보면, 또 다른 문화적 잠식으로 해석될 수 있는 서구의 (탈)근대사상에만 기대어 작가를 읽어내려는 시도는 일정한 아쉬움을 남긴다. 나아가 이 소설을 "다양한 의미에서 균형을 추구하는 인디언 문학"(Porter 43)의 하나라거나 개인의 상상력과 공동체 의식의 균형을 모색하는(Hume 139) 작품이라는 두루뭉술한 촌평에 공감하면서도 그러한 균형을 가능하게 하는 양비론적 조건에 관한 구체적인 설명이 아쉽다. 이 글은 비즈너의 『챈서즈』(*Chancers*)[4]를 동양사상의 틀로 읽어냄으로써 나름대로 그러한 아쉬움을 달래보려는 시도이다. 특히 불교의 오온(五蘊)을 염두에 두고 이 소설을 읽으면, 작중 인물들의 '막장 신조'가 함의하는 오류성과 폭력성이 보다 명확하게 드러난다. 본고에서는 불교의 오온 사상에 의지하여 그러한 오류와 폭력성의 심리적 근원을 밝히고, 동시에 오온의 제거를 도모하는 서사가 궁극적으로 지향하는 사유와 삶의 방식이 무엇인지를 짚어볼 것이다.

II

주지하듯이, 비즈너는 2차 세계전쟁 직후 일본에 체류하면서 일본 고유의 시형식인 하이쿠(haiku)에 매료되었고 1960년에 발표한 『바람이 낳은 시』(*Poems Born in the Wind*)를 필두로 하여 수많은 하이쿠 형식의 시를 썼다. 굳이 하이쿠를 "선(禪)의 문학적 확장" (Blaeser 259에서 재인용)이라고 일컬은 롤랑 바르트(Roland Barthes)의 언급을 상기하지 않더라도 비즈너의 작품이 지향하는 메시지가 일본 선불교 사상의 영향을 크게 받았음은 잘 알려진 사실이다. 특히 『챈서즈』의 주제는 무성(無性)의 불교 담론을 전경화하고

4 이 소설의 제목, *Chancers*는 '태양무인들'이 인디언 문화를 해치거나 폄하한다고 판단하는 인사들을 살해할 때마다 백인 식민주의자들에 의하여 살해당한 자신들의 조상이 한 사람씩 환생한다는 함의를 지닐 뿐만 아니라 동시에 미국 토착민들은 식민주의자들이 정형화한 인디언성을 벗어나 현재의 삶과 끊임없이 상호작용해야 한다는 작가의 메시지를 담고 있기 때문에 한국어 번역이 무척 까다롭다. 따라서 이 글에서는 영어 발음을 그대로 표기하기로 한다.

있다. 자아와 문화의 본질이 존재한다는 미망에 빠진 이른바 '태양 무인들'은 오온에 집착하고 그 결과는 증오와 살인의 동기로 작용한다. 이 장에서는 오온의 허상을 비우지 못하는 인물들의 과오를 분석하기에 앞서 우선 오온의 개념을 간략하게 살펴볼 필요가 있다.

부파불교(部派佛教)나 상좌부불교(上座部佛教)는 물론 대승불교에서도 오온(五蘊, panka-skandha)의 개념을 상정한다. 주지하듯이, 오온이란 자아를 구성하는 다섯 가지의 요소, 즉 색(色), 수(受), 상(想), 행(行), 식(識)을 가리킨다. 색온은 물질의 집합이나 몸을 지칭한다. 색온이 몸이라면, 너머지 넷은 물리적인 형체가 없으면서 감각과 정신작용에 관여하는 요소들이다. 즉, 수온은 오감을 통하여 외부의 자극을 받아들이는 감수 작용이다. 그것은 감정과 육체적인 감각 모두를 지칭한다. 상온은 물질적, 정신적 대상을 개념화하는 것을 의미한다. 그것은 생각, 광경, 소리 등의 경험이 형성하는 개념이다. 그러한 개념화는 필수적으로 언어의 매개를 거친다. 한편, 수온과 상온이 호오(好惡)의 분별을 낳고 온갖 계층적 이원론을 야기한다. 행온은 조작하는 마음의 활동(의지)이나 행위를 가리킨다. 행온이 업(業, karma)을 짓는다. 행은 자유를 성취하고 업을 예방하기보다는 호오의 감정을 일으켜 적대적인 반응만을 유발하기 십상이다. 마지막으로 식온은 마음속에 고착된 의식이나 지식의 총체다. 온갖 무상(無常)한 지식과 흔히 '~주의' 등의 철학적, 문화적 입장들이 모두 식온에 해당한다.

인간의 일상은 모두 오온의 작용으로 귀결된다. 예컨대, 장미꽃을 눈으로 보고 '좋다'라고 느끼는 것은 수의 작용 때문이다. 막연히 좋다고 느낀 장미꽃을 '아름답다'라는 언어로 표현한다면, 그것은 상온의 작용 때문이다. 그리고 『춘향전』을 읽고 '아름다운 사랑의 이야기'라고 언어로 개념화하는 것도 상온의 작용이다. 만약 아름다운 장미꽃을 소유하고 싶어서 한 송이 꺾는다면, 그 행위는 행온에 관련된다. 『춘향전』이 아름다운 사랑의 이야기이기 때문에 친구에게 읽기를 권하고 싶어 하거나 실제로 권하는 행위도 행온의 작용이다. 만약에 장미꽃을 수많은 다른 꽃들과 비교하여 가장 아름다운 꽃으로 분류하였다면, 그러한 작위는 식온이 작용한 결과다.

불교 전통에서 오온은 모두 허상이다(五蘊皆空). 오온은 그 본질적인 실체가 없다. 그럼에도 불구하고 인간의 자아는 오온에 집착함으로써 고통을 유발한다. 따라서 불교에서는 고(苦)를 소멸시키기 위하여 오온에 대한 집착이나 갈망을 끊으라고 가르친다. 즉, 오온을 끊어낸 자리가 니르바나인 것이다. 마음이 실재한다는 집착을 버리고, 오온이 모두 연기론적인 존재에 불과하기에 그것은 모두 공(空)하다는 것을 깨달으라는 가르침이다. 『챈서즈』의 플롯과 인물설정의 배경에는 오온의 해체를 도모하려는 작가의 의도가 분명하다. 비록 작가의 그러한 의도 자체도 하나의 행온(行蘊)이지만 말이다. 그래서 해체는 양날의 도끼다.

인간은 기실 오온가화합(五蘊假和合)의 존재에 불과할 뿐이라는 인식은 자칫 진리 상대주의의 함정에 빠질 위험이 있다. 자아의 근본적인 속성을 부정하는 것은 자아의 담지체인 개인의 책임을 면탈해주는 논리로 이용될 수 있기 때문이다. 그러나 오온을 비우고 무아임을 깨닫는다함은 자아의 본질을 부정할 뿐이고 그것이 연기론적 존재라는 엄숙한 (비)진리의 가능성까지 배제하지는 않는다. 모든 부파의 불교가 공통적으로 인정하는 연기론은 자아와 자성(自性)을 부정하면서 동시에 '나'와 타자의 부단한 관계의 형성이 가리키는 속성과 가치의 한시적 공유를 허용한다. 환언하면, 연기론은 공공(空空)의 담론을 지향한다. 용수(龍樹)도 진리 상대주의가 허무주의로 빠져버리는 위험을 지적하고 있다.

> 그대가
> 모든 것이 다 공하다면
> 생겨남도 없고 소멸함도 없다.
> 곧 지혜가 생겨나거나
> 현실의 괴로움이 없어질 수도 없다.
> 그렇다면 사성제도 없다.
>
> 약일체개공(若一切皆空)　　무생역무멸(無生亦無滅)
> 여시측무유(如是則無有)　　사성제지법(四聖諦之法) (529)

나와 타자의 의존적 관계 맺기를 지향하는 연기론은 삼라만상을 유와 무로 가르는 이분법을 지양한다. 용수의 연기론은 공(空)의 논리를 지향하면서 동시에 공공(空空)의 사유를 허용한다는 점에서 중도(中道)를 지향한다. 여기에서 용수는 연기(緣起)와 공(空)을 동일한 의미로 해석하고 있지만, 전재성의 주장에 따르면 초기불교에서도 이미 공을 연기의 속성으로 이해하였다(118-119). 그의 연기론은 유식파의 절대주의 진리관으로 환원하지 않으면서 동시에 진리 상대주의의 허망감을 경계하고 있는 것이다. 용수의 중도는 특수한 진리와 가치들의 경연장이고 가치 공유의 가능성을 타진하는 현장이다.

물론 만물만상이 고유의 자성을 갖지 않으며 다만 연기적인 관계망 속에서 시공간적으로 제한된 정체성만을 부여받을 뿐이라는 무자성의 논리를 문화적 관계론으로 풀어내는 담론이 불교 사상만의 전유물이 아니다. 미국 토착민 작가나 문화 비평가들을 비롯한 영미문화권의 수많은 논객들도 문화 상대주의를 옹호하고 있음은 주지하는 바이다. 제임스 클리포드(James Clifford)는 자아와 문화의 정체성을 지켜내야 할 경계 지대가 아니라 개인과 공동체의 정체성을 적극적으로 변화시키는 관계와 상호작용의 연결 고리로 본다(22). 그리고 그처럼 상호작용하는 문학적, 문화적 서사는 선형적인 목적을 지향하지 않는, 보다 복합적인 담론이다. 근본주의 문화가치를 신봉하는 이들은 심지어 번역 자체를 회의적으로 인식한다. 그들은 번역을 곧 정체성 상실로 보면서 그들의 시각을 스스로 "순수 대 오염"의 틀에 가두어버린다(Womack 4). 번역 자체를 거부하는 근본주의 문화관은 (초)무역사적 문화 본질을 가정하고 있는 것이다. 문제는 그러한 근본주의적 문화관은 문화 갈등의 차원을 넘어서 정치적, 군사적 충돌을 부추기는 기제로 이용당하여 왔다는 것이 역사적 교훈이다. 오늘날 문화 갈등의 심각성을 인식한다면 그리고 서양 문학과 미국 토착민 문학이 각각 집착하는 문화가치의 무성(無性)을 인정한다면, "인디언의 구술전통과 서양의 [문자] 전통이 날아가는 새의 두 날개처럼 상호작용할 수 있다."(7)는 다소 두루뭉술한 폴러 앨런(Paula Gunn Allen)의 연기론적 언급을 환영하지 않을 수 없다.

미국 토착민의 문화든지 유럽 백인의 문화든지 그것이 상정하는 선험적 자아와 초역사적 문화가치의 상정은 기실 오온취화합의 결과이다. 오온을 벗어난 자리가 니르바나다. 니르바나는 자유의 땅이고, "자유는 아무것도 잃을 것이 없는 상태를 가리키는 단어다"(Kris Kristofferson, Das 2에서 재인용). 그러나 불교의 연기론은 관계와 상황이 부여하는 자아와 자성까지 부정하는 것이 아니다. 그것은 경험과 새로운 사태에 의존하여 끊임없이 변용하는 자아와 문화가치를 지향하고 있다. 그래서 비즈너는 『챈서즈』에서 미국 토착민 문화가치에 도전하면서 동시에 그것이 현실 경험 속에서 늘 살아있는 정체성을 획득하기를 갈구하는 것이다.

Ⅲ

비즈너의 '막장 신조'라는 용어는 바로 오온의 개념을 떠오르게 한다. 본디 막장 신조는 백인 식민주의자들의 인종주의와 근본주의적 신념과 종교를 포괄하는 개념이지만, 이 소설에서 비즈너의 관심은 오히려 백인 인종주의자들이 덧씌운 고착된 토착민의 이미지, 곧 인디언의 정체성에 집착하는 토착민 자신들의 근본주의적 사고와 분리주의를 향한다. 그의 비판은 인디언의 근본주의적 문화관을 향한다. 토착민의 근본주의 문화가치는 결국 유럽 백인의 보편 가치로 환원한다고 보기 때문이다.[5] 이 소설의 화자와 그

5 위버(Jace Weaver)는 근본주의적 토착문화를 신봉하는 인디언들은 유럽 백인의 '진정성 체조'를 답습함으로써 기실 18세기의 계몽주의에 착근한 보편주의 가치를 옹호하는 오류를 범한다고 지적한다. 그는 문화적 '진정성'에

의 멘토 피터(Peter Roses)에게 인디언 문화의 정체성을 수호한다는 구실로 폭력과 살인을 정당화하는 '태양무인들'(Solar Dancers)은 무엇보다도 백인들이 창조한 막장 신조라는 상온(想蘊)과 식온(識蘊)의 희생양들이다. 주동자 버스트(Cloud Burst)와 7인의 대학생으로 구성된 태양무인들은 "새로운 악마"(new *wiindigoo*)이자 "막장 신조의 맹신자들"(terminal creeders)이다(*Chancers* 9, 이후 이 소설에서 인용한 부분은 쪽수만 표기함). 그들은 인디언의 신성한 전통을 해치거나 모독하는 대학 내의 인사들을 한 사람씩 살해할 때마다 그들의 영웅적인 조상들이 한 명씩 환생한다고 믿는 자신들의 '희생 논리'(victimry)에 스스로 희생당하는 존재다. 신성한 전통이라는 실체가 없는 관념에 매몰된 태양무인들은 오온에 집착하는 중생들임에 다름 아니다. 무엇보다도 그들이 오온의 망상에 빠져 저지르는 무자비한 살인은 인디언의 토착문화에 호의적인 독자를 크게 실망시킨다. 비즈너는 비합리적이고 정당화될 수 없는 살인 장면을 통하여 독자의 마음을 혼란시키는 것을 즐기고 있다(Hume 137. 그렇다면 인디언의 문화 전통을 신성시하는 태양무인들을 조롱하는 라운드 댄스(Round Dance: Peter Roses)는 전형적인 트릭스터(trickster)다.

최초로 살해당하는 교무처장 폰티우스(Pontius)는 식민주의적 '명백한 관습'에 매몰된 인종차별주의자라는 점에서 상온을 지우지 못하는 인물이지만, 보다 과격하게 오온에 집착하는 인물들은

집착하는 백인 비평가들과 그들의 보편주의 문화관에 오도된 인디언 자신들이 토착민의 정체성과 문화적 특수성의 개념과 중요성을 능멸한다고 주장한다(Weaver의 *That the People Might Live: Native American Literatures and native American Community* 참조).

태양무인들이다. 8인의 태양무인들이 신봉하는 인디언 문화의 정체성은 우선 그들 자신의 혼종성과 상충하는 아이러니가 있다. 태양무인 클럽을 결성한 주동자 클라우드 버스트는 사실 2차 세계전쟁에 참전하였던 존 마틴 피터슨(John Martin Peterson) 병장으로서 그의 혈통은 토착민인지 백인인지 불투명하다(42). 그리고 자신의 활로 막장 신조를 해치거나 모독하는 자를 가차 없이 처단하는 궁사, 토큰 화이트(Token White)는 토착민에 의하여 입양되었던 백인 학생이다. 그녀는 1916년에 사망한 '마지막 인디언' 이쉬(Ishi)가 자신의 친구임을 깨닫는 비전을 성취하고 태양무 클럽에 가입하면서 버스트를 '아버지'로 받드는 근본주의적 관념론자의 전형이다. 이쉬가 자신의 친구라고 믿는 환상을 야기한 비전은 토큰 화이트의 수온이고, 그 결과로 형성된 환상은 그녀의 상온이다. 그리고 그녀가 '명백한 관습'에 젖어 인디언 전통을 능멸하는 자들을 처단하는 행위는 물론 그녀의 행온이다. 막장 신조를 맹신하면서 태양무 클럽의 폭력과 살인을 선동하는 버스트 역시 상온과 행온의 희생양이기는 마찬가지다.

전술하였듯이, 상온, 행온 및 식온이 마음을 어지럽히는 정신작용에 관여한다면, 색온과 수온은 육체적, 물질적 욕망을 유발하는 동인이다. 흥미로운 점은 태양무인들은 물론 화자와 라운드 댄스(Round Dance)라는 별명을 가진 피터를 포함하여 소설 속의 인물 모두는 색온과 수온으로부터 자유롭지 못하다. 인디언 조상의 유골이 안치된 신성한 박물관에서 성행위를 벌이는 골상학자 폴(Paul)과 블루 웰컴(Blue Welcome), 강의를 통하여 막장 신조를 끊임없이 비판하고 희화화하면서도 그의 블론드 수강생들과의 성애를 탐닉하는 라운드 댄스와 그의 성행위 장면을 엿듣는 화자, 그리고 폴과 블루를 살해하기 직전에 그들의 성애 장면을 목격하면서 관음증에 도취되는 태양무인들은 한 결 같이 색온에 빠진 인간들이다. 더구나 누구보다도 강하게 막장 신조에 집착하는 토큰 화이트가 그것을 집요하게 비판하는 라운드 댄스의 최고의 성애 파트너가 된다는 아이러니는 그 만큼 색온과 수온이 편재하는 보편적 욕구임을 설명하고 있다.

막장 신조라는 상온에 미혹된 인물들을 희화화하는 극단적인 예는 골상학자 폴의 성애 행태이다. 그는 인디언 조상의 유골을 보고 만질 때에만 성적인 흥분을 느끼는 변태성을 보인다. 그는 매일 만지는 머리 뼈, 사타구니 뼈, 허리 뼈나 갈비 뼈에 살과 근육이 붙어있는 모습을 상상하면서 성적으로 흥분되기 때문에 블루(Blue)와의 성애도 유골 박물관에서만 가능하다.

> 그들은 그 박물관 안에서만 성행위를 하였다. 그가 다른 곳에서는 불안해하고 성적으로 불능이기 때문이었다. 그녀는 자신의 집에서 그를 몇 번 유혹했지만 그는 박물관 밖에서는 전혀 성적 흥분을 느끼지 못하고 주변에 뼈들을 늘어놓지 않으면 욕정을 느끼지 못했다. 그리고 그는 그 허수아비 인형을 미심쩍어했다.

> They had sex only in the museum because he was insecure and impotent in any other place. She tried to seduce him several times in her townhouse, but he had no erotic sense outside of the museum, no lust without his circle of bones, and he was suspicious of the puppet. (59)

그는 뼈를 만지면서 원시인 여인을 상상하고 성행위를 하기 때문에 색온, 수온, 상온, 행온이 유기적으로 관련된 망상에 빠져있을 뿐만 아니라 골상학적 지식이 예의 네 가지 온을 불러 일으키는 원동력의 배경이 된다는 점에서 그의 기괴한 성행위는 식온을 포함한 오온가화합(五蘊假和合)의 극단적인 표출이다.

태양무인들의 인식과는 달리 라운드 댄스에게 성애는 색온과 수온을 넘어 매우 각별한 의미를 지닌다. 그의 모든 강의의 초점은 토착민의 정체성은 유동적이기 때문에 고착된 인디언성으로부터 해방되어야 한다는 인식과 주장에 맞추어져 있다(83). 토착민의 정체성은 기실 오온의 취합에 불과하다면, 그는 결국 오온 비우기를 주문하고 있는 것이다. 더 정확하게 진단하지면, 그는 마음의 고착화를 야기하는 삼온을 제거할 필요성을 역설하고 있다. 라운드 댄스에게 성애의 탐닉, 곧 색온과 수온은 부정적인 의미가 아니고 오히려 나머지 삼온을 비워내는 상징적 수단이다. 상, 행, 식에 집착한다 함은 곧 중심을 정하고 마음이 항상 그 중심을 향한다는 함의를 지닌다. 막장 신조는 특히 그러한 삼온이 취합하여 형성한 중심 가치일 뿐이다. 라운드 댄스에게 그러한 중심 가치는 '변방'의 가치를 고양시킴으로써 해체될 필요가 있는데, 성애는 바로 그러한 변방의 힘이다. 성애는 상과 식의 고착화를 지향하는 강의가 아니다. 그것은 오히려 중심 가치에 매몰된 마음을 교묘하게 조롱하는 행위다. 성애 동작에는 원심력이 작용한다. 그것은 중심에서 밖으로 즉, 추상적인 관념으로부터 몸과 마음이 완전하게 혼융된 변방으로 나가는 동작이다. 마음속의 중심 가치를 초월하는 그러한 순간이 바로 라운드 댄스가 말하는 "일원론적 성애의 순간"(holosexual moment)이다(82). 중심을 해체하는 방식이 성애라면, 성애는 막장 신조라는 온을 조롱하는 트릭스터(trickster) 라운드 댄스의 교묘한 해체 전략이다. 그러한 전략이 성공이라도 하듯이 두 번째 교무처장 힐디(Hildie)는 라운드 댄스와의 성애를 통하여 그녀의 여성중심주의적 편견을 극복하고(110), 토큰 화이트는 그의 최고의 섹스 파트너가 되는 순간부터 막장 신조의 굴레에서 벗어나 오히려 태양무인들의 폭력을 저지하는 급진적인 전향의 순간을 맞이한다. 따라서 라운드 댄스의 '원형무'(round dance)는 성애를 통하여 마음과 몸을 뒤틀고 심미적 분노를 야기하는 학문적 변태로부터의 해방을 형상화하는 행위다.

성애가 색온과 수온의 표출이라면 작가는 상온, 행온, 식온을 주변화하면서 결국 색온과 수온을 새로운 중심 가치로 인정하는 자기모순을 야기한다는 비판이 가능하다. 더구나 색과 수를 중심화한다면 그것은 제법이 무상함을 설하는 불교의 기본교리와도 어긋나는 담론이다. 그러나 온전한 해체는 새로운 가치나 의미를 외삽하지 않는다. 어느 담론이 기존의 가치를 전복하기 위하여 외부의 가치를 옹호하는 순간 그것은 해체가 아니고 또 다른 기의(signified)의 구성이 되기 때문이다. 작가가 오온을 해체하는 전략과 방법은 오온의 틀 안에서 동원된다. 상과 행과 식의 미망을 비워내는 방법은 또 다른 관념의 도입이 아니고 색과 수라는 오온의 옹호다. 즉, 이 소설에서 차용하는 성애의 의미는 상, 행, 식이라는 관념을 제거하려는 지우개일 뿐이기 때문에 그것 자체가 중심으로 이동한다는 독법은 경계해야 한다. 라운드 댄스의 성애 예찬은 기실 상, 행, 식을 능멸하는 방편일 뿐이다.

상온, 행온, 식온을 신성시하고 색온과 수온을 죄악시하는 태양무인들 역시 자신의 성적인 욕구에 굴복해버린다는 아이러니는 막장 신조의 또 다른 해체다. 태양무인들은 토착민 조상의 유골을 안치한 신성한 박물관에서 폴과 블루가 성행위를 벌임으로써 인디언의 전통 문화를 모독하였다는 죄목으로 그들을 처단한다. 그러나 태양무인 들은 폴과 블루의 성애 장면을 엿보면서 하나같이 자신의 관음증과 성적 욕구를 드러낸다.

> 블루 웰컴은 그녀의 뼈 사내와 함께 신음하면서 몸을 떨었다. 태양무인들은 벤치 위에서 벌어지는 광경을 보면서 욕정과 분노를 느꼈다. 그러나 그들은 제물을 바칠 정확한 에로 타이밍을 기다렸다. 배드 마우쓰는 격자 창구 뒤에서 사타구니를 꼬집고 허벅지를 흔들어댔다. 니 하이는 한 손을 호주머니에 넣고 자위행위를 했다. 인전 타임은 주먹을 쥐고 엄지 손가락을 빨고, 패스트 푸드는 자신의 손등을 핥았으면, 터치 톤은 딱딱해진 자기의 유두를 만졌다. 태양무인들은 유골 안치소 벤치에서 행해지는 당황스러운 성애를 엿보는 부도덕한 관음증 환자들이었다.

> Blue Welcome shouted and shivered with her bone man. The solar dancers were aroused by the lust and fury of the scene on the bench, but they waited for the precise erotic moment of sacrifice. Bad Mouth pinched her crotch and wagged her thighs behind the cage. Knee High masturbated with one hand in his pocket. Injun Time folded his hands together and sucked his thumbs. Fast Food licked the back of his hands. Touch Tone fingered her hard black nipples. The solar dancers were vicious voyeurs of panic sex on the bone bench. (66)

폴과 블루를 신성 모독죄로 처단해야 한다고 믿는 태양무인들의 막장 신조와 그들 자신의 자연스러운 성욕이 상충하는 장면이다. 두 개의 힘이 대립한다는 설정은 그 두 요소의 역가가 동등함을 인정하는 것이다. 태양무인들의 신조와 그들의 자연스러운 본능은 동등한 힘으로 경합을 벌인다. 그리고 두 힘이 겨룬다는 사실은 곧 색온과 수온이 상, 행, 식의 힘과 대결을 벌인다는 함의다. 그리고 그 대결의 결과 막장 신조의 전복이다. 태양무인들로부터 특권을 누려온 신조(상, 행 식)가 주변화 되었던 자연스러운 감각(색, 수)에게 적어도 그 특권의 일부를 양보해야하기 때문이다. 작가는 태양무인들의 자가당착적인 행동을 고발함으로써 그 만큼 그들의 막장 신조를 폄하하고 있는 것이다.

풍자는 막장 신조를 해체하는 또 하나의 전략이다. 블루 웰컴은 태양무인들에 의하여 토착민 조상을 능멸하는 토착민으로[크리크 족(Creek)과 세미놀 족(Seminole)의 혼혈인] 낙인찍힌 토착민입학 관리소 소장인데, 그녀가 결코 초대받지 못하는 토착민의 집회나 토착민 종교에 관한 강연회에 늘 동반하는 인디언 손 인형(hand puppet) 포 스킨즈(Four Skins)는 비즈너 식의 풍자와 해학의 종결판이다. 관련 학자나 학생들은 블루 웰컴의 강연에는 야유를 보내거나 싫증을 내지만 그녀가 손 인형의 커다란 성기를 노출할 때면 포복절도한다. 이러한 상황의 설정은 막장 신조의 진지성을 해학적으로 폄하하는 의도로 읽히지만 동시에 백인의 지배문법에 경도된 블루 웰컴의 상온을 비꼬는 풍자이기도 하다. 실체가 없는 허수아비의 성기가 실재하는 존재인 블루 웰컴의 관념을 압도하기 때문이다. 소설의 말미에서 벌어지는 살인 난투극을 직접적으로 촉발한 인물이 토큰 화이트에 의하여 조종되는 환생한 포 스킨즈이다. 포 스킨즈는 배드 마우쓰(Bad Mouth)가 자신의 오빠 인형과 성애를 즐기고 클라우드 버스트가 근친상간을 범하였다는 사실을 폭로하기 때문이다. 라운드 댄스가 언급하듯이, 태양무인들은 최악의 모조 인디언들이다(83). 인형이 실재하는 인간들의 혈투극을 유발한다는 발상은 독자로 하여금 과연 현대 사회는 환영(simulacrum)이 지배한다고 진단하는 보드리야드를 떠올리게 한다(154). 소설 속의 온갖 사건들이 일어나는 캘리포니아 대학교는 관념(오온)에 차있는 살아있는 인형들을 모조인간이 조롱하고 조종하는 환영의 캠퍼스다. 오온에 취한 세상을 인형이 지배한다는 아이러니와 풍자다.

비즈너는 '미국 인디언 운동'(American Indian Movement)의 지도자들을 "걸어 다니는 언어 전사들"(138)이라고 부르면서 인디언의 정체성을 정형화하려는 그들의 노력과 장기적인 안목에서 인디언 문화의 변화를 추동하지 못하는 그들의 조급함을 비판한다. 비즈너의 생존 투쟁(survivance) 수단은 "언어 전쟁"(45)이라고 하듯이 비즈너의 투쟁 수단도 언어지만, 그의 언어 투쟁이 지향하는 목표 지점은 기존의 토착문화운동가들의 그것과 사뭇 다르다. 그의 소설과 시는 물론 학술 논문을 일관하는 주제는 "인디언에 대한 백인의 신화를 실현하기 위하여 백인이 창조해 놓은 낭만적인 인디언의 이미지"를 벗겨내는 언어 투쟁이다(Blaeser 261). 기자의 시각으로 다양한 아나쉬나베 토착민 예술가, 사회운동가, 교사 들을 묘사한 산문집 『영원한 하늘』(*The Everlasting Sky*, 1972)을 필두로 하여 1994년에 그 동안 썼던 학술 논문들을 모아 출판한 『(탈)인디언 생존투쟁 전사들』(*Postindian Warriors of Survivance*)과 매우 학구적인 이론서, 『탈주 자세 :미국 원주민 인디언의 부재와 존재의 현장』(*Fugitive Poses: Native American Indian Scenes of Absence and Presence*, 1998)에서 논의의 초점은 모두 토착민의 정체성 문제에 맞추어져 있다. 비즈너는 백인 지배자의 언어에 의하여 규정된 토착민의 정체성을 (탈)인디언 토착민의 언어로 해체하는 전쟁을 수행하고 있는 것이다. 그리고 『챈서즈』의 토착민문화연구소 소장 라운드 댄스 역시 끊임없이 몸을 움직이며 하는 강연이나 은유적 성애를 통하여 정체성 해방 전쟁을 수행하는 것이다.

라운드 댄스가 해체하려는 인디언의 정체성은 본디 허상이며 오온의 취합에 불과하다는 것은 전술한 바다. 즉, 인디언 정체성의 질료는 기실 오온인 것이다. 따라서 비즈너의 언어 전쟁은 오온 비우기 투쟁인 셈이다. 막장 신조는 희생당한 과거에 억매인 토착민들이 사용하여 닳아빠진 "샌드위치 식판"이다(11). 그것도 음험한 백인의 지배의식(행온)으로 제작된 식판이다. 그렇다면 식판의 폐기는 이중의 해체다. 식판 버리기는 식민주의자의 언어가 낳은 인디언의 인종적, 문화적 근본주의를 전복하는 함의와 함께 백인 식민주의 자체를 거부하는 의미를 갖기 때문이다. 토착민은 박제가 되어버린 낭만적인 이미지(想)를 스스로 깨고 나와 비상해야 하는 것이다. 그 비상은 현실도피가 아니고 오히려 끊임없이 변하는 현실에 역동적으로 적응하는 것이다. 표토바(Simona Fojtová)가 비즈너의 『명백한 관습』을 요약하면서 "우리의 마음과 상상력은 우리와 타자 사이의 언뜻 텅 비어 보이는 영역, 즉 이전의 위치와 입장 혹은 구조의 포기를 요구하고 새로운 것을 위하여 친숙한 것을 상실하는 위험을 감수해야 하는 지점으로 들어가야 한다."(95) 라고 언급하듯이, 이 소설의 작가는 토착민의 정체성을 지배 이데올로기가 고착시킨 죽음의 틀에서 해방시켜 현실 세계의 흐름 속에서 번성하도록 놓아주어야 한다는 메시지를 전하고 있다. 그리고 그가 자주 채택하는 아이러니, 조롱, 해학과 풍자 등의 전통적인 문학 전략은 물론 그의 문학 이론으로 차용하는 (탈)근대적 비평방식과 철학담론이 공통적으로 지향하는 지점이 있다면, 그것은 오온의 조롱과 해체다.

Ⅳ

그렇다면 오온을 비운 자리에는 무엇이 남는가? 이 화두는 필연적으로 불교의 공(空)사상을 환기 시킨다. 무자성(無自性)의 논리로 시작하는 불교의 형이상학은 자칫 하나의 희론(戱論)으로 보이기 십상이다. 주지하듯이 화엄경에서는 진속과 진위의 분별심을 없애라고 가르치고 있다.

> 눈과 귀와 코와 혀와 몸과
> 마음과 뜻과 모든 정의 근이
> 모두 공하여 자성이 없지만
> 망심으로 분별하여 있게 된다.
> …
> 진실과 진실치 아니함과
> 허망과 허망치 아니함과
> 세간과 출세간이
> 다만 거짓말이다

眼耳鼻舌身　心意諸情根
一切空無性　妄心分別有
　　　　…
若實若不實　若妄若非妄
世間出世間　但有假言說 (『華嚴經』 卷 13, 菩薩問明品 第 10)

사물과 인간주체에 모두 자성이 없고 진위의 분별이 모두 허상이라면 과연 가치 상대론에 빠질 수밖에 없다. 그러나 여기에서 부처는 자성이나 분별 자체를 문제 삼기보다는 자성을 형성하는 무상한 관념과 분별을 낳는 무상한 기준을 질타하는 것이다. 관념과 그 관념의 소산인 자기중심주의적인 기준의 신뢰성을 부정하는 것일 뿐이지 연기론적(緣起論的)인 자성과 분별 자체를 부정하는 것이 아니다. 오온을 비운 자리는 공이고, 공은 연기다.

연기론에서는 물질과 정신, 몸과 혼, 개인과 사회, 문화적 욕구와 본능적 욕구 사이의 우열과 갈등을 상정하지 않는다. 각각의 상대적 개념들은 상대방의 존재를 통하여 자성을 부여받는다. 그렇다면 특정한 사물과 개인의 의미는 여타 사물들과 개인들의 존재에 의존하여 생성될 뿐이다. 『챈서즈』의 다양한 인물들이 결코 극복하지 못하는 본능적, 생리적 욕구의 가치도 기실 문화적 욕구의 개념과 비교를 통하여 생성되는 의미다. 불교는 결코 관념론이 아니다. 오히려 수많은 서양의 사상가들에 의하여 불교는 서양의 형이상학에 대항하는 합리적인 종교, 특히 과학의 동지로까지 받아들여지고 있다(Clarke 165). 불교는 관념의 소멸이다. 관념이 소멸되면, 남는 것은 경험뿐이다. 인간의 경험에서 생리적, 본능적, 그리고 문화적 경험이 배제될 도리는 없다. 그래서 부처는 열반

(nirvana)에 대하여 설명하기를 침묵으로 거부하면서 대신 중생이 스스로 그것을 성취하도록 가르쳤다. 공(空)도 공(空)하다는 부처의 언설은 색온을 포함한 오온의 연기론적 의미를 허용하고 있는 것이다. 다만 오온도 연기하여 성립된다는 점에서 오온이 고정불변의 관념이 아니라 새로운 사태의 경험을 통하여 끊임없이 변하는 속성을 지닌다. 라운드 댄스와 태양무인들은 바로 오온을 수용하는 방식에서 차이를 드러낸다. 태양무인들이 정형화된 오온의 틀에서 벗어나지 못한다면, 라운드 댄스는 오온의 가변성에 자신을 맡기면서 현재 속에서 늘 살아있는 자아를 문화적 정체성을 일구는 것이다.

부처의 침묵이 가리키는 지점은 종착역이 없는 자연의 도(道)이다. 그러나 미국 토착민 문학의 선구자로 추종 받는 마머데이(N. Scott Momaday)에게 침묵은 "범상한 일상과 비상한 사건들이 제자리를 찾아가는 차원"이다(16). 침묵의 언어가 토착민 문화의 신성성을 담보할 수 있는 가능성을 에두르는 말이다. 라운드 댄스의 강연과 침묵이 지향하는 문화적 함의 역시 복합적이다. 화자는 소설의 초입부에서 베케트(Samuel Beckett)에서 한 소절을 인용하면서 오온의 소용돌이를 넘어 평온한 세상으로 넘어가는 길목에서 "위대한 무심"을 만나기를 권한다(15). 화자는 언어와 이미지가 끊임없이 경합하고 비상하며, 융합하고 상충하는 마음을 비우라고 말하면서 무심한 자연의 리듬을 침묵의 접시 위에 살포시 올려놓는다. 그러나 자연으로 가는 길은 험난하다. 부처의 침묵을, 자연의 도를 알 수는 없다. 혹시 수행의 운이 좋아 오온의 질곡에서 벗어나는 날 그 무심의 도를 한 가닥 느껴볼 수나 있을까. 진제(眞諦)

는 가망 없으니 속제(俗諦)라도 구해야 할까. 다만 오온의 연기성을 인식함이 중생들의 보다 원활한 소통과 타협 그리고 감당할만한 평화를 허용하리라는 믿음은 소중하다. 연기론을 이해하고 보면 굳이 윤회하는 개인의 정체성을 물을 필요가 없다. 그래서 무아와 무자성의 설법은 차라리 자아가 무엇인가에 대한 물음이 아니라 인간을 포함한 만상이 어떻게 존재하느냐에 관한 응답이다(Hamilton 195). 자아의 정체성이 있다면, 그것은 나와 타자의 의존적 관계망이다. 자아를 포함한 삼라만상이 어떻게 존재해야하는가라는 당위의 문제는 만물만상의 상호관계에서 생성되는 제법(諸法)이다. 비즈너가 『챈서즈』에서 전하는 메시지도 미국 인디언의 문화 정체성을 오온이라는 과거의 틀 안에 가두지 말고 타문화와 끊임없이 상호작용하면서 새롭게 써나가기를 요구하는 연기론적 대응 전략이다.

비즈너는 인디언의 문화 정체성을 부정하면서 긍정한다. 그의 이중담론은 불교의 오온과 연기론에 기대어 설명할 때 그 논리가 보다 명확해진다. 그의 담론에서 인디언성은 그것이 무엇이든 전복되면서 다시 써진다. 예컨대, 자연과 토착 문화의 관련성은 끊임없이 수정되는 일시적 전략이다. 비즈너는 토착민과 자연의 정형화된 관계를 부정하면서도 동시에 대지와 토착민의 특수한 관계에 대한 신뢰할 만한 주장을 제공하는 반서사를 일구어낸다(Schweninger 183). 그러한 반서사는 바로 공공의 담론과 맥을 함께하는 것이다. 이 소설을 통하여 비즈너가 거부하는 대상은 무엇보다도 백인 근본주의 문화가 정형화한 인디언성이라는 상온(想蘊)이다. 그는 '인디언'이라는 용어 자체를 돌이킬 수 없을 만큼 오염된 언어로 보면서, 그것은 새로운 서사를 통하여 생존과 역동의 언어를 창조하는 "(탈)인디언 전사들"에 의하여 마땅히 도전받아야 한다고 주장한다(*Manifest Manners*, 3). 백인이 지어놓은 상(想)을 지우고 토착민 자신의 언어로 새로운 상을 마련하라는 요구다. 그러나 그 새로운 상은 백인 문화가 강요한 요지부동의 틀이 아니고 토착민들의 개인적, 집단적 삶의 경험과 관계를 맺으면서 끊임없이 수정되고 재수정되어야 하는 열린 정체성이며 상상력의 해방이다.

2-3. 무상을 넘어서
– 개리 스나이더의 『정상의 위험』을 중심으로

I

불교사상에 착근한 개리 스나이더(Gary Snyder)의 생태학적 예지와 감수성에 대한 연구는 국내외의 관련 학자들에 의하여 충분히 이루어졌다. 특히 야마자토(Katsunori Yamazato), 마틴(Julia Martin) 혹은 노튼(Jody Norton) 등, 많은 연구자들이 스나이더가 선불교를 연구하고 지금도 선 수행을 계속하고 있다는 종교적 경험과 연관시켜 그의 자연관을 탐색하였다. 예의 연구자들이 스나이더의 세계관이나 생태관이 선사상과 관련을 맺고 있다는 것을 밝힌 점은 물론 소중한 연구 성과이다. 아쉬운 점은 그러한 연구들이 시인의 자연관과 불교적 세계관의 정합성만을 추적하고 있다는 것이다. 예컨대, 야마자토는 스나이더의 시적 상상력으로부터 일본의 선사상의 흔적을 찾아내기에 골몰하고, 노튼은 스나이더 시의 존재론적 배경이 불교의 공성(sunyata)과 어떻게 관련을 맺고 있는지에 대한 기계론적 탐구로 일관하고 있으며, 마틴은 시인의 생태학적 정치성에 배어있는 공성을 탐색하고 있으나 그녀 역시 공성의 깨달음이 어떠한 (비)논리적 과정을 거쳐 환경윤리나 생태학적 정치성으로 진화할 수 있는지에 대한 설명을 생략하고 있다.[6]

6 야마자토의 *Seeking a Fulcrum: Gary Snyder and Japan (1956-1975)*. Diss. U of California, Davis, 1987. 마틴의 "Practical Emptiness: Gary Snyder's Playful Ecological Work"(*Western American Literature* 27-1(1992): 3-19쪽 참조.

이 글에서는 스나이더의 시, 특히 최근에 발표한 시집 『정상의 위험』(*danger on peaks*)을 중심으로 읽으면서 대승불교의 공성이 (비)논리적 변용을 통하여 충분히 친생태적인 윤리학과 정치학으로 치환될 수 있는 가능성을 타진한다. 특히 용수의 중론(中論, *The Philosophy of the Middle Way*)에 언급된 공의 개념을 본고의 방법론으로 차용한다.

Ⅱ

인간을 포함한 삼라만상의 본질이 공하다는 무자성(無自性)의 논법은 모든 유파의 불교가 공유하는 바이다. 초기의 불교 경전에서 '제법(諸法)이 공하다.' 함은 법을 자아나 자아에 속하는 어떤 것으로 볼 수 없다는 뜻이다. 마음이 공한 상태는 인간이 존재하는 사물에 아무것도 보태거나 뺄 수도 없다는 사실을 깨달은 경지이다. 존재론적 더하기나 빼기는 이른바 오온(五蘊)의 화합에 의한 허상이다. 인간중심적인 언어에 의하여 번역된 만물의 자성은 오온의 투사일 뿐이다. 용수는 그의 중론에서 인간의 경험을 떠난 자성의 개념을 부정한다.

> 존재의 자성은 제 조건들("제1조건, 객관적인 조건, 근접한 조건 및 지배적인 조건") 하에서 명확하지 않다. 자성이 존재하지 않으면, 타성 또한 존재하지 아니한다.
>
> The self-nature of existents is not evident in the conditions, etc. In the absence of self-nature, other-nature is not evident. (Nãgãrjuna 107)

물론 용수가 제시하는 '제 조건들'은 곧 오온이 작동한 결과이기 때문에 (탈)구조적인 그의 철학을 침해하지 않는다. 필자가 보충한 '제1조건'(primary condition)은 존재 자체, '객관적인 조건'(objectively supporting condition)은 타자, '근접한 조건'(immediately contiguous condition)은 존재 자체와 타자의 융합, 그리고 '지배적인 조건'(dominant condition)은 [초월적] '비원인'(non-cause)을 함의한다 (Nãgãrjuna 105-6). 사물과 자아의 속성은 예의 제 조건들에 종속하기에 공하다.

용수의 중관사상이 만물의 분립적 자성과 자아의 자족성을 부정한다 함은 자성과 자아는 시간적, 공간적 환경과의 끊임없는 상호작용을 통하여 늘 새롭게 형성되어가면서 동시에 환경에 영향을 미치는 존재(interdependent arising)라는 의미이지 그들의 존재 자체를 부정하는 함의가 아니다. 환언하면, 삼라만상의 정체성과 존재 가치는 타자의 정체성과 존재 가치에 의존하여 생멸한다는 뜻이다. 이는 연기론(緣起論)에 다름 아니다. '의존적 상호발생 즉, 연기로 표현되는 모든 존재의 제약적 성격에서 벗어나는 길은 없다(스트렝 115). 그러나 공은 연기이지 무(nothing)가 아니다. 용수는 공을 무로 인식하는 우를 여지없이 계고(戒告)한다.

> 잘못 인식된 공은 어설프게 깨달은 자를 망친다. 그것은 흡사 잘못 붙잡은 뱀이나 잘못 가르쳐진 지식 같은 것이다.
>
> A wrongly perceived emptiness ruins a person of meager intelligence. It is like a snake that is wrongly grasped or knowledge that is wrongly cultivated. (Nãgãrjuna 335)

용수가 비판하는 대목은 인간의 특수한 경험으로부터 유리된 추상적, 초월적 공의 개념이지 이른바 속제(俗諦)의 개념이 아니다. 무자성의 설법은 가치의 거부나 윤리의 실종을 정당화하는 논리가 아니라 오히려 타자의 존재에 대한 책임과 연대의 강조이다. 나의 존재가치는 타자의 존재에 의존하여 생하기 때문이다. 매시(Joanna Macy)는 초기불교에서도 만물이 관계론적으로 존재한다는 사실을 다음과 같이 네 단계의 설법 통하여 가르치고 있다는 점에 주목한다.

> 이것이 있을 때, 저것이 있다.
> 이것이 생기(生起)할 때, 저것이 생기한다.
> 이것이 없을 때, 저것이 없다.
> 이것이 멸(滅)할 때, 저것이 멸한다.
>
> This being, that becomes.
> From the arising of this, that arises.
> This not being, that becomes not.
> From the ceasing of this, that ceases. (33)

위 인용에서 '이것이 있으므로', 혹은 '이것이 생기하므로' 등으로 해석하지 않는 연유는, 그렇게 하면 이 설법을 자칫 선형적 인과론으로 오해할 소지가 있기 때문이다. 만상은 제일 원인의 결과물이 아니고, 마치 인드라 망이 상징하듯이, 상호의존적 관계일 뿐이다. 그것은 원인과 결과가 공간적, 시간적으로 상호 침투하는 역동적인 관계다.

만상이 연기론적 관계를 맺고 있다는 인식은 만물평등사상과 공감심(compassion)의 원천이다. 타자를 향한 가치관과 윤리의식의 발현은 연기론적 관계의 수용이 야기하는 논리적 귀결이다. 나의 존재가치는 타자의 존재가치에 의존하기 때문이다. 그리고 아와 타의 의존적 관계 맺기를 지향하는 세계관은 이분법적 논리를 지양한다. 그래서 공(空)과 공공(空空)이라는 이중담론을 허용하는 용수의 연기론적 사유는 궁극적으로 중도(中道)를 지향한다는 점에 주목할 필요가 있다. 양극단으로 치우치는 논리는 유식파의 절대주의로 환원하기 때문이다.[7] 그리고 중도는 비강압적인 윤리 생성의 전제조건이다. 공성의 자각이 비인간 자연을 향한 공감심의 발현으로 진화하는 논리는 명징하다. 그 논거를 요약하면, 공성은 곧 삼라만상의 연기론적 관계에 대한 깨달음이고, 연기이기에 만물, 만인이 평등하고, 연기이기에 나의 존재는 너의 존재에 의존하여 정체성을 획득하고, 연기이기에 타의 고행은 아의 공감심을 불러일으키는 것이다. 인간과 비인간 자연의 관계에 대한 개리 스나이더의 시적 상상력의 발현은 바로 공성의 자각에서 시작된다.

7 유식파 역시 불경(불경)에 대한 하나의 해석이다. 김종인이 지적하듯이, 불경이 경전으로 간주되면 그것은 절대적 진리를 표명한 신의 언어이고, 고전으로 간주되면 불교적 진리를 문화 상대주의의 관점으로 볼 수 있을 것이다(「경전에서 고전으로: 불교 문헌의 현대와의 대화」. 『동서비교문학저널』 21(2009). 27-49. 참조). 그러나 전술한 대로 공의 개념은 상대주의적 진리관의 맹점을 극복한다는 점에서 양 극단의 진리를 아우른다고 볼 수 있다.

Ⅲ

일본 가마쿠라 시대(1192-1333)의 승려 도겐(Dogen)의 선사상에 영향을 받은 스나이더는 시는 그가 현상계(삼라만상)로 나아갈 때가 아니고 현상계가 그에게 다가오도록 허용할 때 생성된다고 말한다(*The Etiquette of Freedom* 18, 이후 *EF*로 약칭함). 오온의 취합인 자아를 비우면 삼라만상이 나와 하나가 된다. 내가 의도적으로 자연에 다가가려 하면 이는 곧 행온(行蘊)일 터이니, 다만 내 마음을 비워 공성에 이르면 나는 어느새 자연의 벗이 되어 있으리라는 교훈이다. 비워진 스나이더의 마음은 흔히 동식물의 생태나 자연현상으로부터 진정한 참선의 길을 본다.

유바강 하류의 자갈 언덕에 서서
고갈되고 황폐한 채광지 위로 이상하게도 느리게
서쪽으로 활강하는
빌 기지에서 날아오른 거대한 공군 화물기를 내려다 본다
— 비행 연습
화물 제트기의 그림자 — 금방 사라진다

그림자 없는 물수리는

아직도 여기에 머물고 있다

Standing on a gravel hill by the lower Yuba
can see down west a giant airforce cargo plane from Beale

hang-gliding down to land
strangely slow over the tumbled dredged-out goldfields
— practice run
shadow of a cargo jet — soon gone

no-shadow of an osprey

still here (*danger on peaks* 85, 이후 *dp*로 약칭함)

비행기와 물수리의 그림자를 자아의 알레고리로 읽어도 무리는 없어 보인다. 그렇다면 문화적 자아에 도취된 군용기와 자아의 흔적을 지워버리는 물수리의 극적인 대비는 산업주의와 자연주의, 인간중심주의와 생태중심주의 혹은 인위와 무위 등, 이원론적 가름을 함의한다고 볼 수 있다. 그리고 힘의 균형은 물수리 쪽으로 기운다. 물수리로부터 공성을 배운 시인은 이제 독자에게 개인적, 집단적 자아 지우기의 미학을 말없이 보여주고 있는 것이다. '자연의 진정한 개념이 무엇인가'라는 물음은 매우 난해한 숙제이지만 시인은 적어도 자아, 삶, 혼 그리고 예술의 진정한 원천은 자연이라고 믿고 있다(*Back on the Fire* 49, 이후 *BF*로 표기함). 스나이더의 시학은 자연 닮기이고, 자연을 닮기 위하여 오온으로 형성된 자아를 내려놓으라는 주문이다. 답은 공이다. 위의 시에서 주어의 지위를 상실한 스나이더는 시를 쓰지 않는다. 그의 시는 공의 상태에서 태어난다.

시인에게 공을 가르치는 교사는 "나뭇가지 위에, 고개 숙이고,/ 꼼짝없이, 잠자면서./ 숙고하며, 타자들을 알아보는"(on a limb, head tucked under,/ motionless, sleeping. Peering deeper, seeing others) 거대한 왜가리이거나, 바람을 거슬리며 큰 소음을 내는 자동차들과는 달리 "흔들리고 아래로 미끄러지면서/ 날개에 부딪치는 바람을 흘려버리는"(spill the wind from their wings/ wobbling and sideslipping down 기러기, "잡목 숲 속에서/ 갑자기 집고양이를 쫓아 [잡아 먹는] 살쾡이"(Out of the underbrush/ a bobcat bursts chasing a housecat.), "예술을 이야기하고/ 수많은 작은 물고기들에게 강의하는/ … 공중에서는 서툴지만 물속에서는 "제트기처럼 재빠르고, 무척 우아한" 가마우지, 혹은 숨을 깊게 들이 쉬면서 향을 맡으면 공동(空洞)뿐만 아니라 마음까지 정화시켜주는 캘리포니아 월계수이다(*dp* 30, 81, 82, 87, 92). 오온으로부터 자유로운 야생 동식물의 생태가 바로 시인이 갈구하는 불성(佛性)이다. 나아가 시인은 집단적 자아(문화) 변용의 길도 자연의 문법에서 찾고 있음은 당연하다. 즉, 혼돈스러운 언어 속에서 실종된 지구의 목소리를 회복하는 것이 시인이 지향하는 문화의 개념이다(Scollon 420). 스나이더의 시학에서 개인의 공과 집단의 공은 상호 침투한다.

'공성은 곧 연기다.'라는 명제는 스나이더에게 각별한 의미를 갖는다. 청년기 이래로 한 평생을 수도승으로 살면서 불살생계(ahimsa)를 실천하려는 그의 삶과 예술은 바로 연기론적 세계관의 발현이기 때문이다. 인간의 생명 유지에 필수불가결한 의식주의 수단으로부터 언어와 문화의 생성과 변화에 이르기까지 인간과 비인간 자연은 심대한 영향을 주고 받는다는 인식은 곧, 삼라만상이 상호 의존적인 관계에 있다는 깨우침에서 유래한다. 연기론적 세계관으로 만물을 보면 인간과 비인간 자연 사이의 경계가 해체된다. 선 시인이자 스나이더의 평생지기인 웰런(Philip Zenshin Whalen)의 죽음을 애도하는 헌시에서 오엽송(ponderosa pine)과 시인의 관계는 웰런과 시인이 한 평생 맺은 인연의 수준으로 격상된다.

나는 '나마스떼' 인사법으로 작별을 고한다
이 오엽송들에게
우리는 공기와 비와 태양을 공유했지

삼십 년 동안,
딱정벌레들에게 할퀴고 잎은
칙칙한 갈색으로 변해,
이제 이사한다.

—갑판이 되고, 선반이 되고, 벽널이 되고,
침목, 샛기둥, 들보[가 되고],

나는 너를 생각하리라 이 산에서 자란 너를
장차
네가 밸리 사람들을 보호해 줄 때

I bow namaste and farewell
these ponderosa pine
whose air and rain and sun we shared

for thirty years,
struck by beetles needles

turning rusty brown,
and moving on.

—decking, shelving, siding,
stringers, studs, and joists,

I will think of you *pines from this mountain*
as you shelter people in the Valley
years to come (*dp* 73)

친구를 이생에서 영원히 여의는 애수가 삼십 년 동안 함께 산 소나무를 떠나보내면서 시인이 느끼는 연민과 중첩된다. 오엽수의 지위는 사람의 지위로 격상된다. 연기이지 만물평등이다. 더구나 두 존재가 죽은 후에('이사'한 후에) 장차 그들이 인간에게 미칠 수 혜적 영향에서도 차등이 없다. 웰런의 시가 사람들의 마음을 어루만지고 문화의 왜곡을 막아준다면, 오엽송은 목재가 되어 인간의 몸(과 마음)을 보호해줄 터이다. 스나이더의 시에서 고립된 존재는 없다. 오엽송이 있을 때 인간의 안위와 풍요가 보장되고, 인간이 풍요로우매 오엽송의 존재가치는 고양된다. 한편, 이 시에서 시인의 자연 읽기는 자칫 인간중심주의로 오인받기 쉽다. 그러나 사람이면 누구나 자연물을 인간화하여 표현할 수밖에 없는 한계를 지닌다. 그래서 부처는 달을 가리키는 손가락을 보지 말고 달을 보라고 하지 않았던가.

공을 연기로 파악하면 인간이 비인간 자연의 고통을 공감하게 되고, 타자의 고통을 공감하는 자는 그 고통을 치유하기 위하여 인위적인 노력을 다해야 한다는 것은 당연한 논리적 귀결이다. 승(僧)의 단계로 진화한 불성은 공감심을 불러일으키고, 공감심은 타자의 고통을 치유하려는 실천을 추동하는 원동력이 된다. 1945년 8월 6일, 히로시마에 원자 폭탄이 투하된 직후 워싱턴 주에 위치한 헬렌산(Mt. St. Helens)에 오른 시인은 "나는 한 평생 잔인하고 파괴적인 이러한 권력과 그러한 권력을 이용하려는 자들에 맞서 싸우겠다."라고 자신에게 맹세한다(*dp* 9). 사실 스나이더는 선수행과 생태학적 시학의 범주에 머무르지 않고 수행과 예술혼으로 길어 올린 예지와 분별을 자신의 삶으로 실천하는 시인이다. 그의 가르침은 좋은 시를 쓰는 법이 아니라 바로 그의 삶이라는 펜델(Dale Pendell)의 촌평이나(319), 스나이더의 자연기는 자연 환경과 사회적, 지리정치적(geopolitical) 관심을 유리시키지 않는다는 슬라빅(Scotte Slovic)의 언급(97), 그리고 스나이더야말로 "미신적 숭배(mumbo-jumbo)를 여읜 종교적 실천 가능성의 본보기"(31)이며 "미국의 승(僧)"(307)을 낳은 장본인이라고 예찬하는 패드와(David Padwa)는 모두 이 시인이 생태적 삶과 문화적 저항을 통하여 그의 공감심을 실천하고 있다는 사실을 증언하고 있다.

스나이더에게 제법무상(諸法無常)은 무(無)가 아니고 공(空)이다. 그것은 부재(absence)이며 현존(presence)이다. 스나이더의 예술은 곧 공의 시학이고, 공성은 그의 삶 속에서 공감심으로 발현된다. 법도 윤회의 틀 안에서 작동하기 때문에 쇠락할 수밖에 없다는 회의론자의 비판에 그는 "제법무상이 결코 공감심과 방향성을 놓아버리거나 타자의 고통을 지나쳐버리는 이유가 결코 아니라."고 일침을 가한다(*dp* 101). 즉, 스나이더는 공공(空空)의 경지를 역설하고 있는 것이다.

스나이더가 중시하는 공감심의 발휘는 곧 용수의 중도(中道)를 실천하는 길이며 시인의 생태중심사상을 추동하는 원천이다. 연기론적 사고는 공감과 이타주의적 배려를 낳을 수 있는 한편, 그것이 태생적으로 지니고 있는 상대주의 세계관은 회의론이나 허무주의를 허용할 위험성을 안고 있다는 것은 전술한 바이다. 용수(Nagarjuna)나 석가는 바로 그러한 상대주의의 위험성을 경고하고 있다. 만약 인간의 자아를 포함하여 삼라만상의 내재적 속성이 부재한다면 인간의 어떠한 언행에 대해서도 윤리적 책임을 물을 수 없게 된다. 칼루파하나(David J. Kalupahana)는 공의 개념을 올바로 이해함으로써 부처의 가르침에 대한 그러한 무서운 오해를 불식시켜야 한다고 지적한다. 그는 그처럼 위험한 해석은 공을 무(無)의 개념과 동일시할 때 생긴다는 점을 주목하면서, 보편주의적 진리와 특수성의 진리에 대한 계층적 이해를 경계하도록 주문한다(Nagarjuna 335). 여기에서 보편적 진리는 대승불교의 진제(眞諦)를, 특수성의 진리는 속제(俗諦)를 지칭하고 있다. 즉, 부처는 이제론(二諦論)을 들어 공견(空見)의 위험성을 계고한다. 속제는 세간에서 행해지는 진리이고, 진제는 진여와 열반과 같은 승의(勝義)로서의 진리이다. 진제에서는 선도 없고 악도 없으며 부처와 중생의 분별도 없지만, 속제에 따르면 중생에게는 생사도 있고 윤회도 있으며 선과 악의 개념도 구분된다. 중생은 마땅히 진속이 균등한 삶 곧, 중도를 취해야 한다는 것이 부처와 용수의 가르침이다. 속제가 존재하기에 중생은 부단히 수행하여 열반에 이르러야 하며, 공감심을 일으켜 타자의 열반을 도와야 한다는 것이다. 스나이더의 공감심은 바로 그러한 속제의 산물이다. 그의 삶과 예술이 지향하는 바는 비인간 자연의 고통을 돌보는 한편, "심리적 장애와 문화적 틀에 매몰된 사람들"을 해방시키는 것이다(*Earth House Hold* 10). 물론 여기에서 언급하는 '심리'와 '문화'는 물질과 권력의 힘과 근거 없는 인간의 우월감에 취한 심리와 문화임을 짐작할 수 있다.

사실 스나이더는 그의 초기 시에서부터 정치성이 강한 면모를 보이고 있다. 초기 시집 『신화와 텍스트』(*Myths & Texts*, 이후 *MT* 로 표기함)에서 그는 동양과 서양 그리고 북미 토착민의 신화들에 표명된 생태학적 함의와 실천을 냉엄하게 점검한다. 「벌목」, 「사냥」, 「방화」 등, 세 개의 장으로 구성된 이 시집의 앞 부분에서 동서양의 지배적인 신화들은 생태적 수탈을 정당화해왔다고 질타한다. 그리스 신화와 그 생태적 영향에 관한 첫 번째 시의 첫 행 "샛별은 별이 아니다"(4)는 이 시집의 맨 끝에 배치된 시의 마지막 행 '태양은 단지 아침에 뜨는 하나의 별이다'라는 구절과 극명하게 대조된다. 전도된 샛별의 지위는 곧 문화적 전복을 암시한다. 즉, 샛별이 태양으로 특권화되었다는 것은 그리스 신화와 유대기독교 신화에 내재한 계층적 이원론을 상징한다고 보면, 시인은 인간과 비인간의 지위를 계층적으로 가르는 문화 자체를 신랄하게 비판하고 있는 것이다. 시인의 질타는 또한 동양의 이분법적 문화로 향한다. 「벌목 10」의 화자는 자연의 수탈을 정당화하는 철학적, 윤리적 마우스피스 역할을 하는 유교사상을 거부하고 인간중심주의를 여읜 불가(佛家)와 도가(道家)를 옹호한다. 그는 " '인간이 우주의 중심/ 오 원소의 결말,/ 음식과 색깔과 소음을 즐기도록 태어난'" [존재]라고 가르치는 "공자여, 내 등 뒤에서 물러나시오/ 지금도 소음이 충분하다오"라고 외치며 노자와 불가사상 그리고 북미 인디언의 사고와 삶의 방식에서 대안 문화의 가능성을 타진한다(11). 시인이 친생태적 대안문화를 추구하도록 부추기는 원동력은 바로 공성과 공감심임을 다시 확인하는 대목이다.

보다 직접적으로 정치적인 시들은 스나이더의 중기 시집으로 볼 수 있는 『거북 섬』(*Turtle Island*, 이후 *TI*로 표기함)에서 쉽게 찾아진다. 시의 제목에서부터 정치적 저항이 강하게 묻어나는 시는 「전선」("Front Lines")이다. 이 시에서 벌목은 암으로 비유된다. 불도저가 대지를 온전히 황폐화시키기 전에 우리는 맹목적인 산업발전과 군사팽창에 맞서 싸워야한다고 화자는 외치고 있다. "뒤에는 북극으로 이어지는 숲이 있고/ 아직도 피우트 군에 속하는 사막이 있다/ 우리는 여기에/ 우리의 전선을 쳐야한다"(Behind is a forest that goes to the Arctic/ And a desert that still belongs to the Piute/ And here we must draw/ Our line, TI 18). 그런가 하면, 「야성의 소리」("The Call of the Wild")의 화자는 힌두교로 개종한 후 공감심과 '야성'(Coyote mind)을 잃어버린 수행자들을 조롱하기도 한다. 야성의 상실은 스나이더에게 시적, 정치적 재앙이다. 그는 야성의 상실은 궁극적으로 군사적 폭력과 비인간 자연의 수탈로 이어지는 문화를 조장한다고 경고한다. 따라서 그의 시어에서는 예의 두 종류의 폭력이 상호 연결되어 있다. "그리하여 폭격하고 폭격한다/ 날이면 날마다, 온 지구를/ 참새들을 눈멀게 하고/ 올빼미의 고막을 찢고/ 벚나무들을 산산이 조각내면서/ … 독극물과 폭발물을 투하한다/ 아시아로 먼저,/ 다음은 북아메리카로,"(So they bomb and they bomb/ Day after day, across the planet/ blinding sparrows/ breaking the ear-drums of owls/ splinting trunks of cherries … Dumping poisons and explosives/ Across Asia first,/ And next North America,) (TI 22-3). 스나이더는 한 때 시학은 정치학과 상호 침투해야 한다고 언급한 바 있다. 단순한 자아의 표출만으로는 시의 사명을 완수할 수 없다는 충고이다(*The Real Work* 65). 스나이더에게 시는 정치를 하는 하나의 방식이고, 정치는 시를 쓰는 행위이다.

스나이더의 시학과 정치학은 상호 침투하지만, 공의 길은 중도이듯이 그의 공성은 배제의 논리가 아니고 포용의 미학임을 주목할 필요가 있다. 공성이 배태한 공감심을 가장 잘 형상화한 포용의 시 중 하나는 시집 『정상의 위험』의 마지막 쪽에 배치한 「결구」(結句, Envoy)이다.

우리는 또 세상을 정화시키는
알려지지 않은 주문을 외웠다
그 덕과 힘을
전쟁에서, 들판에서, 바다에서 죽은 이들에게
색계와 비색계의 혹은 뜨거운 욕계의
무수한 혼령들에게 되돌려 주면서.

색계와 무색계의 혹은 뜨거운 욕계의,
진정으로 견고하게 존재하는
만방의 온갖 존재들을 환영하라

깨달아 가슴이 커진 모든 존재들을 환영하라.
환영하라, 위대한 초월의 지혜를

마하반야바라밀다

We have spoken again the unknown words of the spell
that purifies the world
turning its virtue and power back
over to those who died in wars — in the fields — on the seas
and to the billions of spirits in the realms of
form, of no-form, or in the realms of hot desire

Hail all true and grounded beings
in all directions, in the realms of form,
of no-form, or of hot desire

hail all noble woke-up big-heart beings;
hail — great wisdom of the path that goes beyond

Mahāprajñāpāramita (*dp* 107)

공의 세계에서 삼라만상을 보면, 호와 불호, 참과 거짓, 몸과 마음의 이분법적 분별이 사라진다. 그리하여 시인은 전쟁에서 죽은 사람들, 산과 바다에서 죽은 동식물은 물론 삼라만상의 온갖 혼령들을 위하여 기도하기를 주문한다. 기도는 포용의 공감심에서 나온다. 기도문 속에서 인간과 비인간 자연의 계층적 관계는 해체된다. 불살생의 계율(ahimsa)은 인간의 오만한 사고에서는 나오지 못한다. 그것은 인간이 자연 속의 존재임을 인정하고 "감사와 배려"의 미덕을 실천해야 한다는 깨달음에서 온다(*BF* 69). 한편, 그러한 계층 의식의 해체는 바로 연기론적 관계 회복의 초석이다.

흔히 1970년대 심층 생태학 운동의 두 거장으로 네스와 스나이더를 꼽지만, 사실 스나이더는 그의 자연관의 한 쪽 발을 이른바 (탈)근대 담론에 딛고 있다. 물론 그의 시어로 길어 올린 자연관이 비강압적으로 비치는 연유는 공(空)의 영향임에 틀림없다. 부언하자면, 공성으로부터 촉발된 스나이더의 자연관은 (탈)근대 자연관과 그 궤를 함께하는 측면이 있다는 의미이다. 스나이더의 시학과 정치학은 매우 반문화적으로 들리면서도 대화론적인 입장을 잃지 않는다. "우리는 도끼자루를 깍는다/ 우리가 사용하는 도끼의/ 자루를 본떠서 … 파운드는 도끼였고/ 첸도 도끼였고, 나는 도끼다/ 그리고 내 아들은, 머지않아 다시 자루를 깍을/ 도끼자루,/ 모형과 도구, 문화의 역사(役事),/ 우리가 살아가는 방식."(We'll shape the handle/ By checking the handle/ Of the aux we cut with … Pound was an aux,/ Chen was an aux, soon/ To be shaping again, model/ And tool, craft of culture,/ How we go on. *Aux Handles* 5-6). 시인은 문화의 정체성이 고착되지 않고 유전(流轉)한다는 엄정한 사실을 인정한다. 그렇기 때문에 스나이더의 시학은 문화적 저항이지 산업문화의 전복이 아니다. 즉, 스나이더의 예지가 지향하는 바는 인간성(humanity)의 파괴가 아니고 자연과 인간 사이의 이원론적 간극의 해체(deconstruction)일 뿐이다. 흔히 비인간주의 시인(inhumanist)으로 여겨지는 제퍼스(Robinson Jeffers)의 자연관을 스나이더의 세계관과 차별화하려는 몰즈워쓰(Charles Molesworth)는

"스나이더가 인간을 거부하지 않고, 인간이 비인간 자연에 복속되기를 거부함으로써 진정으로 제퍼스의 해결방식을 회피하였다는 것이 『거북 섬』을 비롯한 스나이더의 모든 작품에 신뢰성을 부여한다."고 언급하고 있다(155). 다시 스나이더의 공성과 연기론적 공감의 시학을 떠올리게 하는 지적이다.

공성에 의하여 추동된 스나이더의 해체적 자연관은 그의 시 모음집 『무성』(*No Nature*)의 마지막 시 「수면의 물결」("Ripples on the Surface")에서 절묘한 은유로 표현된다. "자연은 책이 아니고, 하나의 *행위*이며 하나의/ 고매한 옛 문화"(Nature not a book, but a *performance*, a/ high old culture.)이다(381). 자연 자체의 자성이 없다함은 곧 제행무상의 설법에 다름 아니다. 자연의 이름은 책에 고착된 객체가 아니고 자연물 혹은 자연현상과 인간 사이의 대화론적 관계맺음이다. 따라서 '자연은 문화'라는 명제가 가능하다. 한편, 자연은 자체의 영원한 속성을 지니지 않고 끊임없이 지워지고 흔적을 남기면서 다시 써지는 '영원히 새로운 사건'(Ever-fresh events)이라는 인식은 실은 매우 문화-저항적인 속내를 내비치고 있다. 자연은 변화하는 문화라는 언명은 서구의 추상적인 관념으로 고착시킨 자연의 이름의 무게가 구체적인 자연 현상을 바탕으로 새로 명명된 자연의 이름보다 결코 무겁지 않기 때문이다. 즉, 시인은 비인간 자연의 우위에 기꺼이 인간의 지위를 부여한 서구의 로고스중심주의에 저항하고 있는 것이다.

스나이더는 공공(空空)과 연기(緣起)의 진리를 깨닫고 공감심을 일으켜야 하는 예술가의 임무를 명확하게 주문하고 있다. 재정적, 행정 관료적, 혹은 군사적 힘을 행사하기 어려운 작가와 예술가는 무엇보다도 자신의 작품으로 정치적 변화를 도모해야 한다는 것이다.

> 그러나 그들은 처음부터 동화 속의 이야기처럼 두 가지의 '탁월한 재능'을 부여받았다. 그 중 하나는 '진리의 거울'이다. 이 거울로 무엇을 비추든 그것의 실제 모습이 나타나며, 진실이 드러난다. 우리는 그 거울을 잘 사용해야 할 터이다! 또 하나 의 재능은 '공감하는 마음'이다. 그것은 남의 고통과 기쁨을 느끼고 알아, 그러한 느낌을 자신의 예술로 형상화하는 능력을 말한다. 어떤 예술가들의 공감심은 모든 피조물과 지구 자체에게로까지 확장될 수 있다.
>
> (However, at the outset they were given, as in fairy tales, two "magic gifts": One is the 'mirror of truth'. Whatever they hold this mirror up to is shown in its actual form, and the truth must come out. May we use that mirror well! The second is a "heart of compassion," which is to say the ability to feel and know the pains and delights of other people, and to weave that feeling into their art. (*BF* 63)

위 인용문에서 언급하는 '진리'는 공공의 진리 곧, 마틴(Julia Martin)도 언급하고 있는 "공의 이면"(the other side of sunyata)이고, 그것은 또한 속제(俗諦)를 의미할 터이다(9). 그리고 그러한 진리의 내용은 스나이더에게는 연기이고, 연기의 진리를 실천하는 방식이 공감심의 발휘인 것이다.

Ⅳ

스나이더의 시학이 비인간 자연을 향한 공감심의 도모를 강조함에는 틀림없지만 사실 시를 포함한 그의 저작물의 많은 부분은 자연물과 자연현상의 관조를 통하여 공과 연기의 법을 확인하는 내용이다. 그러나 이 글의 서두에서 언급한 대로 스나이더의 연구가 공이나 선(禪) 혹은 연기에만 초점을 맞춘 나머지 시인이 독자에게 전하려는 보다 직접적인 친생태적 정치성이 지나치게 경시되는 경향이 있다. 본고에서는 용수의 공사상과 모든 유파의 불교가 공유하는 연기론적 세계관을 체득한 시인이 그러한 깨달음의 결과로 고통 받는 삼라만상을 위한 공감심을 불러일으켜야 한다는 강한 메시지를 생성하는 논리적인 과정에 주목하였다. 1940년대에 이미 자연을 파괴하는 인간의 모든 세력들과 맞서 싸우겠노라고 다짐하고, 일찍이 1950년대에 화석연료의 과용이 야기할 환경파괴를 우려한 시인의 시학은 그가 일본으로 건너가 선불교 수행을 하기 전에 이미 그 방향이 결정되었음직하다. 그렇다면 그의 시에 착근한 생태학적 정치성은 불교사상과의 조우를 통하여 더욱 견고한 논리와 감수성으로 진화하였다고 볼 수 있겠다.

스나이더의 메시지는 결국 우리의 삶이 건강한 모습으로 거듭나기 위하여 산업문화와 일정한 거리두기를 도모하고 원시적 감수성(야성)을 회복하는 것이다. 그것은 인간이 만물, 만상 앞에서 겸손해지는 것이다. 그것은 산업문화의 정상에서 내려오는 길이다. 우리는 문화적 치유가 절실한 시대에 살고 있다는 진단이다. 이 시집 『정상의 위험』은 80대의 고령에 들어선 노 시인이 사별한 아내 캐럴 코다(Carole Koda)를 추모하는 시집이다. 시인은 캐럴을 처음 만났을 때의 느낌을 "최고에 의하여/ 정상의 위험에/ 의하여 / 훈육되어,/ 오만하고, 회의적이며/ 열광하는/ 그녀의 나긋나긋한 다리"(Her lithe leg/ proud, skeptical,/ passionate, trained/ by the/ heights by the/ danger on peaks)라고 묘사하고 있다(*dp* 74). '정상'의 의미는 중의적이다. '정상'이라는 단어는 1980년에 거대한 화산이 폭발한 세인트 헬런 산(Mt. St. Helens)의 위험한 꼭대기일 수 있지만, 시인의 예지와 감성은 오히려 산업문화의 정점이 더욱 위험하다고 경고한다. 시인이 캐럴을 처음 만났을 때, 그녀의 다리(몸)는 야성을 잃어버린 나약한 다리이었고, 마음은 최고만을 지향하는 인간중심주의적 산업문화에 매몰되어 삼라만상 앞에서 '오만하고', 야성의 문화에 대하여 '회의적이며', 냉철한 예지력을 상실한(passionate) 선남선녀 중 한 사람일 뿐이었다. 시인이 캐럴을 안타까운 시선으로 바라보았듯이 그는 지금 전대미문의 환경오염에 직면하여 생태학적 질병을 앓고 있는 지구와 우리 시대의 인간들을 연민의 눈으로 보고 있을 터이다. 암 투병 중이던 아내 캐럴 코다는 남편 스나이더의 연민과 지극한 간호에도 불구하고 2006년에 작고하였다. 시인은 혹시 지구와 인간의 문화 자체가 생태학적 암을 앓고 있다는 경고 메시지를 보내는 것이 아닐까? 시인은 그 암의 치유를 위하여 공성과 연기와 공감심의 회복을 주문하고 있는 것이 아닐까.

2-4. 연기적 자아를 향하여
— D. H. 로렌스의 『사랑하는 여인들』

I

로렌스(D. H. Lawrence)의 작품세계가 전체적으로 서구문명비판을 기본 배경으로 삼고 있는 점을 감안하면,[8] 동양사상으로 그의 작품을 읽어내려는 시도가 인색하다는 사실이 의아스럽다. 더구나 불교사상으로 그의 소설을 조명한 경우는 매우 희귀하다. 때문에 도허티(Gerald Doherty)가 근자에 『로렌스의 동양』(*Oriental Lawrence*)이라는 서명의 저술에서 『사랑하는 여인들』(*Women in Love*)을 포함하여 네 편의 소설들을 분석하면서 불교사상이나 요가를 접목시킨 점이 돋보인다. 도허티의 언급에 따르면, 로렌스는 요가나 불교에 대하여 체계적인 독서를 하지 않았고, 그렇기 때문에 불교를 허무주의로 치부하고 "인생을 부정하는 관념론"으로 보는 한계를 드러낸다(1, 19). 불교에 대한 로렌스의 이해가 피상적인 수준을 벗어나지 못한다는 도허티의 판단이 정확하다면, 『캥거루』(*Kangaroo*)는 부처 같은 스승 캥거루를 조롱하는 소설이라고 볼 수도 있겠다.

물론 도허티도 불교적 세계관과 로렌스의 그것이 여러 지점에서 유사성을 보이고 있음을 간파하고 있다. 예컨대, 불교에서 고착

---

8 로렌스가 죽기 직전에 쓴 『묵시록』(Apocalypse)은 동서양을 불문하고 문명비판의 종결판이라고 해도 과언이 아니다. "인간이 **마음**(Mind)을 교화하기 전에는 바보가 아니었다."라는 이 책의 마지막 언명에 그의 문명비판의 강도가 단적으로 드러나 있다(200).

된 자아의 개념을 해체하듯이 로렌스도 자아를 다양한 비영속적 요소들의 모듬으로 파악한다는 것이다(31). 사실 산업제일주의에 대한 비판을 포함한 로렌스의 총체적 문명비판의 근저에는 바로 불교의 만물평등사상과 유사한 비인간중심주의가 도사라고 있기도 하다. 논의의 초점을 『사랑하는 여인들』(이후 『여인들』로 약칭함)로 좁히면, 로렌스의 메시지와 불교 특히 대승불교의 가르침이 공유하는 지점이 보다 더 명료하게 드러난다. 로렌스 자신도 이 소설을 자신의 이야기와 가장 근사한 작품으로 인정하듯이(*The Selected Latters of D. H. Lawrence* 137), 중심인물 버킨(Birkin)의 세계관을 곧 작가 자신이 그의 모든 저술과 언술행위를 통하여 형상화하려는 통찰력으로 치환해도 무리가 없어 보인다. 도허티는 그러한 통찰력의 핵심이 무엇보다도 남녀의 성행위를 통하여 가장 절묘하게 상징화되고 있다는 점에 주목하면서 특히 버킨과 어슐러(Ursula)의 성행위를 "구원의 드라마"로 묘사하고 있다(42). 로렌스의 다른 소설들에서도 남녀의 성행위가 종종 신성화되고 있다는 점을 고려하면, 도허티가 주목하는 성행위의 상징화는 그 개연성을 충분히 확보한다. 다만 도허티가 작품 분석의 배경으로 활용하는 동양사상은 요가나 힌두교 혹은 소승불교에 중요한 영향을 미친 탄트라(Tantra) 교리이기 때문에 이 소설의 대단원을 어두운 결말로 받아들이고 있다. 즉, 그는 제럴드(Gerald)의 죽음이 함의하는 어둠의 강도가 버킨과 어슐러 사이의 이상적 균형이 암시하는 희망의 메시지를 압도한다고 본다.

이 소설에 대한 도허티의 어두운 독법은 자칫 허무주의 담론으로 전락할 우려를 안고 있는 초기불교의 인식론에 그 바탕을 두고 있기 때문이다. 그의 부정적 결말은 담론과 통찰의 끊임없는 언어적 해체를 그 중심 과제로 삼는 소승불교적 담론의 태생적 한계가 빚은 결과로도 볼 수 있다. 그렇다면 도허티의 독법은 그의 책 제목인 '로렌스의 동양사상'에 충분히 값하지 못하고 있다는 인상을 지울 수 없다. 필자의 이러한 불만족이 이 글을 추동한다. 언어적 해체를 넘어서는 대승불교의 연기론(緣起論, Paticca Samuppāda)으로 이 소설 속의 메시지를 받아들인다면 사뭇 다른 결론을 도출할 수도 있겠다는 의욕으로 이 글을 시작한다.

II

사실 초기불교나 대승불교를 가릴 것 없이 연기론은 불교의 공통적인 인식론이다. 그 핵심은 인간을 포함하여 삼라만상의 모든 존재에게는 고유의 속성이 없으며 그 속성은 인과율에 따라 끊임없이 변천하는 과정에 놓여있을 뿐이라는 자각이다. 예컨대, 인간의 자아는 오온(五蘊)의 인과론적 집합체일 뿐이고, 아(我)는 타(他)와의 관계 속에서 일시적으로 규정되는 개념이며, 나무가 불이 아닌 이유는 불이 나무가 아니기 때문이다. 하나의 존재는 무수히 많은 존재들에 둘러 싸여 그들과의 관계 속에서 그 정체성을 획득하며, 그 특정한 존재는 주변에 있는 사물들의 속성을 결정하는 하나의 요소로서 작용한다. 더구나 그 작용의 범위는 공간적 영역뿐만 아니라 시간적 범주까지 포괄하는 것이기 때문에 사물의 절대적 개념은 해체될 수밖에 없다. 초기불교에서도 만물이 관계론적으로 존재한다는 사실을 네 단계의 설법 통하여 가르치고 있다.

이것이 있을 때, 저것이 있다.
이것이 생기(生起)할 때, 저것이 생기한다.
이것이 없을 때, 저것이 없다.
이것이 멸(滅)할 때, 저것이 멸한다.

This being, that becomes.
From the arising of this, that arises.
This not being, that becomes not.
From the ceasing of this, that ceases. (Macy 33)

위 인용에서 '이것이 있으므로', 혹은 '이것이 생기하므로' 등으로 해석하지 않는 연유는, 그렇게 하면 이 설법을 자칫 선형적 인과론으로 오해할 소지가 있기 때문이다. 만상은 제일 원인의 결과물이 아니고, 마치 인드라 망이 암시하듯이, 상호의존적 관계일 뿐이다. 그것은 원인과 결과가 공간적, 시간적으로 상호 침투하는 역동적인 관계다.

연기론은 선형적 인과율의 부정이기 때문에 뿌리 깊은 서양의 계층적 이원론의 대안담론이 될 수 있다. "진정으로 실재하는 것은 변하지 않는다."라는 서양의 일방통행식 인과율은 희랍의 파르메니데스(Parmenides)로부터 시작하여 플라톤과 아리스토텔레스를 거쳐 데카르트의 합리주의에 이르기까지 서구 형이상학의 인식론을 관류하고 있다(Macy, *Mutual Causality* 11). 그리고 오늘날까지도 그러한 근본주의적 선입견은 동서양을 불문하고 우리 주변에 편재한다. 더구나 그러한 편견이 형이상학적 갈등에 머무르지 않고 정치적, 군사적 충돌의 근본 원인을 제공할 수 있다는 점에 문제의 심각성이 있다. 선형적 인과율의 시각으로 세상을 보면, '나'의 제일 원인이 '너'의 제일 원인과 다를 때 충돌은 필연적이다. 누구의 원인이 옳고 누구의 것이 그른지 절대적 판단이 불가능하기 때문이다. 예컨대, 기독교의 하나님과 이슬람의 알라신 중에서 어느 편이 올바른 제일 원인인가? 불교의 연기론적 사유는 바로 이러한 파괴적 갈등과 충돌을 지양하는 대안사고다. 삼라만상은 아와 타의 양방향적 관계지움이라는 인식은 곧 모든 것은 본디 고착된 개념을 소유하지 않고 그 존재 자체가 공(空)이라는 뜻이기 때문이다. 그리고 "공성(空性)은 모든 것을 부정하고 파괴하는 살인검이 아니라 반대로 공성이 적용될 때 모든 것이 제자리를 잡고 살게 되는 활인검"이기 때문이다(이지수 232). 연기론은 기꺼이 타자의 목소리를 허용한다.

타자성을 허용하는 연기론적 사유는 진리의 상대주의를 옹호하는 무책임한 담론으로 치부되거나 허무주의를 부추기는 논리로 간주되기가 십상이다. 용수는 '모든 것이 없다.'라는 잘못된 공성에 집착하여 허무주의에 빠져버리는 사태를 경계하고 있다.

> 그대가
> 모든 것이 다 공하다면
> 생겨남도 없고 소멸함도 없다.
> 곧 지혜가 생겨나거나
> 현실의 괴로움이 없어질 수도 없다.
> 그렇다면 사성제도 없다.
>
> 약일체개공(若一切皆空)　무생역무멸(無生亦無滅)
> 여시측무유(如是則無有)　사성제지법(四聖諦之法) (중론 529)

자성과 자아가 없다는 중관사상의 언명은 이성과 논리에 의지하여 언어로 표현된 사물이나 인간의 고유한 정체성이 없다는 뜻이다. 대승불교에서 진리에 접근하는 방법은 오히려 "초이성적, 초합리적 신비주의"이다(싱 83). 그것은 신비주의적 경험에 바탕을 두고 있다. 부처는 자아(아뜨만)를 아는 것이 모든 것을 아는 길이요 해탈에 이르는 유일한 방법이라고 주장하는 우빠니샤드의 입장을 반박하려는 변증법적 필요성 때문에 요소론(要素論: 五蘊, 十二處, 十八界說)을 제시하였을 뿐이다(무르띠 112). 즉, 무아란 공(空)의 개념처럼 언어로 표현할 수 없는 초월적 개념이기 때문에 요소설로 유아론을 질타할 뿐이다. 부처는 논리와 언어로 지은 유아론을 논리와 언어라는 방편으로 해체하고 있는 것이다. 논리에 의하여 구성된 진리를 질타할 뿐이지 초월적 경험을 통하여 체득하는 진리(열반)의 가능성을 결코 배제하지 않는다.

따라서 여래는 언어를 초월하는 법이라고 할 수 있다. 부처는 궁극적인 법은 침묵의 법이다.

> 방편으로 있는 지혜 말할 수 없고
> 진실하게 있는 지혜 말할 수 없고
> 신통으로 있는 지혜 말할 수 없고
> 생각생각 나타남을 말할 수 없고
> 말할 수 없는 여러 부처님의 법을
> 낱낱이 아는 일을 말할 수 없어
> 한꺼번에 보리를 얻기도 하고
> 여러 때에 증득하여 듣기도 하네

方便智慧不可說 眞實智慧不可說
神通智慧不可說 念念示現不可說
於不可說諸佛法 一一了知不可說
能於一時證菩提 或種種時而證入 (무비 역, 화엄경 247-48)

부처는 지극한 지혜는 언설을 통하여 가르칠 수 없음을 고백하고 있을 뿐이지 그 존재 자체를 결코 부정하지는 않는다. 오히려 궁극적인 법이 침묵 속에 편재함을 역설하고 있다. '만물에 자성이 없다.'는 언설은 인간의 유한한 언어로 표현된 자성은 항상성(恒常性)이 결여되어 있다는 뜻이지, '산은 산이고, 물은 물이다.'라는 가르침을 부정하는 것이 아니다.

만약 '산은 산이 아니고, 물은 물이 아니다.' 또는, 자아는 색(色), 수(受), 상(想), 행(行), 식(識)의 오온가화합(五蘊假和合)에 불과하다는 공견(空見)에 빠진 수행자는 매우 위험한 심상에 처할 수 있다. 무자성(無自性)이며 무아(無我)이고, 제행무상(諸行無常)이니 이를 깨달은 자는 생각과 행동의 무한한 자유를 획득함직하다. 실재하는 자아가 없으니 인간의 행동에 책임질 주체가 사라진다. 제행무상이니 세간에서 선행과 악행을 분별할 이유나 의무도 없다. 상대주의의 철저한 승리다. 그런데 이러한 상대주의는 허무주의를 부른다. 이것이 바로 진여(眞如)의 상실이며 공견의 폐해다. 부처는 이러한 공성(空性)의 위험성을 경계하기 위하여 이른바 공공(空空)의 변증법을 설한다.

보살아, 만약 중생이 법이 생겼다고 볼 때에는 무견(無見: 허무주의적 생각)을 없애게 하고, 법이 없어졌다고 볼 때에는 유견(有見: 유

물론적 실재론)을 없애게 하라. 만약 이러한 견해들을 없애기만 하면 법의 진공(眞空)함을 깨달아 결정성(決定性)에 들고 그렇게 되면 마음의 생멸(生滅)이 없게 되는 것이다. (金剛三昧經 無相法品, 원효 113에서 재인용)

원효는 이 설법을 논하여, 만일 무를 떠나 유를 취하듯이 유를 파(破)하고 공을 취한다면 이는 망공(妄空)이요 진무(眞無)가 아니므로 유를 떠났으되 공에 있지 않아야 한다고 해석하면서 공도 공함을 깨우쳐주고 있다(115). 용수 역시 이러한 공견을 경계하고 있음은 물론이다. 흔히 비유하듯이, 비누로 몸의 떼를 씻은 후에는 비눗물도 깨끗이 제거해야한다는 충고다. 비눗물이 떼보다 몸에 더 해롭기 때문이다. 즉, 만물의 공성을 깨달았으면, 공성도 공하다는 점을 동시에 깨달아 유무를 아우르는 중도(中道)를 가라는 가르침으로 받아들일 수 있을 것이다.

이제론(二諦論)을 들어 공견의 위험성을 계고(戒告)하기도 한다. 이제란 속제(俗諦)와 진제(眞諦)를 일컫는데, 전자는 세간에서 행해지는 진리이고, 후자는 진여와 열반과 같은 승의(勝義)로서의 진리이다. 진제에서는 선도 없고 악도 없으면 부처와 중생의 분별도 없지만, 속제에 따르면 중생에게는 생사도 있고 윤회도 있으며 선과 악의 개념도 구분된다. 중생은 마땅히 진속이 균등한 삶 곧, 중도를 취해야 한다는 것이다(김성철 217). 속제가 존재하기에 중생은 부단히 수행하여 열반에 이르러야 하며, 공감심을 일으켜 타자의 열반을 도와야 하는 것이다. 따라서 이제론 역시 공성의 무비판적 수용이 불러일으키기 쉬운 가치의 실종과 허무주의를 경계하고 있다고 볼 수 있다. 다만 속제는 중생의 언어를 통하여 전달이 가능한 진리이지만 진제의 유일한 전달수단은 부처의 침묵이니, 중생은 부처의 불가사의한 침묵 앞에 겸손해야 하는 것이다. 겸손하게 진속의 중도를 가지 않는 수행자는 허무와 무기력의 늪에 빠져 허우적대거나 타자는 물론 자신에게 마저도 책임감을 느끼지 못하는 천하의 망나니로 전락할 우려가 있기 때문이다. 그렇다면 속제가 있음에 진제가 있고, 진제가 있음에 속제가 있다는 연기의 영역이 또 하나 구축된 셈이다.

Ⅲ

비록 로렌스가 불교를 체계적으로 연구한 적이 없다고 하더라도 『여인들』에 등장하는 인물들의 면면과 그들의 관계를 연기론적 관점으로 조명하는 작업은 독자나 비평가의 정당한 몫이다. 서구의 해체사상이 비평의 훌륭한 방법론이듯이, 연기론적 패러다임도 모든 문학작품의 분석을 감당할 수 있을 만큼 그 사상적 깊이와 폭이 충분함은 물론이기 때문이다. 특히 『여인들』에 묘사된 남녀 인물들 사이의 인간관계는 만상의 (반)연기론적 관계지움과 그 정합성이 두드러진다. 사실 작가 자신이 오온과 유사한 자아의식의 다양한 층위를 제시하고 있기도 하다.[9]

9 프라이스(Martin Price)의 흥미로운 연구에 따르면, 로렌스는 자아의 층위를 "지적 활동과 사고 작용", "기지와 아이러니의 작용", "의지의 관철", "색깔, 미각, 촉각 등의 감각 작용", "성적 활동" 등, 다섯 가지 영역으로 나누었다(263).

이 소설의 주제와 플롯은 두 쌍의 남녀, 제럴드와 구드룬(Gudrun), 버킨과 어슐러 사이의 인간관계의 변화를 중심으로 짜여있다. 이들 중에서 제럴드는 전형적으로 서구의 합리주의와 기계론의 폐해를 구현하는 인물이다. 합리주의적 원인과 결과의 논리를 무비판적으로 받아들이는 "편견은 우리가 숨을 쉬는 공기처럼 보이지 않지만 우리 주변에 편재하는" 것이니(Macy, *Mutual Causality in Buddhism and General Systems Theory*, 이후 MC&GS로 표기함), 제럴드는 우선 범람하는 식온(識薀)에 빠져있다고 하겠다. 전술하였듯이, 연기를 허용하지 않는 서구의 일방통행식 인과율은 데카르트류의 합리주의에 와서 그 정점을 이룬다. 그 폐해는 무엇보다도 계층적 이원론의 정당화이고, 제럴드는 인간중심주의, 남성본위의식, 산업제일주의 등, 바로 그러한 이원론을 표상하는 인물인 것이다. 버킨과는 달리 제럴드는 자신의 자아형성에 전방위적 영향을 미친 교육과 문화 환경에 대하여 비판이나 자성을 추호도 허용하지 않기 때문에 그의 언사에서 자신의 문화 자체를 문제 삼는 대목은 찾아볼 수 없다. 제럴드는

> 우리는 끔직한 *거짓말쟁이들*이야. … 우리는 *깔끔하고 자족적인 즉, 완벽한 세상*을 이룬다는 이상을 가지고 있어. 그래서 우리는 세상을 온통 불결하게 만들어버리지. 그래서 세상에는 오물 속을 분주히 들락거리는 곤충들의 세계처럼 지저분한 노동만 있을 뿐이야. 그런 노동을 해야 응접실에 피아노를 놓고, 최신식 주택에서 집사를 부리며 자동차를 굴릴 수 있거든. … (71, 이탤릭은 필자의 강조)

이라고 늘어놓는 버킨의 장광설도 귓등으로 흘러들을 뿐이다. 합

리주의적 세계관으로 보면,신을 정점으로 하여 이른바 미물과 무생물에 이르기 까지 계층적인 체계가 깔끔하게 잡힌 '완벽한 세상'이다. 합리주의적, 기계론적 세계관에 빠진 제럴드가 그러한 계층의식에 대한 도전을 허용할 수 없음은 당연하다. 식(識)과 상(想)에 취하여 연기를 보지 못함이다.

제럴드가 여성을 지배하려든다면 허마이오니(Hermione)는 남성을 지배하려는 의지가 강하다는 점에서 역시 상호의존적 관계맺음과는 거리가 먼 행온(行蘊)의 우를 범하는 인물이다. 버킨은 열정으로 가장된 그녀의 지배욕구를 원색적으로 비난한다.

> '당신에게 있는 것은 지식뿐이요. 당신은 당신의 동물성조차도 당신의 머리로 원하고 있소. 당신은 동물이 되기를 원하는 것이 아니고 당신의 동물적 기능만을 관찰하면서 정신적인 희열감을 얻고 싶어해요. 그것은 완전히 부차적인 느낌으로 가장 편협한(hide-bound) 지성제일주의보다 더욱 퇴폐적입니다. … 당신은 열정과 본능을 매우 강하게 원하지만 그것을 다만 당신의 머리, 곧 당신의 의식 속에서만 원하고 있어요. … [그러니] 당신만 실재를 이해하지 못하는 것이요. … 당신은 오직 의지와 오만한 의식, 그리고 권력과 아는 것에 대한 탐욕만 가졌을 뿐이요. (56-7)

버킨의 비판에 따르면, 허마이오니에게 사랑은 상대방의 정신을 독점적으로 소유하였다는 의식 자체일 뿐이지 실체적 감성은 사랑의 개념에서 배제되어버린다. 머리로 하는 사랑은 사랑을 성취하려는 의지의 표현이지 자연분출적인 감정의 상호교류가 아니다. 사랑에의 의지는 지배욕구일 뿐이어서, 그것은 강한 집착을 낳고,

강한 집착은 강한 반발을 야기한다. 버킨과 허마이오니의 관계가 파국으로 치닫는 궁극적인 원인도 결국 인간관계의 연기성을 망각하고 타자성을 인정하지 못하는 편협한 마음가짐에 있다고 할 것이다.

사실 이 소설에 등장하는 거의 모든 인물들이 행온의 유혹에서 벗어나지 못한다고 보아야 한다. 언뜻 보기에 제럴드가 벌이는 성적 유희의 희생양으로 소설의 전반부에 잠깐 등장하는 미네트(Minette)도 기실 그녀의 배우자 핼리데이(Halliday)를 철저하게 지배하려는 욕구를 드러낸다. 미네트와 제럴드가 벌이는 성행위는 제럴드의 지배욕구를 충족시키는 수단이 아니라 오히려 미네트가 제럴드를 제물로 삼아 핼리데이의 소유욕을 철저히 짓밟고 그를 일방적으로 지배하려는 치밀하게 계산된 책략임이 드러난다. 그녀는 핼리데이와 결혼을 하되 그를 철저히 지배하기를 원하기 때문이다(100). 예의 권력 다툼에서 패자는 제럴드와 핼리데이이고, 자괴감 역시 그들이 감당해야 할 몫이다. 물론 미네트와 핼리데이가 상생의 부부관계를 맺을 수 없음은 당연할 터이다. 작가는 다만 일련의 사건들을 통하여 지배욕구에 왜곡된 기괴한 남녀관계를 보여주고 있을 뿐이다.

그렇다면 버킨과 구드룬은 연기론적 세계관을 보여주는 인물들인가? 버킨의 경우는 뒤에서 논의하기로 미루고 제럴드의 지배욕에 대한 구드룬의 대응방식을 우선 살펴볼 필요가 있다. 구드룬의 성격은 그녀의 스케치북을 둘러싼 해프닝에 잘 드러나 있다. 윌리워터(Willy Water) 호수에서 함께 보트를 타던 제럴드와 허마이오니가 호숫가에 자생하는 수생식물들을 스케치하고 있던 구드룬을 우연히 발견하고 접근한다. 그림에 흥미를 느낀 허마이오니가 보트를 탄 채로 구드룬에게 부탁하여 그림을 넘겨받아 잠시 보고 있는 사이에 뭐든 자신이 우선이어야 한다는 우월감이 발동한 제럴드가 허마이오니로부터 스케치북을 가로채듯이 넘겨받으려는 과정에서 그림을 그만 물에 빠뜨려버리는 사건이 일어난다. 허마이오니는 구드룬에게 수차례에 걸쳐 사죄하지만[10] 안하무인격인 제럴드는 결코 사과하는 법이 없다. 이에 은근히 격분한 구드룬이 "잘못이 있다면, 크리크씨[제럴드]가 잘못했지요."라고 허마이오니를 두둔하면서 제럴드를 분명하게 비난한다. 동시에 구드룬은 "모두가 전혀 별일이 아니에요."라고 말하면서 두 사람을 짐짓 위로하자, 그때서야 제럴드는 "별일 아니라니 무척 기쁩니다."라고 대꾸하면서 오히려 구드룬의 심기를 건드린다. 구드룬이 정색을 하면서 제럴드를 쏘아보는 시점을 기점으로 하여 두 사람 사이에는 상대방을 지배하기 위한 기 싸움이 시작된다. 그리고 구드룬은 자신의 승리를 예감한다.

> 그 눈빛과 목소리를 통하여 그들 사이에는 관계가 이루어졌다. 그녀의 목소리 톤["물론 *전혀* 괜찮습니다."]을 통하여 볼 때, 그들은 같은 유형의 인간이고 그들 사이에는 일종의 사악한 미밀 결사단이 존재한다는 사실을 그녀가 분명하게 깨달았던 것이다. 그녀는 지금부터 그녀가 그를 지배할 것이라는 사실을 알아차렸다. 그들이 어디

---

10 사실 허마이오니가 사죄하는 언사는 "이상하게도 악의에 찬 승리의 어조"를 띠고 있다(144). 진심어린 사죄기 아니다. 허마이오니는 구드룬을 능멸하였다는 사실에 내심 희열을 느끼고 있는 것이다. 따라서 이 작은 헤프닝을 통하여 제럴드, 허마이오니, 구드룬 세 사람은 심리적 권력 다툼을 벌이고 있다는 점에 주목할 필요가 있다.

에서 만나든 두 사람 사이에는 은밀한 관계가 이루어질 터였다. 그리고 그는 그녀와의 관계에서 무기력한 존재가 될 것이다. 그녀는 의기양양하였다. (145)

구드룬과 제럴드 사이의 특별한 관계는 사랑의 관계가 아니라 심리적 전쟁의 관계다. 제럴드가 구드룬을 복종시키려는 의지의 강도에 결코 뒤지지 않는 세기의 의지로 구드룬은 제럴드를 지배하려든다. 이 전쟁의 패배자는 제럴드이고, 그 결과는 그의 죽음이다. 자신이 살해당하고 있다는 제럴드의 느낌도 무리는 아니다(534).

제럴드가 타자성을 존중하지 못하듯이, 구드룬 역시 남녀의 상호의존성을 인정하지 못하기는 마찬가지다. 타자성의 배제는 곧 고착화된 자아의 드러냄이다. 연기론적 관점으로 보면, 타자가 없이 나의 자아는 존재하지 않는다. 나의 존재가 없다면, 타자도 존재하지 않음은 물론이다. 따라서 타자는 나의 정체성이 성립하기 위하여 필수적으로 존재해야 하는 조건이다. 나의 자아는 요지부동이라는 믿음이 바로 부처가 경계하는 무명(無明)이 아니던가? 속제의 세계에서 자아는 끊임없이 유전한다. 나의 자아를 분립적인 존재로 보는 태도에서 자기중심주의와 계층적 이원론이 비롯되며, 인간관계의 다양한 갈등과 투쟁은 바로 자기중심주의와 계층적 세계관이 촉발하는 것이다. 구드룬이 제럴드를 파괴해야 할 타자로만 인식하는 심리적 근저에는 바로 자신의 자아를 분립적인 존재로 보고 자아의 수호에만 집착하는 그녀의 강한 의지가 도사리고 있다. 구드룬이 제럴드를 떠나 조각가 뢰르케(Loerke)에게 매력을 느끼는 이유는 뢰르케는 적어도 그녀의 영혼을 지배하려들지 않기 때문이다(Bersani 181). 문제는 뢰르케 역시 분립적 세계관에 빠져있다는 점이다. 'Loerke'라는 이름은 유럽 북부 신화 속의 불화와 비행의 신 'Loki'를 연상시킨다는 점도 흥미롭다(Oates 228). 그의 반연기론적 세계관은 그의 예술관에 잘 드러나 있다. 예술을 생활수단으로 보고 있는 그에게 예술은 인생으로부터 철저히 분리되어 있다. 이른바 신비평가들의 예술관처럼, 그에게 예술은 예술가의 생활은 물론 예술가의 사상과 감정으로부터도 유리된 자족적 존재이다. 이렇듯 극단적인 고립주의를 신봉하는 뢰르케가 구드룬을 포함하여 타자의 자아정체성을 존중할 것임은 당연하다. 그가 타자의 자아를 존중하는 만큼 자신의 정체성을 온전히 유지하고 싶어 하기 때문이다. 뢰르케와 구드룬 그리고 제럴드와 허마이오니 모두 자아의 가소성(可塑性)을 인정하지 않는다는 점에서 공통점을 지니고 있다. 그리고 그들이 자아를 불변의 실체로 보는 한 그들의 상보적 남녀관계 형성은 요원해 보인다.

Ⅳ

그렇다면 과연 로렌스는 이 소설에서 온전히 상보적인 연인 관계를 제시하고 있는가? 그 해답은 아무래도 버킨과 어슐러의 관계를 살피는 과정에서 찾아져야 한다. 앞에서 살펴본 인물들이 한결 같이 오망상(五妄想)에 사로잡혀 연기론적 연인 관계를 이루지 못한다면, 버킨과 어슐러의 경우는 그 대안이 될 수 있을까? 사실 이 의문점에 대한 답변은 극도로 신중해야 할 것이다. 이 소설의 이야기가 끝나는 순간까지 버킨은 온전히 안정된 심상을 보여주지 못하기 때문이다. 이것은 비단 제럴드에 대한 버킨의 동성애적 욕구가 충족되지 못하기 때문만은 아니다. 보다 더 내밀한 그의 불안은 오히려 어슐러와의 이성애적 사랑에 그 근원을 두고 있다. 그의 첫 번째 고민은 허마이오니의 '관념'(Idea)으로 표상되는 정신적 사랑과 어슐러의 '자궁'(Womb)으로 암시되는 육체적 사랑의 혼융이 불가능해 보인다는 점이다. 즉, 속제의 관점에서 몸과 혼의 연기적 관계 설정이 가능한가의 문제다.

> 그런데 어슐러식의 감성적, 육체적 정교(情交)가 허마이오니의 추상적, 정신적 사랑만큼 위험하지 않았던가? 융합, 융합, 그것이 정신의 혼융이든 감성적 신체의 혼융이든, 모든 여성과 대부분의 남성이 주장하는 두 존재의 이 지겨운 융합은 메스껍고 끔찍하지 않았나? … 그들 양 쪽은 왜 각기 한계를 지닌 채로 남아있을 수 없었을까? 도대체 이러한 온전한 혼융, 이 가증스러운 폭압은 무엇인가? (353)

『아들과 연인들』(*Sons and Lovers*)에서는 미리엄(Miriam)과 클라라(Clara)를 아우르는 유형의 여인을 만나려는 폴(Paul)의 시도는 없지만, 버킨은 정신과 육체가 완벽하게 조화를 이룬 사랑을 추구하고 있는 것이다. 그러나 그러한 버킨의 꿈은 꿈일 뿐이다. 그처럼 완벽한 관계의 실체는 적어도 이 소설 안의 언어적 서사나 대사를 통하여 묘시되지 않는다.

버킨-어슐러 쌍이 추구하는 또 하나의 연기적 조화의 차원은 두 남녀가 자신의 고립적 자아를 넘어 제3의 영역에서 온전한 혼융에 이르는 것이다. 제럴드-구드룬, 허마이오니-버킨, 혹은 구드룬-뢰르케 등, 남녀의 쌍이 연인 관계를 지배-피지배의 권력 관계나

고립적인 균형 관계로 인식한 나머지 파탄에 이르렀다는 배경을 상기하면, 어슐러와 버킨의 관계는 작가 제시하는 이상적인 연인 관계임 직하다. 버킨이 추구하는 이상적 관계는 여자와 남자가 각각 자신의 정체성을 잃고 제3의 영역에서 온전히 하나가 되는 상태이다. 식(識)을 무력화시키는 그러한 평화의 상태에 이르면 나도 없고 너도 없으며, 둘은 합하여 새로운 차원의 하나를 성취한다는 것이다(420). 이것이 열반이 아니고 무엇이겠는가? 그러나 어슐러는 버킨의 이상과 현실 사이의 틈새를 명확하게 감지하고 있다.

> 그녀는 그에게 자신을 내주었거나, 그녀가 그를 취하고 그를 통하여 기쁨을 누렸다. 그리고 그녀는 그를 충분히 만끽했다. 그러나 그들은 결코 동시에 *온전한* 하나가 되지 못했다. 각자는 언제나 약간 홀로 남겨졌다. (492)

이 서사는 버킨과 어슐러의 성적 교합을 묘사하는 대목이지만 동시에 그들의 총체적 연인 관계에 대한 내밀한 관찰이다. 어슐러는 물론이지만 버킨 자신도 제3의 하나를 성취하는 과정에서 자신의 정체성을 완전히 상실할 수 없다는 고백이다. 작가 자신에 가장 근접한 인물론 일컬어지는 버킨은 사실 소설의 시작부터 마무리에 이르기까지 가장 불안정한 인물로 묘사되고 있다. 그리고 그러한 불안정성이 전술한 바대로 이 작품의 메시지 자체가 회의적이거나 허무주의에 경도되어 있다는 분석을 부추기는 부분이다.

그러나 로렌스의 작품이 늘 그렇듯이, 이 소설의 결말도 그다지 어둡게 느껴지지 않는다. 로렌스는 평생을 두고 자신의 '개인성'과 주변과의 '유기적 총체성'을 조화시키고자 고투하였다는 지적에 공감하면서(Tenenbaum 199), 이 소설의 메시지는 오히려 낙관적으로 느껴진다. 비록 제럴드의 죽음과 동성애를 향한 버킨의 미련으로 마무리되는 대단원이지만, 그러한 불안감은 버킨의 것이지 작가나 독자가 감당할 몫은 아니다. 버킨의 미련과 불안감에 대한 해체주의적 해석은 불교적 분석과는 차별화된다고 보기 때문이다.

데리다(Jacques Derrida)가 '언어 밖에는 아무 것도 없다.'라고 선언하였을 때, 그의 언명의 진위 여부 자체도 언어의 범주 안에 제한된다. '현존'과 '부재'가 합하여 실재를 이루기 때문에 부재의 의미가 고갈되지 않는 한 실재의 포착은 불가능하다고 볼 때도 부재의 의미는 언어의 '흔적'(trace) 안에서 작동할 뿐이다. 데리다류의 해체는 언어의 한계를 넘어설 수 없고 넘어서도 안 된다. 넘어서는 순간 그것은 더 이상 해체가 아니기 때문이다. 흔히 '차연'(差延, differance)의 개념과 불교의 '공'(空, sunyata)을 비교하면서 그 유사성을 추적하는데, 두 개념의 비교분석이 가능하면서도 한편으로는 비교가 불가능한 영역이 남아있음을 간과해서는 안 된다. 차연의 논리는 확실히 공사상에서 설파하는 무자성의 원리를 닮아있다. 두 입장이 모두 특정한 사물은 그 본질적인 속성과 이름을 지니고 있지 않으며 다른 것들과 다르다는 사실이 그것에 일시적인 이름을 부여할 뿐이라는 점에서 공통점을 드러낸다. 바꾸어 말하면, 연기론적 관계의 망 속에서 삼라만상은 불안정한 이름을 부여받을 뿐인 것이다. 그러나 해체와 공사상은 그 인식론적 입장을 공유하지만, 그것들의 공유지점은 언어와 침묵의 경계선에서 끝난다. 해체사상은 언어 밖의 영역은 애초부터 논외로 하지만, 전술한 바와 같이 불교의 공사상이나 연기론에서는 오히려 부처의 침묵을 통하여 여래의 존재를 상정한다.

로렌스에게 신(여래)의 뜻을 전달하는 언어는 무심하다. 그것은 침묵이고 신비이다. 그렇다면 공도 공하고 무자성도 없는 것이다. 그리하여 '산은 산이고 물은 물이다.'라는 종결문은 더 이상 인간의 언설이 아니다. 그것은 여래의 침묵이다.

> 창조의 신비는 헤아릴 길이 없고 과오가 없으며, 고갈되는 법이 없고 영원하였다. [수많은] 인종들과 종(種)들이 생멸하였지만, 끊임없이 새로운 종들이 보다 더 혹은 똑 같이 사랑스럽게 늘 경이로움 이상으로 생(生)하였다. 수원(水源)은 부패할 수 없고 들여다 *볼 수 없는* 것이었다. 그것은 무한한 것이었다. 그것은 기적을 일으키고 그 자체의 때가 되면 완전히 새로운 인종과 종들을 창조하며 새로운 형태의 의식(意識)과 신체 그리고 새로운 존재의 단위를 창조할 수 있는 것이다. 인간이 되는 것은 창조적 신비의 가능성에 비하면 아무 것도 아니었다. *우리의 맥박이 그러한 신비와 직접 조응하여 뛰게 하는 것이야말로 완벽한 것이고 말로 표현할 수 없는 충족이었다.* 인간, 비인간의 구분은 중요하지 않았다. 온전한 맥박이 형용할 수 없는 존재, 아직 태어나지 않은 기적 같은 종과 함께 펄떡거렸다. (539, 이탤릭은 필자의 강조)

여래는 신비다. 여래는 창조의 주체다. 인간이 그 밑바닥을 들여다 볼 수 없는 수원(fountain-head)이다.

여래가 신비의 영역에 존재한다면, 신비의 세계를 알 수 없는 인간은 어차피 진제를 궁구할 책임으로부터 자유로워지지 않는가? 그리고 그러한 면탈은 가치를 무력화하고 궁극적으로 인간을 회의와 허무의 나락에 빠뜨리지 않겠는가? 당연한 추론이다. 그러나 로렌스는 도리어 인간 세계의 혁신을 주문한다. 그것은 인간의 맥박을 여래의 맥박에 조율하는 일이다. 이 얼마나 불가능한 가능인가. 인간의 언어(方便)를 통하여 여래와 직접 소통할 수 없는 인간에게 그럼에도 불구하고 작가는 여래의 뜻을 느끼라고 역설하고 있다. 불가해한 우주의 정체를 신비와 진화로 나누어 본다면 (Ebbatson 260), 인간도 분명히 진화의 객체이면서 주체임 직하다. 다만 소통의 통로는 침묵이다. 말없이 웅변하는 맥박이다. 맥박은 전신을 통하여 뛴다. 따라서 남녀의 사랑도 온몸을 휘저으며 뛰는 맥박이어야 한다. 제럴드, 구드룬, 허마이오니, 뢰르케, 미네트가 추구하는 관계가 '머리만 가동하는 사랑'(love in the head)이라면, 버킨-어슐러의 쌍이 지향하는 사랑은 두 사람의 몸과 혼은 물론 온 우주의 맥박이 상응하는 관계이다. 도덕뿐만 아니라 사랑도 "나와 삼라만상과의 미묘하고, 영원히 전율하며 변화하는 균형" (LaChapelle 3에서 재인용)이기 때문이다. 그리고 어슐러와 버킨의 지고한 사랑이 가능한 만큼 이 소설에서 전하고자 하는 로렌스의 메시지는 충분히 낙관적이다. 제럴드의 죽음은 신화를 재창조하기 위한 조건부 파괴일 뿐이다.

2-5. 연기적 주권을 향하여
– 북미 인디언 문학계의 문화주권 논쟁

I

민족주의(nationalism)와 세계시민주의(cosmopolitanism) 사이의 논쟁은 새로운 주제가 아니다. 그러나 그것은 정치학은 물론 문학과 예술을 포함한 여타 인문사회학 분야의 무거운 담론이며 현재 진행형의 뜨거운 논쟁거리다. 사실 두 입장의 기원부터 논란거리이지만, 관련 학계는 세계시민주의의 기원이 18세기의 계몽사상을 거쳐 그리스인의 언어적, 인종적 우월의식을 거부하면서 세계시민의식을 옹호한 고대 그리스의 스토아 철학까지 거슬러 올라가며, 민족주의는 중세 유럽의 기독교에 바탕을 둔 보편주의 세계관의 해체와 맞물려 대두하였고 19세기부터 20세기 중엽까지 진행된 정치적, 문화적 제국주의의 횡포에 피식민지인들이 대항하면서 번성한 근대적 이데올로기라는 주장에 대체로 동의한다. 최근 20여 년 동안 미국 인디언 문학 비평계에서 새삼 그 열기를 더하며 행해진 민족주의와 세계시민주의를 둘러싼 논쟁도 예의 두 진영 사이의 전지구적인 논의의 한 지점이다. 다만 미국 토착민 문학계에서 이 논쟁이 최근에 와서야 활기를 띠게 된 이유는 사실 수만 년의 구술 전통을 지닌 토착민 문학이 마머데이(N. Scott Momaday)가 소설 『새벽으로 지은 집』(*House Made of Dawn*)을 1968년에 발표하여 퓰리처상을 수상하면서 뒤늦게 이른바 '미국 토착민 문학의 르네상스'를 촉발한 사정과 밀접하게 관련되어 있다.

미국 인디언 문학 비평가들은 그들이 토착민이든 비토착민이든 민족주의나 세계시민주의[11] 중 어느 한 편만을 옹호하거나 배척하는 극단적인 논의로 치닫지는 않는다. 오히려 수많은 비평가들이 두 입장을 아우르려는 논의를 하고 있다. 민족주의를 옹호하는 논객들은 자신들을 문화적 국수주의자나 분리주의자라로 치부하는 세계시민주의 비평가들의 비판을 명백한 오해라고 반박하면서 이른바 열린 민족주의를 지향하고 있음을 천명한다. 그런가 하면, 대체로 (탈)근대철학 담론을 전경화한 세계시민주의는 토착민 문학을 올바로 이해하기 위해서는 우선 토착민의 문화와 지식에 대한 연구가 선행되어야 한다는 민족주의자들의 주장을 일부 수용하는 듯하다. 양측이 상대를 인정하면서 타협점을 찾아가는 모습이다. 그럼에도 불구하고 민족주의 비평계보다도 오히려 세계시민주의 비평가들이 담론의 전체성을 드러내고 있다. 민족주의 담론 보다는 오히려 세계시민주의 진영의 주장이 인디언 부족의 특수한 문화가치를 거부하는 배타성을 드러내고 있기 때문이다. 이 글은 인디언의 전통적인 문화가치는 배타의 대상이 아니고 포용해야 하는 노력이 두 진영의 갈등을 해소하는 첩경임을 밝히는 내용이다.

대립하는 두 진영의 주장을 아우르면서도 시시비비를 분명하게 가릴 필요가 있다. 그러나 세계시민주의 논객들이 자주 의지하는

11 크루팻(Arnold Krupat)은 예의 논쟁의 갈래를 민족주의, 토착민 부족주의(tribalism) 및 세계시민주의 등, 셋으로 나눈다. 그러나 관련 논의는 대부분 민족주의와 세계시민주의로 양분하고 있다. 사실 크루팻 자신도 토착민 부족주의는 식민주의에 반한다는 관점에서 부족주의를 민족주의와 함께하는 입장으로 인정하고 있다(*Red*, 12). 이 글에서도 민족주의의 개념 안에 수많은 토착민 부족주의를 수렴하여 논의한다.

(탈)근대적 이중담론은 두 입장의 접점을 모색하는 유효한 준거 논리일 수는 있으나 접점 이전에 선행되어야 하는 두 진영의 차이를 냉철하게 분석하는 도구로는 미흡해 보인다. 환언하면, 두 입장이 상충하는 지점에 대한 시시비비를 분명하게 가려주고 동시에 둘의 접점을 모색하는 노력을 견고하게 지탱해주는 근본적인 논리의 개발이 필요하다는 뜻이다. 이 연구는 양측의 입장 차이를 비판적으로 확인하면서 동시에 두 진영이 타협하고 상생할 수 있는 철학적 논리를 불교의 연기론(緣起論)에서 찾고자 한다. 우선 민족주의 진영과 세계시민주의가 대립·상충하는 지점을 점검한 후에 그들의 입장 차이를 연기론의 관점에서 비판적으로 재음미하는 과정을 거친다. 즉, 이 연구는 북미 인디언의 연기적 주권의 가능성을 탐색한다.

II

미국 토착민의 민족주의를 옹호하는 논객들은 그들의 논리적인 정당성을 주권의 개념에서 찾는다. 국제법에 따르면, 모든 주권 국가와 국민은 다른 주권 국가와 계약을 체결할 권리를 가지고 있는데, 식민주의 초기부터 미국의 독립 시기에 이르기까지 유럽의 주권 국가를 대표하는 다양한 식민지들과 토착민 부족들 사이에는 적어도 "185 건"(Strong 11)의 계약이 체결되었다. 즉, 이러한 역사적 사실은 유럽의 주권 국가들이 수많은 토착민 부족의 정치적 주권을 인정하였다는 반증이라는 주장이다. 뿐만 아니라 민족주의자들은 미국이 독립을 성취한 이후로도 100년 가까이 토착민 부족들과 민족 대 민족으로서 수많은 계약을 계속 체결하였다는 사실도 상기시킨다. 보다 급진적인 민족주의자들은 인디언 부족에게 미국 시민권조차 인정하지 않는다. 만약 특정한 토착민 부족이 미국 시민권을 취득하면 그 부족은 동시에 부족의 주권을 상실한다고 보는 것이다.[12] 미국의 시민권을 가진 토착민이 부족의 주권을 되찾으려면 물론 미국 시민권을 포기해야 하는 것이다. 한편, 주권(sovereignty), 시민권(citizenship), 민족(nation) 등의 용어 자체가 비록 유럽의 언어이지만 그러한 왜래 용어의 사용은 민족주의 논객들에게 문제가 되지 않는다. 워맥(Craig Womack)이 말한 바대로, 유럽의 식민주의자들이 '거북 섬'에 상륙하기 이전에 민족주의나 주권에 상응하는 토착민의 언어가 존재하였기 때문이다(17). 그리고 민족주의는 언어의 존재와 함께 토착민에게 고유한 정치적인 형식을 갖춘 자치적인 부족 공동체가 존재하였음에 주목한다. 민족주의자들에게는 그러한 공동체가 어떤 이름으로 불리었느냐가 중요한 것이 아니고 유럽의 국가들처럼 자치적인 토착민 사회가 존재하였다는 사실이 중요한 것이다. 이 연구의 주제와 관련하여 주목할 점은 부족의 정치적, 문화적 주권 회복을 도모하는 민족주의의 입장은 토착민 민족주의 비평의 지형도를 제시한다는 것이다. 민족주의 비평가들은 토착민 문학과 비평이 특히 본질주의의 편견에 빠진 유럽의 비평 방식으로부터 벗어나 토착 문화의 내면을 지향하는 쓰기와 독법을 요구한다. 즉, 인디언 부족의 고유한 문화 가치를 내재화한 비평을 우선시하는 것이다(Weaver 10). 이

12 Russell Means와 Ward Churchill의 공저, *TREATY: A Platform for Nationhood* (1995) 참조.

러한 인디언 민족주의 비평은 물론 세계시민주의를 표방하는 비평가들의 저항을 받는다.

주지하듯이, 세계시민주의는 모든 민족이 인간으로서 공유하는 도덕적 가치를 기반으로 형성되는 하나의 지구 공동체에 속한다는 믿음이나 이념이다. 그러한 지구 공동체의 개념은 흔히 도덕의 공유뿐만 아니라 문화 가치와 정치적, 경제적 제도의 공유를 지향할 수 있다. 특히 세계시민주의는 문화적 혼종성이라는 오늘의 지구촌 현실을 직시하면서 다양한 층위에서 국제적인 상호 의존성을 강조한다. 그리고 무엇이든 본질주의 담론을 지양하려는 많은 세계시민주의 논자들은 종종 (탈)근대적 형이상학이나 (탈)식민주의 담론을 그들의 철학적 논거로 전용한다. 그들은 민족주의를 부정하면서도 긍정하는 듯 보이는 (탈)근대적 이중 담론에 기대어 현대가 직면한 인종적, 문화적, 종교적 혹은 정치경제적 혼종성이라는 지구촌 현실을 액면 그대로 받아들이기를 주문한다. 미국 인디언 문학이 민족주의로 경도되는 것을 우려하는 세계시민주의 비평가들도 현실론으로 기울기는 마찬가지다. 예컨대, 애피아(Kwame Anthony Appiah)는 "우리가 유럽을 잊는 것은 우리의 정체성을 형성한 갈등을 억누르는 것이다. 서로 회피하기는 이미 늦었기 때문에, 우리는 차라리 역사가 우리에게 부여한 상호 의존성을 우리에게 유리하도록 활용하는 방안을 찾아야 할 것이다." (Krupat, *The Turn to the Native* 18에서 재인용)라고 말한다. 토착문화의 '생존투쟁'(survivance)을 위하여 유럽인과 토착민의 관념적, 물리적 삶이 뒤섞이는 오늘의 현실을 수용하자는 제안이다. 그리고 그 논리는 토착민 부족의 문화 정체성에 집착하는 민족주의는 유럽 백인의 문화 가치만을 옹호하는 유럽인의 본질주의로 환원하는 아이러니를 노정한다는 주장이다.

Ⅲ

토착민의 민족주의를 비판하는 세계시민주의 비평가들의 주장을 보다 심층적으로 살펴볼 필요가 있다. 민족주의를 비판하는 그들의 논의가 자칫 연기적 주권을 옹호하는 논리로 오해될 여지가 있기 때문이다. 전술하였듯이 세계시민주의를 옹호하는 비평가들은 오히려 토착민 민족주의를 문화적 국수주의나 분리주의로 치부하면서 유럽의 백인 사회와 오래 동안 교류한 토착민의 역사적 현실을 외면하는 우를 범해서는 안 된다고 주장한다. 퓰리타노(Elvira Pulitano)는 민족주의가 500년의 외래문화 접촉과 상호 작용을 외면하면서 오랜 혼종과 문화 번역의 역사를 간과하고 있음을 지적한다(60-61). 민족주의 비평가들이 특히 토착민의 구술 전통으로부터 문학의 진정성을 찾고 있는데, 사실 현대의 독자가 접하는 인디언 문학은 이미 그러한 전통으로부터 벗어나 있다는 주장이다. 우리는 토착민 부족과 구술 방식으로부터 일정한 거리를 둔 번역자나 작가가 영어로 옮긴 인디언 문학을 읽고 있기 때문이라는 것이다(Murray 69). 크루팻(Arnold Krupat) 또한 어느 문화권의 예술과 문학 작품도 "자립적"(autonomous)이지 못했다는 역사적 사실을 논리적 근거로 삼아 미국 토착민 문학은 특별히 "간문화적 실천"이라고 언급한다(*The Turn to the Native*, 21). 두 비평가는 민족주의 논객들에게 문화 정체성은 역사 속에서 변용을 향하여 끊임없이 열려있는 테제임을 인정하도록 요구하고 있는 것이다.

그러나 민족주의 비평가들은 번역의 문제와 맞물려 있는, 인디언 부족의 문제를 다루는 비토착민 작가와 비평가들의 문학적 식민주의를 우려한다. 그들은 토착민의 문화 전통과 사유 방식을 작품의 소재로 삼는 비토착민 작가들이 범하기 쉬운 문화적 왜곡을 경계한다. 예컨대, 백인 시인들은 낭만주의자나 모더니스트들처럼 토착민 부족이 아니라 그들 자신의 문화에 착근한 미적 가치를 반영하기 십상이라는 주장이다. 이러한 우려에 대하여 머레이는 1950년대부터 오늘에 이르기까지 미국 인디언의 영성을 자신의 중요한 시적 주제의 하나로 채택한 백인 시인 개리 스나이더(Gary Snyder)를 예로 들면서 비토착민 작가들은 사실 번역의 과정과 그 문제성을 전경화함으로써 인디언의 고유한 문화적, 심미적 가치를 결코 보편주의 예술의 틀에 가두어 그것을 모호하게 만들거나 간과하지 않는다고 항변한다(72). 파커(Robert Dale Parker) 역시 워리어(Robert Warrior), 위버(Jace Weaver) 그리고 워맥(Craig Womack)을 토착민 민족주의의 트로이카로 싸잡아 부르면서 워맥의 본질주의 비판은 설득력이 없고 비토착민 비평가는 토착민 문학 논의에 공헌하지 못한다는 그의 언사를 참을 수 없다고 단언한다(196). 후에 위버는 워맥의 입장을 두둔하는데, 그는 토착민이든 비토착민이든 인디언 문학 비평가는 누구나 토착민 문화에 내재한 독법을 우선시하고 부족의 특수한 문화적 관점을 고려해야 한다는 워맥의 의도를 파커가 곡해하였다고 언급하고 있다(21). 파커가 워맥의 주장을 곡해하든 안 하든 혹은 스나이더가 토착민에게 고유한 미적 가치를 보편화하든 안 하든, 민족주의 비평가들에 대한 세계시민주의 논객들의 비판은 그들의 분리주의와 본질주의로의 환원으로 모아진다.

민족주의를 분리주의와 본질주의라고 비판하는 세계시민주의 비평가들이 간과하는 지점은 엄존하는 문화적 차이에 대한 외면이다. 그들은 문화적 혼종성은 역사적 현실이니 마땅히 받아들여야 한다는 입장이고, 어쩌면 그들의 이상향은 그러한 혼종성까지도 극복한 문화적 통일을 통하여 도래할 법하다. 그러나 문화의 차이를 극복한 역사는 존재하지 않고, 문화 차이의 극복은 바람직하지도 않다. 마치 생태적 다양성을 유지하는 것이 생태계의 건강을 담보해주듯이 문화적 다양성을 지키는 것이 획일화된 문화가 초래하기 십상인 다양한 층위의 위험성을 예방하기 때문이다. 따라서 문화의 차이는 극복의 대상의 아니고 인정해야 하는 주체다. 오히려 세계시민주의는 인디언의 민족주의 정서를 청산의 대상으로만 여길 뿐이고 문화의 차이를 긍정적으로 포용하려는 노력이 미흡하다. 세계시민주의 논객들은 그들이 자주 기대는 (탈)근대적 철학담론이 기실 특정한 문화, 곧 유럽의 백인문화의 소산임을 우선 인정해야 한다. 북미 인디언의 고유한 세계관과 미학이 인디언의 전통 문화가치를 반영하고 있는 만큼 (탈)근대적 철학사상은 현대유럽문화의 한 축을 대변하는 담론일 뿐이다. 만약 유럽인들에게 인디언 문화가 극복의 대상이라면, (탈)근대적 철학담론은 인디언 비평가들이 극복해야 할 사유방식이다. 요컨대, 문화의 차이는 마땅히 인정해야 할 주체다.

두 진영의 문화 차이에 대응하는 논리를 (탈)근대적 철학담론이 제공할 수 없다면 그 대안 논리를 어디에서 찾아야 하는가. 그 응답의 하나는 붓다가 보리수 아래서 깨달은 초기불교의 연기법에서 찾을 수 있을 법하다. 일단 불교의 연기론은 두 진영의 진영 논리로부터 자유로운 제3지대에 속한다는 점에서 보다 더 신뢰할 수 있는 객관성을 확보한다.

민족주의와 세계시민주의 사이의 논쟁도 연기의 관점으로 보면 오온가화합(五蘊假和合)의 작동에 불과하다. 민족주의나 세계시민주의는 특히 상온(想蘊)과 행온(行蘊) 그리고 식온(識蘊)의 가화합일 터이다. 그것들은 영원불변하는 본질적인 실체가 아니고 조건에 따라 끊임없이 변하는 연기적 개념일 뿐이다. 주지하듯이, '차유고피유(此有故彼有) 차생고피생(此生故彼生) 차무고피무(此無故彼無) 차멸고피멸(此滅故彼滅)'이라는 붓다의 설법은 삼라만상의 연기적 관계를 설명하고 있다. 매시(Joanna Macy)는 '이것'과 '저것'의 관계를 계층적인 인과관계로 보지 않고 수평적으로 상호작용하는 조건으로 파악하는데(33), 민족주의와 세계시민주의 사이의 논쟁과 관련하여 그녀의 해석을 특별히 주목할 필요가 있다. 매시의 독법에 따르면, 이것은 저것이 생멸하는 원인이며 결과이듯이, 저것은 이것의 원인이며 동시에 결과이다. 이것과 저것은 선후관계나 주종관계가 아니고 단지 생과 멸을 야기하는 쌍방통행의 조건일 뿐이라는 인식이다. 더구나 이것의 개념은 저것의 개념과의 차이, 그리고 저것의 의미는 이것의 의미와의 차이에 있을 뿐이고, 이것과 저것의 본질적 의미는 애초부터 존재하지 않는다. 남수영은 이것과 저것의 쌍방향 인과관계를 아버지와 아들의 관계에 빗대어 설명한다. 아들은 아버지로부터 발생하며, 아버지는 아들이 태어나면서 비로소 아버지의 의미를 얻기 때문에 아버지와 아들의 의미는 상호 의존하여 생한다는 것이다(170). 연기법으로 보면, 삼리만상은 주종관계나 인과관계가 아니고 상호의존적인 평등관계를 맺고 있는 것이다.

이러한 연기적 논리를 예의 민족주의와 세계시민주의 사이의 논쟁에 끌어들이면 우선 두 입장의 차이를 둘러싼 논의에 관한 이해와 판단이 보다 명확해진다. 세계시민주의는 민족주의와 연기적 관계를 통하여 그 개념을 획득하고, 민족주의도 세계시민주의와의 차이로부터 그 개념이 생한다. 세계시민주의 비평과 민족주의 비평의 관계도 마찬가지다. 혹시라도 세계시민주의를 표방하는 문학과 비평이 문화적 혼종성을 정당화하는 현실적 판단에 기대어 토착민 부족의 문화적 고유성을 간과하거나 폄하한다면, 그것은 세계시민주의 개념의 존립 자체를 스스로 부정하는 결과를 낳는다. 세계시민주의가 혹여 토착민 부족 문화의 고유성을 유지하려는 민족주의의 입장을 분리주의라고 비난하려면 그러기에 앞서 백인 유럽 문화의 정체성 자체를 포기해야 할 것이다. 세계시민주의가 (탈)근대적 이중담론을 맹신하고 의지한 나머지 문학의 방법과 미적 기준을 토착민의 문화 속에서 찾으려는 민족주의의 노력을 또 다른 본질주의로의 환원이라고 비판하기 전에 (탈)근대적 형이상학이 본디 유럽인의 철학적 방법론임을 인정할 일이다.[13] 세계시

13 이른바 미국 토착민 문학의 르네상스 1세대를 이끈 마머데이(N. Scott Momaday)나 실코(Leslie Marmon Silko) 등의 토착민 작가들이 인디언 문학과 비평계에서 (탈)근대 철학담론을 끌어들이는 문제점을 지적하고 있지만, 그밖에도 수많은 비평가와 인류학자 혹은 인종학자들이 같은 문제를 거론하고 있다. 예컨대, 인류학자 크뢰버(Karl Kroeber)는 "내재화된 문학적 편견 때문에 현대의 독자들이 자주 인디언 문학이 지닌 도덕적, 지적 그리고 정서적 풍요로움을 만끽하지 못한다. 아이러니컬하게도 독서의 즐거움을 가장

민주의 비평가들이 부족의 구술 전통에 착근한 민족주의 비평의 방법론을 편견으로 치부하면서 "문학적 관리자"(Weaver 27)를 자처한다면, 그것은 그들이 스스로 (탈)근대적 이중 담론의 존립 근거를 부정하는 셈이다. 이것이 멸하면, 저것도 멸하기 때문이다.

한편, 민족주의 비평은 세계시민주의 비평가들이 우려하는 만큼 정치적, 문화적 경직성을 드러내지는 않는다. 민족주의는 스스로 본질주의로의 환원을 경계하고 있다. 토착민 혼혈인 소설가이며 문학비평가인 오우언즈(Louis Owens)는 "침묵당한 자에게 목소리를 되돌려주려다 그러한 침묵을 위하여 공모하는 세력에게 목소리를 내어주기 십상"(24)이라고 언급하면서 토착민의 문화적 근본주의에 토착민 비평가들이 스스로 저항하기를 요구한다. 세계시민주의 논객들로부터 누구보다도 더 신랄하게 비판을 받는 워맥 자신도 민족주의 비평이 분리주의나 본질주의 세계관에 함몰되는 위험성을 경계하기 위하여 민족주의 비평이 지향해야 하는 10가지 지침을 제안하고 있다. 그중 특히 2개 항목에 주목할 필요가 있다.

> 1. 문학적 민족주의는 지구적인 함의를 아우르면서 지역의 문제를 다룸으로써 지금까지 논의된 것보다 더욱 심화된 세계시민주의를 보여줄 수 있다. … 4. 비평가는 보다 넓은 미국의 문화다원주의 운동의 일환으로 토착민 문학의 위상을 정립하려는 작가들이 쓴 작품의 가치를 인정하는 만큼 토착민 부족 내부의 문제를 다룬 작품의 유효성을 인정할 수 있다. …

심각하게 저해하는 편견은 특히 유럽의 구조주의나 (탈)구조주의 인종학에 영향을 받은 작금의 문학비평에 의하여 조장되었다."(ix)고 언급하면서 토착민 문학이 (탈)근대적 이중담론에 의하여 전용되는 위험을 지적한다.

> 1. Literary nationalism can do local work with global implications, thus demonstrating a more profound cosmopolitanism than has been argued for to date. … 4. Critics can recognize the validity of the work of those who have chosen to work within tribes as much as those seeking to establish Native literature as part of broader multicultural movements in the United States. … (*American Indian Literary Nationalism*, 168-74.)

민족주의 비평가의 전형으로 간주되는 워맥도 문화다원주의를 지향하는 국가적인 현실과 국제적인 상황 속에서 지역의 문제를 조명할 필요성을 인정하고 있는 것이다. 뿐만 아니라 그는 다른 지침 항목들에서 '공감의 비평', '공감하는 민족주의자', '공감하는 민족주의 문학' 등의 용어에서 '공감하는'(compassionate)이라는 단어를 반복하여 사용함으로써 애써 토착민 문학에 관여하는 모든 비평가가 토착민의 지역 문제는 물론 지역의 문제와 맞물려 있는 국가적, 국제적 현실에도 함께 공감할 것을 요구하고 있다. 그는 번역의 중요성에 대한 민족주의 진영의 회의적인 시각이 번역을 '순수' 아니면 '오염'이라는 이분법적인 판단의 틀에 가두어버리는 상황을 경계하면서 번역을 수용할 필요성도 강조한다(*Red*, 65). 나아가 워맥은 미국 인디언의 본질주의적인 정체성을 부정한다. 그는 '무엇이든 인디언성(Indianness)은 좋은 것'이라고 가르치는 것은 인간의 현실 경험을 무시하는 '정치 행위'라고 단언한다("Theorizing", 359). 주지하듯이, 여기에서 말하는 '인디언성'은 유럽인의 기대와 편견에 의하여 덧씌워진 인디언의 정체성이기도 하지만,[14] 워맥은 동시에 토착민이 스스로 본질주의적인 문화가치에 집착하는 상황을 경계하고 있는 것이다. 사실 워맥뿐만 아니라 민족주의를 표방하는 비평가 누구도 세계시민주의 진영에서 우려하는 만큼 경직된 문화적 편견이나 분리주의를 추구하지 않는다는 점을 고려하면, 세계시민주의 비평가들이 민족주의 비평을 비판하기 전에 그것을 보다 면밀하게 읽어내는 작업이 선행되어야 할 것으로 보인다.

왜래 문화나 비평이론에 관련하여 위버와 워리어(Robert Warrior)의 입장도 탄력적이다. 위버는 민족주의 비평은 토착민 자신의 내적인 문화 자원에 의존하면서도 유용하다고 판단하면 외부 이론을 끌어들인다는 입장이고(34), 워리어 역시 토착민 비평가가 동시에 "민족주의자, 세계주의자 그리고 휴머니스트가 되는 것이 가능하다."(*American*, 192)라고 분명하게 언급한다. 세계시민주의로부터 분리주의로 비판을 받는 민족주의 비평가들도 실은 비평의 방법을 토착민의 지식과 문화자원으로부터 찾는 한편, 토착민의 정치적, 문화적 주권 회복에 공헌할 수 있는 외부의 논리와 지식을 기꺼이 수용하겠다는 해명이다. 따라서 민족주의 비평은 세계시민주의 진영과는 달리 토착민의 문화 정체성을 선명하게 유지하면서도 외래문화와의 상호작용을 도모하겠다는 입장을 견지한다. 그렇

14 마머데이(N. Scott Momaday), 실코(Leslie Marmon Silko), 비즈너(Gerald Vizenor), 오웬즈(Louis Owens)를 비롯하여 이른바 제1세대 미국 토착민 작가들은 물론 수많은 인류학자, 인종학자, 문학 비평가들이 유럽인의 기대에 의하여 만들어진 인디언의 정체성을 지적하고 있다. 특히 비즈너는 유럽인이 인디언에게 덧씌운 이름에 저항하기 위하여 '생존투쟁'(survivance)이라는 신조어를 사용한다. 그리하여 비즈너의 문학과 비평을 일관하는 주제의 하나는 블래저(Kimberly M. Blaeser)가 말하듯이 "인디언에 대한 백인의 신화를 실현하기 위하여 백인이 씌어놓은 낭만적인 인디언의 이미지"를 씻어내려는 언어투쟁이다(261).

다면 민족의 문화 정체성을 분명하게 구현한다는 점에서 토착민 민족주의 비평은 연기적 주권을 지향한다고 볼 수 있다. 세계시민주의 비평가들이 혼종성이라는 현실 논리를 앞세워 부족의 문화 정체성을 모호하게 뒤틀고 있다면, 민족주의자들은 그들이 유럽 문화의 정체성을 인정하는 만큼 유럽인들도 북미 인디언의 문화 정체성을 인정하도록 요구하고 있기 때문이다. 즉, 민족주의는 '이것'과 '저것'이 그 정체성을 유지하면서도 상호 의존하는 연기적 조건을 지향하는 입장을 취하는 있는 것이다. 그래서 포스터(Foster)는 흔히 백인 사회나 혼혈인 집단에서 미국 인디언 문학을 평범한 문화다원주의적 타자로 간주할 일이 아니고, 더구나 인디언 문학과 부족의 정체성의 관계는 "인종적 향수"(575)로 폄하되어서는 안 된다고 주장한다. 민족주의가 세계시민주의 비평가들에 대하여 아쉬워하는 점은 그들이 토착민의 문화와 세계관을 면밀하게 연구하여 그것을 비평의 원리와 잣대로 아우르지 않을 뿐만 아니라 유럽 문화와 토착부족의 문화 사이에 현재진행형으로 엄존하는 비대칭의 권력관계에 대한 그들의 무관심인 것이다.

여기에서 민족주의 비판의 중심에 서있는 크루팻의 논리를 연기론의 관점에서 보다 면밀히 검토할 필요가 있다. 전술하였듯이, 크루팻은 문화적, 인종적 혼종성이라는 지구촌의 현실을 앞세워 민족주의의 개념 자체를 흔들어 놓는다. 그는 21세기 초엽에서 민족주의와 세계시민주의 사이에 명확한 구분이 있다는 믿음은 지구적인 시장의 힘이 우리의 정치적인 상황을 지배하고 있는 현실을 간과하고 있다고 주장하는 포크(Richard Falk)의 관점을 공유하면서(*Red*, 18) 토착문화의 정체성을 찾고 일구어내려는 민족주의

자들의 비평 방식을 비판한다. 그는 또한 토착민 문학에 대한 가장 중요한 접근법은 그러한 문학을 생산하는 '근원 문화'(primary culture)의 연구이어야 한다는 워맥의 주장을 반박한다. 미학과 비평의 원리는 개인의 마음과 문화 요소의 만남이어야 한다는 것이 크루팻의 반박 논리다. 그러나 그의 논리는 '개인의 마음'이 본디 문화와 동떨어져 존재하는 실체임을 전제하고 있다는 점에서 연기적 사유와 배치된다. 연기법은 인간의 마음이란 일시적인 오온화합에 불과하며 그것의 본질적인 실체는 존재하지 않는다는 제법무아의 설법에 기초하고 있기 때문이다.[15] 개인의 마음을 형성

15 인간을 포함한 만물만상의 실체적 자성(自性)이 없다는 주장은 바로 연기법을 지탱하는 근본 논리다. 그러나 사실 무자성의 논리는 지금도 불교 학자들 사이의 뜨거운 논쟁거리다. 한자경은 자아가 단지 오온가화합(五蘊假和合)의 결과일 뿐이며 자아의 본질이 없다면 그러한 논리는 가아(假我)를 벗어나 해탈하라는 붓다의 가르침과 모순을 일으킨다(42)고 지적한다. 한자경은 색수상행식이 무상함을 깨달아 탐하는 마음으로부터 해탈하라고 설하는 『雜阿含經』 1권 「無常經」의 내용을 예로 들어 무아의 개념도 무상함을 알라는 것이 붓다의 가르침이라고 주장한다. 윤희조 또한 자성과 연기의 모순관계를 부각시킨다. 사물의 자성이 없다면 사물의 존재가 없는 것이므로 자성이 없다면 연기는 성립하지 않는다고 그는 주장한다(169). 사물의 본질이 없다면 사물 사이의 상호의존적 관계도 없다는 논리다. 여기에서 연기는 공(空)이라고 논의한 용수의 공사상을 면밀히 들여다 볼 필요가 있다. 연기는 무자성이며 공이라는 것은 용수의 주장이다(정순일 393). 용수의 공사상을 담는 그릇은 그가 제안하는 판단의 네 가지 형식, 곧 四句다. 원효는 그의 대승기신론(大乘起信論)에서 용수의 사구 판단법에 기반하여 진여(眞如)의 자성을 다음과 같이 논한다. "그러므로 진여의 자성은 모양이 있는 것도 아니요 모양이 없는 것도 아니며, 모양이 있지 않은 것도 아니요 모양이 없지 않은 것도 아니며, 유무(有無)를 함께 갖춘 모양도 아닌 것을 알아야 하며, 또한 같은 모양도 아니요 다른 모양도 아니며, 같은 모양이 아닌 것도 아니요 다른 모양이 아닌 것도 아니며, 같고 다른 모양을 함께 갖춘 것도 아님을 알아야 한다"(當知眞如自性, 非有相, 非無相, 非非有相, 非非無相, 非有無俱相, 非一相, 非異相, 非非一相, 非非異相, 非一異俱相, 원효 111). 용수와 원효의 논법은 부정이면서 긍정이다. 그래서 그것은 대긍정이다. 흔히 불교의 공을

하는 요소는 개인의 생리적인 특성으로부터 시작하여 교육과 문화 경험을 포함한 모든 집단적 경험의 총화, 곧 오온가화합이다. 나아가 크루팻은 토착민의 현실적인 생존 방식을 의식하면서 토착민의 주권을 '정치적 주권'(treaty sovereignty)과 '문화적 주권'으로 분리함으로써 토착민은 문화 주권만을 향유하는 것이 바람직하다는 뉘앙스를 풍긴다(4). 여기에서 크루팻은 토착민의 현실적인 삶을 위한 공감심을 보여주지만 토착민의 주권을 두 가지로 분리하는 궁색함을 노정한다. 정치와 문화도 결코 독립적으로 존재하지 않고 끊임없이 상호 연기하는 관계에 놓여있는 것이 아닌가.

결코 분리주의나 토착민 문화 본질주의로 환원하지 않는다는 민족주의 진영의 부연 설명을 액면대로 받아들인다면, 연기적 주권을 지향하는 쪽은 세계시민주의라기보다는 오히려 외부 세계와의 소통과 대화를 향해 열려있는 민족주의다. 세계시민주의 비평가들이 시공간적, 정치사회적 특수한 조건에서 생산된 토착민의 문학을 서구 유럽인의 기대가 낳은 인디언의 혼과 미학이라는 낭만적인 우산 아래 가두는 오류를 범하고 있다면, 민족주의는 휴머니즘을 포함하여 인류가 공유할 수 있는 다양한 가치에 대한 공감

데리다(Jacques Derrida)의 차연(差延, differance)의 개념과 비교하여 그 유사점을 찾는데, 차연이 작동한 결과는 언어의 영원한 의미실종이지만, 공은 '산은 참으로 산이다.'라는 대긍정의 논리 단계를 허용한다. 환원하면 무무자성의 차원이 대긍정의 논리를 낳고, 대긍정의 사유는 이른바 공견(空見)의 위험성을 막는다. 용수가 『중론』(中論) 24장 「관사제품」(觀四諦品)에서 진리를 진제(眞諦)와 속제(俗諦)로 나누어 설하는 진속이제설(眞俗二諦說)도 기실 공견의 위험성을 경고하는 설법이다(김성철 206-209). 결국 용수의 진속이제설 자체가 무자성의 논리와 해탈의 설법이 상호 의존하는 또 하나의 연기론이다.

심을 거부하지 않으면서 동시에 토착민의 문학과 문화가 유럽인의 그것과 차별화되는 지점을 간과하지 않기 때문이다. 종종 서구 유럽 태생의 (탈)근대적 이중담론을 양비론적 입장이나 쌍방을 긍정하는 논리로 전용하는 세계시민주의 비평이 언뜻 연기적으로 여겨질 수도 있지만, 그것은 연기적인 문화 차이를 인정하기보다는 그 차이를 흔히 '혼종성'이라는 단어로 봉합하려든다는 점에서 한계를 지닌다. 차이는 언제나 연기적 조건 속에서 항상 존재한다.

『미국 인디언의 민족주의 문학』에 후기를 쓴 리사 브룩스(Lisa Brooks)가 제안하는 민족주의 개념은 워버, 워맥, 워리어를 필두로 하는 민족주의 진영의 탄력적인 주권 개념을 잘 짚어내면서 동시에 그 연기적 특성을 잘 반영하고 있다.

> 나는 다른 개념의 민족주의를 염두에 두고 있다. … [그것은] 민족국가의 이론적, 물리적 틀에 바탕을 두지 않는 민족주의, 토착민주의나 내부인과 외부인 혹은 나와 타자 사이의 이분법적인 대립에 얽매이지 않는 민족주의, 유럽인과의 접촉 이전의 과거를 이상화하지 않고 오히려 특정한 장소에 모인 가족들의 다양한 삶의 경험에 기반을 둔 민족주의, 그리고 대부분의 문학 비평가와 문화 평론가들이 친숙하게 여기는 민족주의와는 다를 수 있는 민족주의다.
>
> I have a different kind of nationalism in mind, … a nationalism that is not based on the theoretical and physical models of the nation-state; a nationalism that is not based on the notions of nativism or binary oppositions between insider and outsider, self and other; a nationalism that does not root itself in an idealization of any pre-Contact past, but rather relies on the multifaceted, lived

> experience of families who gather in particular places; a nationalism that may be unlike any of those with which most literary critics and cultural theorists are familiar. (244)

미국 인디언들에게 과거의 이상화는 곧 그들이 비판하는 유럽인의 본질주의로의 환원이다. 그래서 브룩스는 죽은 과거를 벗어나 나와 타자가 공존하는 실제적인 삶 속에서 늘 열려있는 민족주의를 제안하고 있다. 인디언의 삶 속에서 형성된 민족의 특성은 본질적인 주권이 아니고 특수한 삶의 조건에서 생한 하나의 온, 곧 연기적 주권에 다름 아니다. 그녀는 언어와 실제적인 삶으로 감당할 수 없는 본질적 주권을 내려놓고 주권의 상호 의존성을 기꺼이 수용하는 것이다.

Ⅳ

용수(龍樹)의 공사상은 물론 무자성의 설법에서 출발한다. 그는 『중론(中論)』에서 삼라만상의 정체성은 연기하여 생멸할 뿐이고 본디 그것들의 자성은 존재하지 않는다고 설파한다. 만물의 생멸에 관여하는 제법에도 자성이 없다고 말하면서 심지어 인연의 작용까지도 부정하고 있다.

> 모든 법의 자성이
> 연[緣: 因] 가운데에 있는 것도 아니다.
> 왜냐하면 자성이 없기 때문이다.
> 자성이 없기 때문에 타성도 없다.

여제법자성(如諸法自性) 부재어연중(不在於緣中)
이무자성고(以無自性故) 타성역복무(他性亦復無) (용수 43)

삼라만상의 생멸에는 원인과 결과가 있다는 통념을 깨뜨리는 무자성의 논리는 본질주의 세계관의 해체와 그 맥이 맞닿아 있다. 인간 주체성 자체가 허상(오온의 화합)이 라면, 인간이 투사한 만물의 자성 또한 허상이다. 특정한 사물이나 사태가 궁극적인 원인이 있어서 생하였다면 그러한 궁극적인 원인은 타성인데, 자성이 없다면 타성도 존재할 수 없는 것이니 삼라만상의 정체성은 허망상일 뿐이다. 생멸의 조건이 되는 자성과 타성이 없으니 생멸의 인과관계도 성립할 수 없는 것이다. 그렇다면 용수의 무자성의 설법은 허무주의만을 부추기고 있는가? 아니다. 용수의 논의를 포함하여 연기와 공을 연결하는 설법은 모두 오온가화합을 통하여 형성된 자아나 자성, 곧 속제(俗諦)를 배제하지 않는다. 연기적 자아란 거짓 자아라기보다는 본질적 자아를 포기하고 오히려 오온으로 구성된 자아를 수용하는 개념이다. 다만 본질적 자아의 개념이 요지부동이라면, 연기적 자아는 타자와의 상호 의존성 속에서 끊임없이 변할 수 있는 가능성을 담지하고 있다.

오온개공(五蘊皆空)이라는 설법의 핵을 이루고 있는 공(空)의 개념을 부연 설명할 필요가 있겠다. '오온이 모두 공하다'함은 온은 자아를 형성하는 본질적인 질료가 아니라는 뜻이지 오온이 존재하지 않는다는 의미가 아니다. 무(無)가 아니고 공이다. 공의 한 면은 무이고, 그 이면은 유(有)이다. 즉, 삼라만상의 실체적 본질(自性)은 존재하지 않지만 그것들의 연기적 조건은 끊임없이 작동한다. 따라서 실체적 자아나 주권은 존재하지 않고(無), 연기적 자아와 주권만 존재하며 생멸한다. 그래서 공은 연기라는 명제가 성립한다. 공이기에 연기이고, 연기이기에 공이다.

민족주의나 세계시민주의의 개념 자체가 모두 온(蘊)이다. 민족주의가 발굴하고 유지하려는 토착민의 문화유산도, 세계시민주의가 휴머니즘을 표방한다면 그것도 극복해야 할 오온의 하나다. 그런데 오온화합이 자아이며 문화 정체성이고, 그것을 깨닫지 못하는 상태가 무명(無明)이고 우치(愚癡)이니, 자아 정체성이나 문화 정체성이 모두 허상이다. 그렇다면 주권의 개념도 여의어야 할 상온(想蘊)이다. 여기에서 본질적 주권과 연기적 주권을 구분할 필요성이 제기된다. 어느 민족이나 부족도 본질적 주권을 이론상으로나 실제적으로 감당할 수 없다. 이 말은 어떤 국가나 민족도 연기적 주권만을 향유할 뿐이라는 뜻이다. 그렇다면 토착민의 주권이나 세계시민주의가 지향하는 보편적 휴머니즘도 하나의 연기하는 온이다. 인디언의 정치적, 문화적 주권은 타자의 주권과 연기하여 생하고 멸하는 개념이다. 따라서 인디언의 주권과 보편적 휴머니즘의 본질적인 차이는 어불성설이다. 아(我)와 타(他)의 본질적인 차이는 없으니 말이다. 그러나 나와 타자 사이의 연기적인 차이는 존재하는 것이며, 그러한 연기적 차이를 인식함이 곧 나와 타자의 시공간적 특수성과 역사성을 배려할 수 있는 발판이 된다. 세계시민주의 비평이 민족주의 담론과 함께 연기적 주권을 지향해야 하는 소이가 여기에 있다. 세계시민주의 비평계는 북미 인디언의 민족주의 비평이 추구하는 문학 주권을 연기적 개념으로 수용할 필요가 있다. 민족주의 비평이 토착민 부족의 정치적, 문화적 정체성을 일구어내려는 노력과 함께 타문화와의 끊임없는 대화와 상호 교류를 통하여 일구어야 하는 주권도 연기적 주권이기 때문이다. 민족주의 비평이 인디언 부족의 전통적인 문화가치에 집착한 나머지 문화적인 고립과 분리만을 조장할 것이라는 세계시민주의의 우려는 보다 탄력적인 민족주의를 지향한다고 천명하는 예의 민족주의 비평가들의 해명을 통하여 충분히 해소된다. 이제 세계시민주의 비평이 응답할 차례다. 오히려 세계시민주의가 휴머니즘을 그 본질로 삼으면서 스스로 특수한 민족의 특수한 주권 개념을 연기적으로 수용하지 못하는 전체주의적 논리에 매몰되어 있지는 않은지 진지하게 자성할 필요가 있다.

21세기를 훌쩍 넘겨버린 오늘에도 지구촌은 수많은 정치경제적 대립과 문화적 갈등이 끊이지 않고 더욱 격화되는 느낌이다. 어처구니없는 정치군사적 대립과 충돌이 빈번하게 일어나는 오늘의 현실을 목도하면서 과연 인문학이 할 수 있는 역할이 무엇인가를 생각할 때 자괴감에 빠지지 않을 수 없다. 그러나 한편으로는 이러한 국가와 국가 혹은 서로 다른 문화 사이의 대립과 갈등을 완화시킬 수 있는 인간의 열린 마음을 견인하는 가장 효율적인 논리와 방법론은 인문학이라는 판단에 이르면 누구든 인문학도라면 두 어깨가 무거워질 법하다. 이 글에서 논의한 미국 인디언 민족주의 문학계와 세계시민주의 비평계의 대립도 인문학적 담론의 대립과 논쟁으로 끝나지 않을 수 있다는 사실에 주목할 필요가 있다. 정치군사적 충돌을 정당화하거나 부추기는 논리는 늘 종교나 문화의 차이에서 나왔던 것이 역사다. 결국 본질주의적인 사고방식의 차이가 개인과 사회집단의 문화적, 물리적 갈등의 근원이다.

나의 자성은 타자의 자성과 대립할 수밖에 없다. 여기에서 사고의 대전환이 요구된다. 자성을 부정하면, 곧 연기적 세계관으로 만물과 만사를 바라보면, 타자는 더 이상 극복되어야 하는 대상이 아니고 타자는 나에게 자아 정체성(오온)을 부여해주는 다른 온일 뿐이다. 같은 맥락에서 본질적 주권의 개념이 연기적 주권으로 바뀌어 국가와 민족 간의 어리석은 대립과 충돌이 완화된 세상을 감히 기대한다. 평화의 세상으로 가는 길에 불교의 연기론이 논리의 전령사 역할을 톡톡히 해내리라고 믿는다.

2-6. 전체주의적 생태론의 대안으로서 불교 생태학

Ⅰ

근자에 철학은 물론 문학담론에서도 심층 생태론에 대한 논의가 다각도로 이루어지고 있다. 심층 생태론이 제안하는 자연관에 대한 옹호와 비판의 목소리가 치열하게 대립하는 한편, 심층 생태론의 문제점을 극복할 수 있는 대안 담론을 찾으려는 노력도 공존하고 있다. 특히 동양사상에서 그러한 대안 담론을 찾으려는 시도가 두드러진다. 따라서 본 논자는 로고스중심주의로 환원함으로써 인간평등과 생태평등을 효율적으로 고양하지 못하고 있다는 비판에 직면한 심층 생태학의 자연관을 대체할 수 있는 담론을 불교사상에서 찾으려는 논의들을 면밀히 점검함으로써 대안 담론의 가능성과 그 한계점을 동시에 밝히고자 한다.

Ⅱ

심층 생태론이 표방하는 자연관의 대안 담론으로서의 가능성을 불교의 형이상학에서 찾으려는 노력들의 실과 허를 분석하기 전에 심층 생태학의 자연관이 야기하는 문제점이 무엇인지를 재점검하는 작업이 선행되어야 할 것이다.

네스(Arne Naess)의 심층 생태론이 표방하는 두 개의 기본가정은 주지하다시피 생태평등(bioregional egalitarianism)과 통각(統覺, Self-realization)의 개념이다. 생태평등의 개념은 생태계의 구성원은 감각력과(이나) 지각력이 있는 존재이건 없는 존재이건 모두 인간과 동등한 '본질적 가치'(intrinsic value)를 지니고 있다고 언급하는 네스의 심층생태운동의 첫 번째 강령에서 유래한다. 만물은 동등한 생존권을 가지고 있기 때문에, '생명유지요건'(vital needs)의 충족을 제외한 살생이나 수탈을 인간에게 허용해서는 안 된다는 생명윤리가 또한 여기에서 비롯되고 있다. 나아가 심층 생태론은 생태계의 다양한 구성원들이 먹이사슬에 의하여 복잡하게 얽혀있다는 사실에서 구성원들 사이의 평등관계는 물론, 나와 타자의 상호의존성(interdependence)을 의미심장한 생태적 진리로 규정할 수 있는 논리적 근거를 찾고 있다. 네스가 주창한 통각은 바로 이러한 생태학적 상호 의존성을 인간이 깨닫고 이기적, 소아적 자아에서 벗어나 이타적, 우주적 자아로 나아가는 인간성(human nature)의 생태중심적 진화를 함의하고 있다 할 것이다.

심층 생태론에 내재된 담론의 전체성 문제는 생태여성주의자들이나 사회생태론자들에 의하여 활발하게 제기되고 있지만, 그 근본적인 문제점은 사실 탈근대 자연관에 의하여 먼저 제기되었다. 해체적 자연관은 우선 자연의 재현(representation)을 문제시한다. 인간이 인간의 언어로 자연의 목소리를 재현하고자 할 때 인간의 언어 자체가 안고 있는 인간화(anthropomorphism)의 함정을 벗어날 수 없다고 보는 입장이다. 언어 자체의 인간 중심성을 고려하면, 비인간 자연은 신뢰할 수 없는 언어에 의하여 해석되고 재해석되는 영원한 텍스트일 뿐이라는 주장이다. 해체적 자연관이 제기하는 두 번째 문제점은 자연을 읽는 주체의 보편화다. 마치 푸코(Michel Foucault)가 진리의 주체를 문제시하듯이, 어느 특정한 인간의 사고와 언어를 통하여 번역된 비인간계 자연의 이름은 그 특정인의 특정한 욕구나(와) 제한된 통찰력에 의하여 채색된 자연일 수밖에 없다는 논리다. 가치는 가치 평가자의 편견으로부터 자유로울 수 없다는 의미다. 같은 맥락에서 스퍼(David Spurr)는 특정한 자연관은 그것이 누구의 권력에 봉사하느냐에 따라 "전무와 전부"를 함의한다고 단언하고 있다(168). 때문에, 해체적 자연관의 시각으로 보면, 서구-백인-남성의 자연관이건 북미-인디언-여성의 자연관이건 비인간 자연의 본질적인 의미를 특정인이 인간의 언어로 재현하는 일은 불가능하다. 그럼에도 불구하고 서구 형이상학의 역사는 특정한 자연관을 보편화해 왔고, 그러한 보편화는 정치적인 힘에 작용하면서 다양한 갈래의 문화적 불평등을 야기하고 (재)강화해왔다고 비판을 받고 있는 것이다.

본질주의 자연관에 대한 또 하나의 비판은 해체사상이 전복시키고자 기도하는 이항 대립적 사유방식과 관련되어 있다. 데카르트식의 주체성이 해체되면서 언어의 의미도 함께 흩뿌려지고(disseminated), 그에 따라 지식의 지위는 단순한 수사나 무분별의(indifferent) 담론으로 폄하된다. 물론 본질주의 자연관도 해체사상의 메스로부터 자유롭지 못하다. 데리다(Jacques Derrida)는 자연이 본질적인 가치를 지닌다는 주장을 루소의 자연관을 예로 들어 비판하고 있다. 데리다의 지적에 따르면, 루소의 자연주의에서는 문명/자연의 계층적 이분법이 전도되면서 문명보다 자연을 특권화하고 있는데, 이러한 전도는 궁극적으로 서구의 형이상학에 편재한 로고스중심주의로 환원하고 있는 셈이다. 데리다는 루소의 자연관이 '보충'(supplement) 가능성을 배제하고 있다고 본다.

> 그것[루소의 자연]은 결코 보충되지 않는다. 즉, 그것은 보충될 필요가 없고, 그 자체로서 충분하고 자립적이다. 그러나 이 말은 또한 그것이 대체될 수도 있다는 것을 뜻한다. 그것의 대체는 그것과 동일하지 않고 단지 시시한 임시변통일 수 있는 것이다.
>
> It is in no way supplemented, that is to say it does not have to be supplemented, it suffices and is self-sufficient; but that also means that it is replaceable; what one would substitute for it would not equal it, would be only a mediocre makeshift. (*Of Grammatology* 145)

루소의 자기 충족적인 자연의 본질은 보충의 가능성을 허용하지 않기 때문에 결국 계층적 이분법에 빠져버린다는 지적이다.

자연의 '가치화'(valuation)의 대한 심층적인 진단은 최근에 대두한 실용주의 생태론자들에 의하여 이루어지기도 한다. 웨스톤(Anthony Weston)은 '본질적 가치'의 성립조건을 세 가지로 제시하면서, 자연의 본질적 가치화에 내재한 한계성을 지적하고 있다. 우선 무엇이 본질적인 가치를 지닐려면, 그것이 다른 가치로부터 독립적으로 존재해야 한다는 것이다. 곧, 데리다가 언급한 가치의 '자립성'(self-sufficiency)을 충족시켜야 한다는 의미다. 그러나 선험적 가치의 외삽이 없다면, 가치의 논리적인 자립은 불가능하다. 해체사상의 경우처럼 실용주의 철학에서도 경험을 떠난 가치의 형성은 논리적으로 수용할 수 없기 때문에, 어떤 가치든 그 자체로서 내재적 자립성을 가질 수 없는 것이다. 가치는 상대적이지 결코 "중립적" 따라서 보편적일 수 없다는 입장이다(324). 두 번째 조건은 본질적 가치는 "추상적"(abstract)이어야 한다는 점이다. 서구의 형이상학에서 하위가치는 상위가치의 수단이 되고, 상위가치는 차상위가치의 수단이 되면서 가치의 피라미드가 형성되는데, 최상위가치는 예컨대, '행복'처럼 추상적일 수밖에 없기 때문에 결국 인간화의 함정에서 벗어날 수 없다는 지적이다. 더구나 하위가치는 상위가치의 수단일 뿐이라면, 하위가치의 내재성은 배제되고 있는 것이다(325). 첫 번째와 두 번째 조건을 충족시킬 수 없기 때문에, 본질적 가치는 선험적 가치의 외삽을 위한 "특별한 정당화"(special justification)를 필요로 할 수밖에 없다는 것이 세 번째 조건이다. 정당화의 과정에서 발생하는 문제는 자연의 가치를 옹호하기 위하여 비자연적인 속성의 존재 예컨대, "신의 명령"이나 "순수이성" 등에 의존하는 모순을 노정한다는 점이다(326). 그렇다면 웨스톤의 주장의 핵심도 자연의 본질적 가치를 상정하는 심층 생태론이 결국 본질주의에 내재한 인간중심주의로 환원하고 만다는 비판이다.

네스의 심층 생태론이 열려있는 담론임을 주장하는 견해가 없는 것은 아니지만,[16] 자연의 자기 충족적인 내재적 가치를 전제로 하는 본질주의에 천착하고 있다는 점에서 그것이 전체주의적 담론의 성격을 띠고 있음을 부인할 수 없다. 심각한 문제는 그러한 전체주의 담론의 근간인 보편성의 인정은 개인성과 우연성(contingency) 그리고 문화적, 역사적 특수성을 배제함으로써 보편

16 예컨대, 게어(Arran Gare)는 심층 생태학이 "생태계와 경제와 생활방식의 복합성, 권력의 분산, 지방자치 등을 옹호하고 엘리트주의를 반대할" 뿐 아니라 네스 자신이 "복수주의" 사고를 지향한다는 점을 들어 심층 생태론이 탈근대와 그 맥을 같이 한다고 주장하고 있다(197).

성에 함몰되어 있는 기존의 다양한 불평등 관계를 무시하거나 방기한다는 비판에 직면할 수밖에 없다. 본질주의를 표방하는 심층 생태론은 전술한 대로 인간중심주의로 환원하는 한계를 노정할 뿐만 아니라 다양한 차이들, 예컨대, 성별, 인종, 계층, 나이, 종교, 성적 경향 등의 차이에 기인한 차별을 간과한다는 비판에 직면하고 있다. 심층 생태론을 가장 맹렬하게 비판하는 세력은 앞에서 언급한 대로 사회 생태론과 생태여성주의다. 사회 생태론의 비판에 따르면, 자본과 국가와 거대 과학기술이 결탁하여 전지구적인 피라미드형 노동구조를 형성함으로써 자연을 부분별하게 파괴하고 있다는 것이다(Bradford 49). 사회 생태론이 생태계 파괴의 원인을 주로 자본주의 사회의 구조적 모순에서 찾으려는 입장임에 비하여, 생태여성주의는 인간사회의 다양한 불평등 관계를 인간과 비인간 자연의 불평등 관계를 정당화하는 논리와 연결시키면서 인간사회의 평등과 자연 생태계의 평등을 통합적으로 도모하려는 시도다. 바꾸어 말하면, 생태여성주의는 여권신장운동은 물론 사회 생태학, 심층 생태학, 탈근대(혹은 탈식민주의) 자연관, 실용주의 자연관 등을 모두 아우르려는 통합적인 경향을 보이고 있다. 따라서 심층 생태론에 대한 생태여성주의의 비판을 간략하게 재점검함으로써 전체주의적 자연관이 묵시적이거나 명시적으로 야기할 수 있는 정치적 폭력성을 개관할 필요가 있겠다.

생태여성주의의 관점에서 보면, 본질주의 자연관이 결코 떨쳐내버릴 수 없는 인간중심주의 언어는 종차별주의는 물론 궁극적으로 가부장제, 인종차별, 계급사회 등의 이원론적 권력관계를 허용하는 근본 동력으로 작용한다. 그래서 그리핀(Susan Griffin)은 남성의 언어에 의하여 정형화된 명명을 거부하면서 “명명된 적이 없고, 명명할 수 없는 존재”(An existence named unnamed and unnameable)를 갈망한다(190). 샐리(Ariel Salleh) 역시 서구의 형이상학에 의하여 명명된 여성과 자연의 정체성에 저항한다. 그는 심층 생태론이 부주의하게 로고스중심주의로 환원함으로써 남녀의 차이가 문화적 산물임을 간과하고 있을 뿐 아니라 성차별의 논리가 생태파괴를 정당화하는 논리와 그 맥이 같음을 깨닫지 못한다고 비판하고 있다(“Class” 239). 샐리의 주요 관심사는 자연지배와 여성억압의 관련성이지만, 그렇다고 인종차별이나 계급차별의 문제를 간과하지 않는다. 그는 “가부장제 문화에서는 유사 이래로 여성과 유색인을 자원으로 간주해 온 억압의 프로그램이 또한 자연을 수탈하는 이념이 되어왔다”(“The Ecofeminism/Deep Ecology Debate” 204)고 언급하면서 생태적 감수성 제고를 지향하는 그의 논의 속에 인종차별의 문제를 아우르고 있다. 그 밖에도 수많은 생태여성론자들이 심층 생태학이 안고 있는 문제점들을 지적하고 있지만, 그러한 문제점들의 핵심은 본질주의 자연관이 로고스중심주의로 되돌아가면서 다양한 층위의 이원론을 정당화하는 기제로 작용하고 있다는 아이러니다. 더구나 그러한 계층적 이원론들은 ‘우연성’이나 담론의 외삽을 배제하면서 단순히 형이상학의 차원에 머무르지 않고 불평등한 권력관계를 (재)생산하고 심화시키는 전체주의적 폭력을 간과하거나 부추기고 있다는 점이다.

물론, 심층 생태학도 사회 생태론이나 생태여성주의의 비판에 대하여 나름대로 설득력 있는 반론을 제기하고 있다. 우선, 생태계 파괴의 주범은 인간중심주의이지 남성중심사상이나 인종차별주의 혹은 자본주의가 아니라는 주장이 그 첫 번째다. 둘째, 사회 생태학과 생태여성주의의 논의는 생태평등보다는 인간평등을 강조하기 때문에 인간중심주의에 경도되어 있다고 지적한다. 세 번째 반론은 생태여성학이나 사회 생태학의 오해에 관한 해명이다. 즉, 심층 생태론의 비판론자들은 심층 생태론이 마치 인간혐오증에 빠져있는 듯이 오판하고 있으나, 심층 생태론이 문제로 삼는 대상은 인간 자체가 아니라 제반 담론에 베어있는 '인간중심성'(human-*centeredness*)이라는 주장이다(Fox 279). 심층 생태론의 반론을 수용한다면, 어느 생태론이나 인간중심주의로부터 자유로울 수 없는 셈이다. 그러나 자연의 '본질적 가치'의 존재를 전제한 네스의 '생태철학 T'[17]를 그 핵심 담론으로 채택하고 있는 심층 생태론은 주목할 만한 반론에도 불구하고 본질주의를 전제하고 있다는 점에서 전체주의적 담론이라는 혐의를 벗어날 수 없으며, 심층 생태론의 대안담론을 찾으려는 노력의 가치는 바로 여기에 있다 할 것이다.

III

불교사상에서 흔히 논의되는 무자성無自性의 개념은 바로 심층 생태론이 표방하는 본질주의 자연관을 뿌리째 뒤흔들어버린다. 일체의 사물에는 자성이 없다는 인식은 자연의 '본질적 가치'를 부정

17 '생태철학 T'는 심층 생태론에 대한 네스 자신의 해석이라고 할 수 있다. 그는 통각을 최상위에 위치시키고 그로부터 파생되는 하위 규범과 행동지침을 포괄하는 조직도를 그려 그의 생태철학을 제시하고 있다. (Devall 225-28 참조)

하는 결과를 낳기 때문이다.

자성이란 범어 svabhava의 번역어로서 삼라만상이 독자적으로 지닌 체성(體性), 곧 본성을 일컫는데, 용수의 『중론(中論)』에서는 일체의 현상계는 인연을 따라 이루어지므로 자성을 부정해버린다. 만물의 생과 멸을 일으키는 제법에도 자성이 없다고 설할 뿐 아니라 인연의 작용마저도 부정하고 있다.

> 모든 법의 자성이
> 연[緣: 因] 가운데에 있는 것도 아니다.
> 왜냐하면 자성이 없기 때문이다.
> 자성이 없기 때문에 타성도 없다.
>
> 如諸法自性　不在於緣中
> 以無自性故　他性亦复無　(용수 43)

만물의 생멸(生滅)은 원인과 결과의 산물이라는 통념을 깨뜨리는 무자성의 설법은 본질주의 자연관의 해체다. 인간 주체성은 오온(五蘊)[18]의 화합에 의한 허상이고, 인간의 언어에 의하여 번역된 만물의 자성은 곧, 오온의 투사일 뿐이다. 그러므로 만물에는 자성이 없다. 한편, 만물이 스스로 원인이 되어 생겨났다면, 그것은 생겨난 것이 아니다. 그렇다면 그 원인으로 다른 것 즉, 타성의 존재를 전제해야 하는데, 자성이 없다면 타성 또한 존재할 수 없는 것

18 오온은 범어 panca-skandha의 번역으로 색色(物質), 수受(印象感覺), 상想(知覺, 表象), 행行(意志), 식識(意識) 등, 중생에게 잘못된 생각을 일으키는 다섯 가지 요소이다. 불교에서는 중생이 오온에 집착하기 때문에 온갖 괴로움이 생기고 자아관념이 형성된다고 본다. (김종욱 269 참조)

이다. 왜냐하면 타성의 입장에서 보면 타성도 자성이기 때문이다. 그리고 생멸의 조건이 되는 자성과 타성이 없으니 인연이라는 말이나 인과의 법도 성립할 수 없는 셈이다.

아(我)와 타(他)가 모두 자성이 없다면, 아와 타의 구분을 비롯한 온갖 분별심이 공(空)하다고 할 것이다. 그래서 화엄경에서는 진속과 진위의 분별심도 없애라고 가르치고 있다.

> 눈과 귀와 코와 혀와 몸과
> 마음과 뜻과 모든 정의 근이
> 모두 공空하여 자성이 없지만
> 망심으로 분별하여 있게 되느니라
> …
> 진실과 진실치 아니함과
> 허망과 허망치 아니함과
> 세간과 출세간이
> 다만 거짓말이니라
>
> 眼耳鼻舌身　心意諸情根
> 一切空無性　妄心分別有
> …
> 若實若不實　若妄若非妄
> 世間出世間　但有假言說 (『華嚴經』 卷 13, 菩薩問明品 第 10)

인간주체에 자성이 없기에 분별심도 없는 것이며, 분별심을 떠난 마음은 곧, 인간중심주의를 여읜 상태일 터이다. 그래서 도겐(Dogen)[19]은 그의 「산수경(山水經)」("Mountains and Waters Sutra")

에서 인간중심주의 시각을 떠나면 [물이 아니고]산이 흐른다는 사실을 의심하지 않게 된다고 설하고 있다(106).

한편, 무자성에서 출발하는 불교의 형이상학은 마치 자연의 '본질적 가치'를 추구하는 심층 생태론이 긍정의 논법에 내재한 전체성을 드러내듯이 부정의 논법이라는 또 다른 전체주의적 담론의 함정에 빠져버린다는 반론이 가능하겠다. 그러나 불교담론은 언제나 부정을 부정하는 단계를 빠뜨리지 않는다. 그렇지 않으면 그것이 희론(戱論)에 빠질 위험이 있을 뿐 아니라 본질주의 담론으로 환원하기 때문이다.

불교의 논법이 심층 생태론의 그것과 차별화된다는 점을 예증하기 위하여 선불교의 대표적인 삼 단계 담론을 재점검할 필요가 있겠다. 그 삼 단계는 첫째, '산은 산이요, 물은 물이다.' 둘째, '산은 산이 아니고, 물은 물이 아니다.' 셋째, '산은 참으로 산이고, 물은 참으로 물이다.'임은 주지하는 바다. 첫 번째는 주관적인 시각(無明) 곧, 인간중심주의 관점에서 사물을 차별화하는 단계다. 그러한 차별화에는 소자아가 관여한다. 두 번째는 긍정이나 객관화 혹은 주체와 객체를 분리하는 이원론을 허용하지 않는 무자성과 무분별의 단계다. 이 단계에서는 궁극적인 실체의 존재를 부정하고 있으며, 무분별의 단계에서 분별과 무분별을 분별하는 모순을 드러내고 있다. 이러한 무분별에 대한 각성은 무아(완전한 자기부정)에 기초하고 있기 때문에, 인생에 대한 긍정이 사라지고, 인간

---

19 Dogen Zenji(道元禪師: 1200-1253). 일본의 조동종(曹洞宗) 선불교의 창시자. 설법 모음집 *Shobogenzo*(『正法眼藏』)을 남겼는데, 그 중 스물아홉 번째 분책이 「산수경」이다.

은 허무주의에 빠져들 수밖에 없다. 마지막은 무분별의 부정을 거친 분별의 단계다. 부정의 부정은 또 다른 긍정이다. 그러나 이 단계의 긍정은 첫 번째 단계의 그것과는 차별화되어야 한다. 첫 단계의 긍정이 본질적 자성의 존재를 전제로 한 소아적(小我的) 긍정이라면, 세 번째의 긍정은 아와 타의 관계론적 하나됨 즉, 전일적 통찰에서 나온 대아적(大我的) 긍정이다. 그렇다고 여기에서 언급하는 대아적 긍정의 개념이 네스의 통각의 개념과 동일한 것은 아니다. 대아적 긍정이 무자성을 전제로 한 아와 타의 상호 관계론적 각성이기 때문에 그 관계의 변주가 무한함에 반하여 인간과 비인간 자연의 본질적 가치(자성)를 상정한 네스의 통각은 아와 타의 관계 자체도 본질적 관계일 수밖에 없기 때문이다. 불교의 비억압적 형이상학이 심층 생태론의 강압적 자연관의 대안일 수 있는 가능성이 또한 여기에 있다 할 것이다.

불교사상에서 해체적 담론의 예를 수없이 찾아볼 수 있지만, 진여(眞如)의 (무)자성에 관하여 설한 대승기신론(大乘起信論)의 한 대목의 인용으로도 불교의 형이상학이 스스로 전체주의적 담론에 얼마나 철저히 저항하고 있는지 알 수 있을 것이다.

> 그러므로 진여의 자성은 모양이 있는 것도 아니요 모양이 없는 것도 아니며, 모양이 있지 않은 것도 아니요 모양이 없지 않은 것도 아니며, 유무(有無)를 함께 갖춘 모양도 아닌 것을 알아야 하며, 또한 같은 모양도 아니요 다른 모양도 아니며, 같은 모양이 아닌 것도 아니요 다른 모양이 아닌 것도 아니며, 같고 다른 모양을 함께 갖춘 것도 아님을 알아야 한다.

當知眞如自性, 非有相, 非無相, 非非有相, 非非無相, 非有無俱相, 非一相, 非異相, 非非一相, 非非異相, 非一異俱相. (원효 111)

이처럼 불교의 논법은 긍정이면서 부정이고, 부정이면서 긍정이다. 그것은 '전부 아니면 전무'의 단순화(reduction)가 아니고 전부이며 전무다. 중생의 자성은 데리다의 '차연(差延, differance)'의 작동으로 무한히 확장되는 언어의 미궁 속으로 실종되지만, 무자성도 없는 법이니, '산은 참으로 산이고, 물은 참으로 물이다'라는 대긍정에서 보다 역동적인 그러나 비강압적인 자연관을 찾을 수 있을 것이다.

사실, 심층 생태론이 불교를 비롯한 동양사상의 영향을 받았다는 것은 주지의 사실임에도 불구하고, 불교 생태학에서 심층 생태론의 대안을 찾거나 심층 생태론을 보완하려는 노력은 있었다. 바로 심층 생태론에 베어있는 담론의 전체성을 극복하려는 시도이었음은 물론이다. 짐머맨(Michael E. Zimmerman)과 개리 스나이더(Gary Snyder)가 해석하는 대승불교의 논의에 의하면, 공(空, sunyata)은 네스의 통각의 개념과는 달리 자아의 확장이 아니고 오히려 자아의 소멸이기 때문에 그 자체는 영속적인 본질이나 실체가 아니라고 주장한다. 공이 이기적 자아의 소멸이라면, 다양한 양상의 이기적 자아, 예컨대, 남성중심주의적 자아나 인종차별적 혹은 종차별적 자아는 공의 자각을 통하여 모두 소멸된다는 논리다. 동시에 공사상을 통한 이원론의 극복은 인간관계의 특수성을 배제하지 않고 오히려 보다 특수화된 관계에 대한 공감(compassion)을 야기할 수 있다는 시각이다. 그리고 특정인은 그(녀)가 처한 특수한 생태적 상황을 포함하여 가족, 친지, 지역사회 등 보다 큰 사회체제로 개방되어 가면서, 이러한 공감은 보다 구체화되고 특수화되어 간다는 것이다(Zimmerman 314). 불교 생태학자로 자주 언급되는 매시(Joanna Macy)의 자연관도 근대의 절대적 자아개념의 부정과 연기법으로부터 출발하고 있다(윤영해 256). 불교사상에서 대안을 찾으려는 이들 생태론자들은 모두 제법무상(諸法無相)과 제법무아(諸法無我) 곧, 인간의 자아를 포함한 삼라만상의 무실체성에 근거하여 그들의 담론을 전개하고 있다.

네스의 통각의 개념이 삼라만상의 자성('본질적 가치')의 존재를 전제하면서 본질주의로 환원하고 있음에 비하여 불교의 무실체성(空)은 빈 그릇처럼 그 자체의 내용을 드러내지 않는다는 점에서 두 입장은 차이를 보인다. 주목할 점은, 전술했듯이, 인식주체인 자아의 소멸을 요구하는 불교사상이 자아의 개념에 내재한 인간중심주의를 여읠 수 있으나 자아의 확장을 도모하는 통각은 이원론적 분별을 그 개념 안에 내포할 수밖에 없는 한계를 지닌다는 것이다. 당연히 그러한 근원적인 한계성은 무엇보다도 생태여성주의의 불만과 비판의 대상이 되고 있다. 또 하나의 중요한 차이는 통각이 인식의 주체와 객체를 분리하고 있음에 반하여 불교의 인식론에서는 주객의 분리 혹은 분별을 해체해버린다는 점이다. 체니(Jim Cheney)의 주장에 따르면, 네스의 통각은 권력지향의 인간에 의한 자연세계의 포섭이다. 즉, 인간의 자아와 비인간 자연의 동일시는 "타자(the Other)에 대한 진정한 인식과 인정이라기보다는 타자, 곧 차이의 포섭(봉쇄)"이다(Frodeman 319에서 재인용). 네스와 함께 프로드먼 자신은 인간과 비인간 자연의 차이보다는

"공통성과 연속성"(319)을 강조함으로써 타자를 향한 자아개념의 확장을 허용하지만, 그러한 우주적 자아를 실현하는 주체는 인간이고, 비인간 자연은 통각의 대상일 뿐이다. 더구나 자성을 극복하지 못한 주체가 해석한 자연은 인간의 자연이지 자연의 자연이 될 수 없는 노릇이다. 그러기에 인식의 주체까지 해체하려는 불가와 도가의 인식론이 심층 생태론의 대안담론으로 떠오르는 것은 당연한 일이다.

인식주체의 해체는 불가와 도가를 불문하고 널리 인구에 회자하는 십우도(十牛圖)의 여덟 번째, 인우구망(人牛俱忘)의 단계에 잘 반영되어 있다. 인식주체인 사람과 인식대상인 소(道)가 서로 분리된 존재가 아니고 하나다. 장자의 호접몽(虎蝶夢)을 연상시키는 단계다. 화엄경에서 수없이 반복하여 설하고 있는 불심편재의 사상은 바로 주객일체의 본보기다.

> 이 모든 보살들이 온갖 법계가 안립(安立)한 바다의 티끌 속에 두루 들어갔으며, 그 낱낱 티끌 속에 모두 열 부처님 세계 미진수의 모든 광대한 세계가 있고, 낱낱 세계 속에 모두 삼세의 모든 부처님이 계시는데, 이 모든 보살들이 다 두루 나아가서 친근(親近)하고 공양하였다.
>
> 此諸菩薩悉能徧入一切法界諸安立海 所有微塵彼一一塵中皆有十佛世界微塵數諸廣大刹一一刹中皆有三世諸佛世尊 此諸菩薩悉能徧往親近供養 (華嚴經 卷六, 如來現相品 第 二, 번역은 무비 243 참조)

부처와 중생의 구분이 없으므로 보살들과 우주만물의 분립도 없다. 선적 깨달음 역시 나와 우주가 하나 되어 주객과 능소(能所) 등의 분별과 간극이 사라진 무차별의 경지를 가리킨다(이영호 559). 이처럼 불교의 생태관은 자아소멸과 주객일체라는 인식론적 토대로부터 시작하기 때문에 그 출발부터 심층 생태론의 강압적 자연관과 차별화되는 것이다.

무성과 무아를 전제로 한 소승적 자기해탈은 자칫 허무주의적 세계관을 초래하여 유효한 생태론을 제안하지 못하고 무기력한 담론으로 전락할 염려가 있다. 그러나 대승불교는 자기해탈과 자기구제에 머무르지 않고 자비와 공감을 일으켜 중생제도에 나서는 승乘(yana)의 세계를 일으킴으로써 인간은 물론 비인간 자연의 고통까지 치유하는 단계로 나아가는데, 그러한 승의 세계를 일으키는 논설의 근거는 바로 전술한 대긍정의 수용이다. 이러한 대긍정의 사상은 『대승기신론』에서 불공(不空)의 개념을 논한 대목에도 잘 드러나 있다. "불공(不空)이라 말하는 것은 이미 법체가 공(空)하여 허망함이 없음을 나타냈기 때문에 바로 이는 진심(眞心)이며, 이 진심은 항상하여 변하지 않고 정법(淨法)에 만족하기 때문에 불공(不空)이라 이름한다(所言不空者, 已顯法體空無妄故, 卽是眞心, 常恒不變, 淨法滿足, 則名不空. 원효 118). 원효는 이 구절을 다시 "불공이라 말했지만 상이 없기 때문에 불공이 공과 다르지 않으며 분별하여 반연[攀緣]하는 바를 여읜 경계는 오직 무분별지(무분별지)로 증득[證得]함으로써만이 상응하기 때문이다"(雖曰不空, 而無有相, 是故不空不異於空. 以離分別所緣境界, 唯無分別所證相應故也.)라고 풀이하고 있다(119). 이제 무자성과 무아이면서 동시에 자연의 자성과 나의 정체성이 없다고 말할 수 없으니, 이는 인간중심성을 여읜 자성과 자아를 인정해야 함을 의미한다. 그리고 이러한 대승적 차원의 대긍정으로부터 자비와 공감 그리고 '상호 의존성'과 '생태평등'과 같은 비강압적인 생태학적 각성과 그 실천이라는 모순어법이 가능하게 된다. 김종욱은 '연기-공-자비'로 연결되는 불교사상을 각각 '상호 의존성-비실체성-상호 존중성'이라는 생태론으로 치환하면서 그의 불교생태철학을 전개하고 있다(『지식기반사회와 불교생태학』 167-73). 그의 생태론 역시 (무)자성의 자연관에서 출발하여 대승적 차원으로 나아가고 있음은 물론이다.

Ⅳ

그렇다면 불교 논법으로 (비)인간중심주의[20]를 여읜 세계관은 오늘의 생태론에 어떤 교훈점을 시사하는가? 심층 생태학과 같은 급진적 생태중심주의 사상과 운동이 1970년대 초에 대두했음에도 불구하고 오늘날 생태파괴와 그 폐해는 점증하고 있다. 물론 누구도 심층생태운동이 전지구적으로 친생태의식을 고취하는 부분적인 역할을 담당해왔다는 점은 인정할 것이다. 그리고 네스 역시 그의 심층생태운동강령에서 생태파괴를 최소화할 수 있는 실질적인 변화를 주문하고 있다(Devall 70). 그러나 작금의 지구촌은 역사상 그 어느 때보다 심각한 양과 질의 생태파괴를 자행하고 있으며

20 인간의 자성이 없으므로 인간중심성을 여의었지만, 자성이 없는 것도 없는 것이니 마땅히 (비)인간중심주의라는 용어를 써 중론(中論)을 따르고자 한다.

그 폐해는 부메랑이 되어 비인간 자연은 물론 인간 자신의 건강한 생명유지를 심각하게 위협하고 있다. 그 심각성을 이해하기 위해서는 더 이상 시야를 넓힐 필요도 없이 중국, 한국, 일본 등, 동북아 지역의 생태파괴와 그 피해를 살피는 것으로 충분하다. 근래에는 3-4월 뿐 아니라 거의 연중으로 동북아 지역을 휩쓰는 황사현상은 최근 중국의 급속한 경제성장과 개발에 따른 토지황폐화와 사막화로 인하여 그 발생빈도가 매년 가파르게 증가하고 있다. 황사에 포함된 오염물질에 의한 피해도 만만치 않을 것이다. 황해는 전세계적으로 가장 오염된 해양이며, 오염원의 대부분은 황하강으로부터 유입된다고 한다(박수진 119).

심층 생태론은 이러한 전대미문의 자연생태계의 파괴에 저항할 수 있는 실질적으로 유효한 대안담론인가? 개발과 성장의 신화를 '지속가능한 발전'이라는 언어로 연성화하려는 실용주의 생태론자들의 답변은 회의적이다. 중공업 중심의 산업체제를 지양하고 이른바 '내포적 성장체제'(지식산업에 바탕을 둔 소프트웨어 중심의 개발모형)를 통한 지속가능한 발전을 도모하려는 실용주의 개발론자들의 주장에 의하면, 심층 생태학과 같은 근본주의 생태학은 '한계담론'(현재 추세의 인구증가, 산업화, 식량생산, 자원고갈이 지속된다면 다음 100년 이내[2072년 전에] 세계의 경제성장이 한계에 도달한다는 주장)에 기대어 무차별적 성장봉쇄를 지향하면서 환경문제의 실질적인 해결책을 제공하지 못했다는 것이다(황태연 57). 그렇다면 '생태평등주의'와 '상호존중' 등의 생태윤리를 표방하는 본질주의적 생태중심사상은 폐기처분해야 할 것인가? 불교 생태론은 대긍정의 논법을 경유하여 바로 이러한 극단적 이원론을 지양하고 다양한 층위의 차이를 아우름으로써 궁극적으로 역동적인 열린 담론을 지향하는 것이다.

마치 인생관이 그렇듯이 오늘날 생태론도 어느 것이나 완벽한 모형을 제안하지 못한다. 오히려 완벽하고 보다 확실한 모형과 입장을 추구할수록 그 안에는 위험요소가 도사리고 있는 경향이 있다. 예컨대, 위에 소개한 내포적 성장체제의 옹호론자는 네스의 '생태계평등주의'(biospherical egalitarianism)를 비판하면서, "'생물계적 평등주의'가 견지된다면, 이 '용인'이 인간뿐 아니라 인간을 해치는 맹수와 병균 같은 다른 생물에도 허용될 수 있다는 모호성을 떨칠 수 없다"(황태연 16)라고 비판하고 있다. 그러나 '맹수와 병균'도 생태균형을 위하여 필수적으로 존재해야 하는 생태계의 구성원이 아닌가? 호랑이나 사자 같은 먹이사슬의 상위에 위치하는 야생동물의 멸종이 매우 광범위하게 생태균형을 파괴한다는 사실은 생태학의 기본지식이다. '병균'이나 박테리아도 적절한 파괴를 통하여 생태계의 균형을 도모하는 주체이며 객체들이다. 더구나 네스는 생명유지를 위한 인간의 기본 요구조건(vital needs)을 인정하기 때문에, 맹수가 그를 해치려든다면 그도 자신의 생명보호를 위하여 그 맹수를 해칠 수 있음은 당연하다. 한편, 심층 생태론이 근본주의자연관에 매몰되어 생태계 보호를 위한 실질적인 변화를 일으키지 못한다는 실용주의 생태학의 비판은 나름대로 설득력이 있다하겠다.

또 하나의 중요한 불협화음은 이른바 제3세계의 개발론자들과 자연보존주의자(preservationist) 사이에서 일어나고 있다. 제3세계 경제 후진국들의 입장에서 보면, 심층 생태학은 산업 선진국의 논리지 산업문화로의 편입이 없이는 생존 자체가 위협받을 수밖에 없는 개발 후진국의 문제가 아니라고 비판하고 있다. 오늘날 경제 체제가 이미 자본주의화 되어버린 제3세계 국가에서 개발을 포기하고 생태적 순결성만을 지키자는 주장은 이들 지역주민들의 가난을 영속화하는 결과를 낳을 뿐이다. 급진적 생태중심주의를 무차별적으로 적용하면, 국가와 지역에 따라 심각한 사회경제적 문제를 야기할 수밖에 없다. 따라서 구하(Ramachandra Guha)는 인간중심주의/생태중심주의라는 이분법적 잣대 자체를 문제 삼으면서 미개발국의 상황을 고려하지 않고 동일한 생태중심주의를 적용하고 있는 심층 생태학을 비판하고 있다. 그는 생태파괴의 주된 원인은 산업 선진국과 3세계 엘리트 도시민들의 과소비와 국가 간의 군사경쟁이라고 진단하면서 진정한 생태학은 "적절한 기술, 상호 갈마드는 생활방식 그리고 평화운동"(82-3)을 아울러야한다고 제안하고 있다. 구하의 비판에 대응하여, 네스는 제3세계가 산업 선진국의 발전모형과 생활방식의 모방을 멈추고 오히려 생태적으로 '풍요로운'(rich) 원시 토착민들의 삶의 방식을 선택하라는 낭만적인 주문을 하고 있다(403). 이러한 네스의 권유는 사실 생태학적 진실을 간과하는 측면이 있다. 오늘날 도시화와 산업의 중앙 집중화가 생태파괴의 주범임은 주지하는 바다. 이론일 뿐이지만, 현재에도 지구촌의 인구와 산업시설을 전세계적으로 고르게 분포시킬 수만 있다면 자연의 자정작용에 힘입어 생태불균형의 문제를 상당 부분 해소할 수 있다는 것이 생태학자들의 일반적인 시각이다. 같은 맥락에서 세일(Kirkpatrick Sale)은 "소규모 기술"(human-scale techonology)의 개발을 대안으로 제시하고 있다(158). 보다 대규모의 생산과 소비에 따른 대규모의 생태파괴를 자행하고 있는 개발 선진국의 산업시설을 오히려 미개발국으로 이전함으로써 부의 분배와 생태균형을 동시에 이룰 수 있다는 주장도 가능하지 않은가?

오늘날 생태문제에 대한 유일한 해답이나 해결책의 제시는 불가능해 보인다. 개인의 특수성은 차치하고라도 다양한 차원의 집단적, 문화적, 역사적 차이가 변수로 작용하기 때문이다. 그러한 다양한 차이들이 다양한 스펙트럼의 자연관들을 생생해왔음을 극명하게 보여주는 예를 바로 미국의 자연사에서 찾아볼 수 있을 것이다. 야생지를 개발하고 맹수와 싸우면서 삶의 터를 일구어야 했던 17세기의 미국 이주민들의 의식에 투영된 자연은 21세기 초의 생태중심주의자의 자연과 다를 수밖에 없다. 미국의 근대 자연사에서 경험한 이른바 '헤치헤치계곡의 논쟁'은 핀쇼(Gifford Pinchot)와 같은 공리주의자와 뮤어(John Muir)나 버로우즈(John Buroughs) 등의 초월주의자들 사이에 벌어진 자연관에 관한 논쟁으로 양 진영은 각각 공리주의적인 유익과 참살이의 심리적인 요소를 옹호했다. 이들 자원보호론자들과 자연보존론자들 사이의 논쟁은 지금도 전지구적으로 계속되고 있고, 그러한 역동적인 논쟁과 조율은 앞으로도 끊임없이 전개될 것이다.

불교사상을 관통하는 긍정-부정-대긍정(부정의 부정)의 논법이 바로 이러한 21세기의 역동적 생태학을 이끌어갈 수 있는 대안담론이다. 자성의 대긍정은 본질주의 자연관에 매몰된 심층 생태론의 대안을 가능케 하고, 인간중심주의/생태중심주의 혹은 자원보호주의/자연보존주의 등의 이원론을 넘어 비강압적, 대화론적 생태관을 지향하고 있는 것이다. 만물은 자성이 없고 상호 관계론적 존재방식을 취하고 있으니, 여기에서 생태계의 상호 의존성(interdependence) 개념이 도출된다. 동시에 만물에는 자성이 없음도 아니니 개체가 생태계의 전체성에 매몰되어 그 정체성을 상실하지도 않는다는 모순어법이 가능하다. 아와 타의 분별이 없으니 이기적인 자기중심주의(인간중심주의)를 여의었고, 인간중심성을 극복(자아소멸)함으로써 비인간 자연에 대한 존중심을 일으키고 그 아픔에 공감하며 중생에 대한 자비심을 일으킬 수 있는 것이다. 특히 적극적인 중생구제를 표방하는 불교의 대승적 차원은 바로 자연생태계의 보호와 보존을 위한 능동적인 활동으로 치환될 수 있다. 공(空)이 곧 색(色)이니, 공 안에서 이루지지 않음이 없는 것이다.

마지막으로 불교 생태학의 한계성을 짚어보는 것으로 논의를 마무리하고자 한다. 불교의 해체적 담론이 심층 생태론의 전체주의적 자연관을 극복할 수 있는 대안을 제공해줄 수 있겠으나 해석하는 주체에 따라 반생태적 혹은 무기력한 세계관으로 치부될 위험성도 내포하고 있다. 특히 무자성의 논의는 전술했듯이 중생을 허무주의와 희론의 나락에 떨어뜨리고, 소승적 자기구제에 대한 집착은 공감과 자비심을 불러일으키지 못하는 한계를 노정할 수 있다. 특히 불교의 이중담론은 해체사상이 그렇듯이 자원보호주의자나 개발론자들의 입장을 옹호하는 이론으로 전용될 위험성도 안고 있다. 긍정적으로 보면, 이는 불교사상 안에서도 역동적인 논쟁이 필요하고 그만큼 강압적 자연관을 피할 수 있을 것이니 한계성이 강점이기도 한 셈이다. 불교사상의 또 하나의 한계는 제법은 인간의 언어에 의하여 설해지기 때문에 언어 자체에 베어있는 인간화의 함정은 피할 도리가 없다는 점이다. 물론 언어를 방편(方便)으로 삼을 뿐이라고 하지만, 방편이라는 단어 자체도 인간의 언어이기는 마찬가지이니 어쩌랴. 다만 인간화(anthropomorphizing)와 인간중심주의(anthropocentrism)는 구분되는 것이니 그 차이만큼만 희망일까.

3. 음양이론과 노장사상의 탄력성

음양론은 그 기원이 분명하지 않은 동양의 전통사상으로 중국의 전국시대에 출현한 주역을 통하여 집대성된 사상체계다. 그것은 만물만상에는 음적인 요소와 양적인 요소가 다양하게 상대적 관계를 맺으면서 공존한다는 세계관이다. 음양이론은 강과 산, 여자와 남자, 어둠과 밝음, 차가움과 뜨거움 등의 물리적인 존재로부터 시작하여 물질주의와 정신주의, 감성과 이성, 야성과 지성 등의 관념에 이르기까지 만물만상의 속성을 이원화한다는 점에서 이원론임을 부인할 수는 없다. 그러나 서양의 형이상학이 정신을 물질의 우위에 둠으로써 계층적 이원론에 빠졌다면 동양의 음양론은 본디 음과 양의 조화를 추구하는 사물과 사태의 비계층적 관계론이다. 물론 특정한 시대를 풍미한 사상의 진화에 따라 음양론이 계층적 관계를 정당화하는 세계관으로 활용되기도 하였지만 본래의 음양론 자체를 계층적 이분법으로 볼 수는 없다. 그것은 오히려 음과 양의 평등관계를 지향하는 일원론이다. 이처럼 비계층적 음양론은 흔히 음을 억압하고 양적인 요소를 옹호하는 서양의 철학사상이나 종교관에 뿌리를 둔 영문학 작품을 비평하는 유효한 잣대를 제공한다. 무릇 문학작품이 특정한 지역과 시대의 사상과 종교와 필연적인 관계를 맺으면서 생산되고 영문학 작품도 예외가 아니라는 점을 상기하면 동양의 음양론을 배경으로 영문학 작품을 분석할 수 있는 영역은 가히 무궁무진하다. 음양론은 그처럼 탄력적인 비평의 틀이다.

동양의 음양론은 바로 노장사상의 중추를 이루고 있다. 비록 노자는『도덕경』42장에서 음과 양을 단 한 번 언급하지만『도덕경』에 편재하는 무위자연사상을 통해 음양의 조화를 추구하는 삶의 방식을 자연의 도(도)에서 찾기를 역설한다. 노자가 주장하는 도덕의 지향점을 한 마디로 요약하면 유교사상에 내재한 존양억음(尊陽抑陰)의 인위를 해체하는 것이다. 예컨대, 그가 아름다움과 추함을 분별하는 절대적 기준을 부정하고 우뚝 솟은 산보다 오히려 깊은 계곡의 가치를 옹호하며, 중앙집권적인 국가권력을 비판하고 소국과민(小國寡民)의 이상향을 제안하는 언사는 모두 양 중심의 사상과 문화를 비판하는 내용들이다. 따라서 노장사상 또한 거의 모든 영문학 작품의 사상적 배경을 이루고 있는 양 중심의 메시지를 옹호하거나 혹은 그러한 양적인 요소의 가치를 전복하는 서사를 탐색하는 독자에게 매우 유효하고 탄력적인 비평의 틀을 제공한다.

3-1. 음과 양의 조화로서의 신
– D. H. 로렌스의 『날개 달린 뱀』

I

로렌스(D.H. Lawrence)만큼 자주 여성주의 비평가들의 공방의 대상이 되어 온 작가도 드물다. 비교적 후기의 작품으로 분류되는 『날개 달린 뱀』(*The Plumed Serpent*, 이후 PS로 약칭함)의 경우에는 특히 로렌스를 여성주의 작가로 보는 시각과 여성주의로 교묘하게 포장된 남성 우월주의에 경도된 작가의 편견을 공박하는 입장이 팽팽하게 맞서고 있다.

우선 밀레트(Kate Millett)는 로렌스의 작품이 총체적으로 남근 숭배 사상에 근거하고 있다는 논거를 내세우며 PS에서도 예외가 아니라고 주장한다. 이 작품의 중심인물인 케이트 레슬리(Kate Leslie)가 '의지'(will)라는 자아 정체성의 끈을 놓지 않으려는 노력을 악덕으로 묘사하는 대목을 들어 여성의 복종을 정당화하는 작가의 남성 우월주의를 지적하고 있다. 라몬(Ramon)이 살아 있는 신으로서 "자기 충족적인"(self-sufficient) 존재라면, 케이트는 기껏해야 남신에 종속하는 여신의 지위를 확보할 뿐이라는 점을 지적하면서, 그녀는 "뿌리 깊은 남근 숭배의 극치"를 교묘하게 보여주는 복종의 여인이라고 주장하고 있다(373-76). 사실, 밀러 이전에 쌔가(Keith Sagar)도 케이트가 시프리아노(Cipriano)의 청혼을 받아들임은 곧, 그녀의 자아 정체성의 죽음을 의미한다고 보았다. 결혼하겠다는 그녀의 결정은 라몬이나 시프리아노가 끊임없이 천착하는, 백인 문화와 멕시코의 인디언 문화를 융합시키겠다는 사명감에 의하여 추동되기보다는 그녀의 인생에 어떤 의미를 부여해 주려는 남성 시프리아노에게 종속적으로 이끌리고 있다는 것이다(167).

마가렛 스토치(Margaret Storch)는 케이트가 유럽의 백인 세계로 돌아가느냐 아니면 토착민 문화를 수용하며 멕시코에 정착하느냐는 선택의 문제를 모호하게 처리한 소설의 결말을 예로 들어 로렌스가 남녀 관계에 대한 균형 잡힌 긴장감을 유지하고 있는 점을 지적하면서도, 이 소설은 본질적으로 "남성의 지배를 한층 강화시키는 확고부동한 환상"(58)의 산물임을 인정하고 있다. 그런가 하면, 로버츠(Neil Roberts)는 소설이란 시간과 공간이 미묘하게 일시적으로 관련을 맺는 이야기이기 때문에 소설 속의 도덕률은 특정한 시공에서만 진리일 뿐이라는 바흐찐의 대화주의에 바탕을 두고 PS를 분석하면서 케이트가 갑자기 멕시코의 토착민 테레사(Teresa)에게 느끼는 열등감은 곧 로렌스의 성차별주의의 발로임을 지적한다(139). 앞에 거론한 비평가들의 언급과 비교하여 로버츠의 평가는 그 강도가 한층 떨어지긴 하지만, 그 역시 로렌스의 성차별 의식은 결코 보편화될 수 없는 편견임을 시사함으로써 작가의 남성 중심주의를 우회적으로 꼬집고 있다. 그 밖에도 다양한 각도에서 로렌스의 성차별주의를 공박하는 비평가들의 글을 쉽게 접할 수 있다.

물론 최근의 비평 경향이긴 하지만, PS를 작가의 남성 우월주의가 지배하는 작품으로 읽는 입장에 동조하지 않는 비평가들도 적지 않다. 특히 반후시어-카레이(Kimberly VanHoosier-Carey)는

1926년에 출판된 PS를 1923년에 완성된 초고 본 『케쓰알코아틀』(*Quetzalcoatl*)과 비교함으로써 출판 본에서는 로렌스가 남성 지배 의식에서 벗어나 있다고 주장한다. 그녀는 원고 본에서와는 달리 1926년의 출판 본에서는 남성 인물들 즉, 라몬과 씨프리아노 사이의 결속과 충성심의 진전이 더 이상 플롯의 중심에 있지 않고 오히려 여성 인물 케이트의 성격 발전으로 그 초점이 이동하고 있음에 주목한다. 또한, 원고 본에서는 라몬이 케이트에게 케쓰알코아틀(Quetzalcoatl) 운동의 의미와 목적 등, 추상적인 개념을 설명하여 이해시키려는 데 진력함에 비하여 출판 본에서는 이 운동에 대한 케이트의 참여를 끊임없이 유도하고 있다는 점을 지적한다. 그리고 이렇게 케이트의 성격 변화와 케쓰알코아틀 부흥 운동에 대한 그녀의 참여를 강조함으로써 작가는 이 소설의 플롯의 중추를 이루고 있는 케쓰알코아틀 운동의 의미를 변화시키는 대목에 이르기까지 케이트의 참여를 허용하고 있다고 주장한다(104). 원고 본에서와는 달리 출판 본에서 케이트는 남성 인물들에게 그다지 복종적이지 않을 뿐만 아니라 케쓰알코아틀 운동에 주체적으로 참여하고 있음을 시사하고 있는 것이다. 그런가 하면, 카펀터(Rebecca Carpenter)는 쥬아나(Juana)와의 접촉에서 드러나는 케이트의 인종차별 의식을 문제 삼는다. 그는 케이트가 개인의 정체성과 자립성의 유지에 지고한 가치를 부여하는 전형적인 서구 여성주의에 경도되어 있는 반면에 테레사는 여성과 남성이 조화를 이루어 온전한 성취(이 경우는 케쓰알코아틀 운동의 완성)를 이룰 수 있다는 "공동체적 여성주의자"(communitarian feminist)의 전형으로 파악하고 있다. 테레사가 라몬에게 순종적인 태도로 일관하고 있음은 사실이지만, 동시에 라몬의 농장의 실질적인 일들을 능란하게 처리하는 그녀의 역량이 곧, 라몬이 조직적이고 정신적인 일에 전념하도록 도와주는 힘으로 작용하고 있다고 본다(127). 카펜터는 로렌스가 케이트보다는 테레사의 인물 설정을 통하여 이상적인 여성주의자의 모습을 그리고 있다고 보는 것이다.

위에서 살펴 본 바와 같이 PS의 인물 설정과 플롯의 전개를 분석하여 로렌스의 여성관을 비판하거나 옹호하는 비평가들의 논거가 모두 나름대로 설득력을 지니고 있다. 그럼에도 불구하고 필자가 그들의 비평을 읽으면서 불편하게 느끼는 점은 그들 대부분의 비평가들이 지나치게 지엽적인 대사나 내러티브에 집착하여 작품이 구현하고 있는 거대한 사색의 틀을 통하여 남녀의 관계를 조명하려는 작가의 의도를 간과해버리는 경향이 있다는 것이다. 물론 성차별주의적인 언어를 추적하는 미시적인 분석이 어느 작품의 해석에나 필요한 비평 방법이긴 하지만, PS에서처럼 남녀의 관계는 물론, 인종의 문제, 정치, 종교, 나아가 우주적인 문제에 이르기까지 총체적인 주제를 담아내려는 작품을 분석할 때에는 적어도 가장 핵심적인 주제를 우선 설명해내고 부수적인 주제들을 그 핵심 주제와 늘 관련지어가는 통합적인 작품 읽기가 필수적이라고 본다. 그렇지 못할 때, 작품 분석이 설득력을 충분히 확보하지 못하거나 혹은 비평가의 편견만을 독자에게 강요할 수도 있기 때문이다. 후자의 예로서 프리차드(R. E. Pritchard)의 경우를 들 수 있다. 그는 케이트가 소설의 말미에서 유럽, 이른바 "정상적인 세계"로 돌아가지 못함은 곧 "심리적인 죽음과 재통합"을 겪은 후에 새로워진 생활 속으로 돌아오기를 요구하는 신화의 기본 틀을 방해하고 있다고 언급한다(177). 멕시코는 비정상적인 세계로, 유럽은 정상의 세계로 지칭하는 언어를 사용함으로써 은연중에 인종 차별 의식을 드러낼 뿐만 아니라 멕시코의 토착 문화와 유럽의 백인 문화에 대한 통합적 비전을 성취하려는 작가의 주제의식을 심각하게 왜곡해버린 결과를 초래하고 있다. 결국, 비평가의 문화적 편견이 개입했다고 아니할 수 없다.

로렌스의 PS에서 성차별주의의 요소를 추적하는 작업은 이 작품의 지엽적인 주제를 탐구하는 일이라고 본다. 통합적인 주제와 관련하여 지엽적인 주제를 논의하면서 비평가의 편견을 최소화하기 위해서는 비평가 자신이 우선 전일적인 통찰력을 담보한 사색의 틀을 작품 분석에 원용할 필요도 있을 것이다. 따라서 본고에서는 작품 분석을 위한 사색의 틀로서 동양의 음양론을 끌어 들여 우선 이 작품의 총체적인 주제를 조명하고, 그러한 거시적인 틀 속에서 작가의 성차별주의 혹은 남녀평등사상을 재해석해보고자 한다. 과문한 탓이겠지만, 로렌스의 PS를 동양의 음양론으로 분석한 연구물은 아직 발견하지 못했다. '날개 돋친 뱀'이라는 이 소설의 제목만 보고도 동양의 음양론을 떠 올림직하지만, 음양론과 관련된 연구 결과물이 왜 아직 없는 것인지 의아하다. 그렇기에 이 작업이 매우 조심스럽고, 어깨가 무겁기도 하다.

II

우선 음양론의 얼개를 살피고, 성별의 차이에 기인한 남녀 차별의 의식과 실천이 음양론과 본질적으로 관련이 있는지 없는지의 문제를 검토할 필요가 있다. 동양의 음양 이론의 진수를 살피려면 도가 사상, 특히 노자의 『도덕경』과 유가의 『주역』이라는 두 통로를 동시에 거쳐야한다. 노자의 『도덕경』에서 '음양'이라는 어휘를 직접적으로 사용한 부분은 42장뿐이다. 42장 전문을 검토해보자.

> 도생일, 일생이, 이생삼, 삼생만물, 만물부음이포양, 충기이위화, 인지소오, 유고, 과, 불곡, 이왕공이위칭, 고물, 혹손지이익, 혹익지이손, 인지소교, 아역교지, 강량자, 부득기사, 오장이위교부
>
> 道生一, 一生二, 二生三, 三生萬物, 萬物負陰而抱陽, 沖氣以爲和, 人之所惡, 唯孤, 寡, 不穀, 而王公以爲稱, 故物, 或損之而益, 或益之而損, 人之所敎, 我亦敎之, 强梁者, 不得其死, 吾將以爲敎父
>
> 해설: 도는 일을 낳고, 일은 이를 낳고, 이는 삼을 낳고, 삼은 만물을 낳는다. 만물은 음을 등에 지고 양을 끌어안고 있다. 텅 빈 가운데 휘저어 조화를 이룬다. 사람들이 싫어하는 바는 외로움, 적음, 기르지 못함인데 임금과 공들은 이것으로 [자기를]호칭한다. 그러므로 사물은 덜어내는 것이 이익이 되기도 하고, 보태는 것이 손해가 되기도 한다. 사람들이 가르치는 바를 나도 또한 가르치니, 강하고 굳센 것은 그 수명을 다하지 못하니 나는 이것으로 가르침의 아버지를 삼겠다. (이수호 역, 『노자원전』 116 참조)

음양이란 본디 그늘과 햇빛을 가리키지만 동시에 천지만물의 양태와 속성을 지칭하는 추상적인 개념이다. 그리하여 음양은 하늘과 땅, 산과 물, 남성과 여성 등, 가시적이고 구체적인 사물의 대립으로부터 유무, 장단, 경중, 곡직, 청탁, 강약, 동정, 지와 무지, 유위

와 무위 등 추상적인 의미까지 포괄하는 중국 사상의 기본 개념이다. 근본적으로 우주 만물의 생성 원리를 설명하고 있는 위 42장의 핵심은 음양은 대립물의 조화와 통일이다. "만물은 음을 등에 지고 양을 끌어안고 있다"는 의미는 만물은 그 자체로 음의 성질과 양의 성질이 조화를 이루고 있다는 것이다. 제1장에서 언급하고 있는 도의 개념도 기실 음과 양이 조화된 상태다(이현지 299).

중요한 점은 음과 양에 대한 우열이나 귀천의 개념이 바뀌어야 한다는 것이다. 노자의 음양론에서는 오히려 유가에 의하여 폄하된 음적인 요소의 발현을 도모하고 있다. 예의 42장에서 "외로움", "적음", "기르지 못함", "덜어내는 것" 등은 음의 속성이지만, 그것들이 즐거움, 많음, 기름, 보태는 것에 비하여 결코 열등하거나 천한 요소가 아니라는 발상의 전환이다. 그리고 노자는 '어머니'라는 용어를 자주 사용한다. 최수빈은 '아버지'라는 용어는 『도덕경』에서 단 한 번 (위 42장에서) 사용되는데 비하여 '어머니'는 7번 등장하고 있음에 주목하여 음-어머니-여성-암컷의 개념을 오히려 음양의 중심에 두면서, "이 신비한 암컷의 문은 하늘과 땅의 뿌리"라고 본다(50). 중국에서 '음양'의 경우 '양음'이라 부르지 않고 반드시 '음양'이라고 지칭하는 점이 바로 양에 비하여 음이 우위의 개념임을 예증하는 것이며, 그처럼 음적 가치를 고양시키려는 선봉에 노자가 있다고도 할 수 있다(김용옥 205).

그러나 음의 가치를 고양시키려는 노자의 의도는 양의 전복이 아니고 음양의 조화임에 유의해야 한다. 노자는 양의 속성을 귀하고 옳게 보고 음의 성질을 천하고 그릇된 것으로 보는 유가 사상에 저항하기 위하여 음적 요소의 중요함을 강조했을 뿐이다. 남성과 여성의 관계에 대하여 말한다면, 노자는 여성의 우수성과 여성의 가치를 인식하고 자신의 철학을 전개하는 용어로서 예의 '어머니'나 여성적인 상징어휘들을 사용함으로써 "기존사회가 일방적으로 지향하는 가치체계보다는 열등한 것으로 규정한 것들의 가치의 우수성을 피력함으로써 균형있는 가치지향을 도모"(최수빈 35)한 것이다.

『주역』은 우주 자연의 현상을 관찰하여 그 법칙을 인간사에 적용한 것인데 그 근본을 음양의 원리에 두고 있다. 태극도에서 보듯이, 『주역』에서의 음양 이론도 상반상성(相反相成)과 대대(對待)를 그 원리로 삼고 있다. 상반상성이란 반대되는 것들이 서로를 보완적으로 완성시켜주는 개념이고, 대대는 서로 대립하지 않고 기다리며 맞이한다는 의미다. 상반된 것들이 상호 교류한다는 의미를 강조하기 위하여 대대에 '유행'(流行)을 덧붙여 '대대유행'이라고 표현하면 그 뜻이 보다 명확해진다(김영주 81). 64괘가 모두 양의 속성인 건괘(乾卦)와 음의 속성인 곤괘(坤卦)를 바탕으로 이루어진 것만 보아도, 『주역』은 그 기원이 뚜렷하지는 않으나 중국인들의 의식과 삶을 3,000여 년 동안 지배해 온 음양의 원리에 바탕하고 있음을 알 수 있다.

문제는 『주역』의 음양론이 노자의 경우처럼 음양 평등의 원리를 담지하고 있느냐 아니냐다. 입장이 조금씩 다르기는 하지만, 『주역』의 음양론은 노자와는 달리 양 중심으로 치우친 이론인 것으로 파악하는 경향이 있다. 주백곤은 『주역』을 해석한 「계사전」에서 점치는 법을 설명하면서 제기한

> 하늘은 양이고 땅은 음이며, 해는 양이고 달은 음이며, 더운 것은 양이고 찬 것은 음이며, 유한 것은 음이다. 또 강건한 것은 양이고 순종하는 것은 음이며, 밝은 것은 양이고 어두운 것은 음이며, 나아가는 것은 양이고 물러나는 것은 음이다. 그리고 여는 것은 양이고 닫는 것은 음이며, 펴는 것은 양이고 구부리는 것은 음이며, 귀한 것은 양이고 천한 것은 음이며, 남자는 양이고 여자는 음이며, 군주는 양이고 백성은 음이며, 군자는 양이고 소인은 음이다. (97-8)

라고 규정한 대목을 근거로 『주역』의 음양론은 존비(尊卑)와 서열 의식에 얽매어 있다고 언급한다. 또한, 「역전」에서도 남녀, 부부, 부자, 군신 등의 관계를 언급할 때도 공통적으로 높고 낮음의 구분을 하고 있음에 주목한다(236).

6효(爻)에 효사(爻辭)를 붙임은 물론 64괘(卦)에 각각의 이미지를 나타내는 괘사(卦辭)를 붙였는데, 그 괘사의 의미를 해석하는 입장에 따라 『주역』의 음양론을 양 중심의 원리 곧, 남성 지배 사상으로 보기도 한다. 음양대대의 논리에서 음양 평등의 원리를 이끌어 내는 해석이 있는가 하면(최영진 77), 김종미는 관련되는 괘와 괘사들을 분석함으로써 『주역』이 본질적으로 양 중심의 상징체계임을 집요하게 예증하고 있다. 그녀는 건괘와 곤괘는 물론, 태(泰), 비(否), 박(剝), 복(復), 쾌(夬), 구(姤), 규(睽) 등의 괘들을 예로 들면서 『주역』의 음양론에 내재한 차별의 논리를 파헤치고 있다. 여기에서는 건괘와 곤괘 그리고 흔히 음양 조화의 근거로 인용되는 규괘에 대한 그녀의 비판적 해석을 간략하게 살피기로 하자.

우선 건괘를 보면, 「역전」에서 건괘를 하늘, 양, 아버지, 군주에 비유함으로써 부생모육(父生母育)이라는 왜곡된 신화를 창조하고 있다는 것이다. 또한, 「단전」에서도 건이 위대하며 만물의 시초임을 천명하고 있다는 점을 지적한다. 크고(元), 형통하고(亨), 마땅하고(利), 바르고 굳다(貞)라는 괘사는 곤괘에도 해당하여 얼핏 음양평등을 지향하는 듯 보이지만 정의 해석에서 다시 차별의식을 드러낸다고 해석한다. 즉, 곤괘도 역시 원, 형, 이, 정의 네 덕을 지니지만, 건괘의 정은 '바르고 굳음'에 반해 곤괘의 빈마지정(牝馬之貞)은 '유순함'을 내용으로 함으로써 양은 주도하고 음은 그에 호응하는 수동적인 존재로 전락한다고 본다. 흔히 존양억음(尊陽抑陰)을 지양하고 음양의 공존을 모색하는 근거로 제시되어 온 규괘에 대한 해석도 다르다. 규괘는 서로 등지고 반목한다는 본래의 의미에 충실해야지, 이것을 남녀간의 화합의 의미로 해석하는 것은 논리적인 비약이라는 입장이다. 따라서 규괘를 설명한 「역전」에서 "만물의 이치가 본래 같은 것을 갈파하여 천하의 속성이 다른 것들을 같은 것으로 보고 만물을 화합으로 이끄는 것이 성인이다"라는 언급은 타자를 동일화하려는 중심주의적 혐의가 짙다는 것이다. 또한, 규괘의 맨 위에 놓인 양효의 "도적이 아니라 혼인할 짝이다(匪寇婚媾)"라는 효사에서 지칭하는 혼례는 상고 시대 중국의 약탈혼이나 포로혼을 의미하지 남녀 사이의 화합에 의한 결혼이 아니라고 주장한다(김종미 198-217).

살펴본 바와 같이, 도가의 음양론과 유가의 음양론에는 본질적인 차이가 있다는 주장에 설득력이 있다. 전자가 음양의 공존을 향한 음적인 속성의 예찬이라고 한다면, 후자는 존양억음의 의식을 떨쳐버리지 못하는 우주 자연관이다.

Ⅲ

우선 PS의 주제가 중국의 음양론과 어떻게 본질적으로 관련되어 있는지부터 살피기 위하여 이 소설에서 중국이나 중국인에 관련된 언급을 탐색해 보면 실망스럽다. 시프리아노의 외모를 묘사하면서 "중국인처럼 독특하게 생긴 얼굴"이라는 표현에서 단 한 번 언급하고 있을 뿐이다. 그러나 이 소설에서 다루는 주제가 바로 동양의 음양론에서 문제 삼는 음의 요소와 양의 요소의 조화라는 거대한 사색의 틀과 그 맥을 같이하고 있음을 시사하는 언어, 내러티브, 인물 설정 그리고 플롯의 전개를 쉽게 확인할 수 있다. 앞에서 잠시 언급했듯이, '날개 돋친 뱀'이라는 소설의 제목부터 대립적인 요소의 통합이라는 통찰을 암시하고 있다. 이 제목은 '날개 달린 뱀'(Feathered Serpent) 혹은 '날개 달린 지팡이'(Feathered Staff)의 뜻을 지닌 케쓰알코아틀(Quetzal + Coatl)이라는 멕시코의 토착 문화의 신 혹은 신인간의 명칭에서 유래한다. 이 신의 모습에 대한 묘사와 해석과 상징화가 토착 종족마다 다르긴 하나, 일반적으로 인간의 초기 문명기의 예술을 인간에게 가르쳐주기 위하여 일 년에 한 계절 동안 인간 세상에 내려오는 "태양인"(The Man of the Sun)으로 간주되는 신이다. 특히, 톨토낙족은(Totonacs) 그들의 아버지인 태양이 아즈텍족의 억압으로부터 그들을 해방시켜 줄 신을 보내 주리라고 굳게 믿었다고 한다(Spence 107). 그렇다면 케쓰알코아틀은 곧바로 통합적 비전의 인물로 설정된 라몬을 연상시키고 있다.

작품을 소개하는 글에서 틴달(William Y. Tindall)이 언급한 대로,

PS에서 "성"과 "정치"와 "종교"는 하나다(xi). 작가가 이들 각각의 이원론적인 주제의 전일적(全一的)인 통일을 도모하면서 동시에 세 주제가 궁극적으로 하나의 우주적인 비전으로 상호 연결되어 있다는 암시를 함으로써 바로 동양의 음양론으로 이 소설을 읽을 수 있는 가장 확실한 발판을 마련해 준다. 소설의 도입부에서 작가는 이미 이 주제들의 통합성을 시사하고 있다.

> 부활절 직후의 일요일이고, 투우철에 멕시코시티에서 행해지는 마지막 투우 경기가 있는 날 이었다. 스페인의 황소가 멕시코 황소보다 더 사납기 때문에, 이 때를 대비하여 네 마리의 황소를 스페인에서 들여왔었다. 오웬의 말대로, 토종 황소의 "원기"가 부족한 것은 아마 고지대 탓이거나 혹은 서양 정신의 영향 탓이다. (1)

"부활절"이 지칭하는 기독교의 세계와 "투우"/"멕시코"가 암시하는 이교의 세계는 물론, "황소"라는 언어가 주는 성적인 이미지가 혼재하고 있다. 나아가 위 내러티브 다음에 바로 이어 사회주의자 오웬이 케이트에게 꼭 투우장에 가자고 제안하고 있는 광경을 통하여 독자는 유럽과 멕시코의 정치적인 상황까지 아우르려는 작가의 폭넓은 주제의식을 감지할 수 있다. 다시 말하면, 작가는 소설의 벽두에서 이미 종교상으로 기독교/멕시코의 토착 종교, 정치적으로 유럽의 자본주의/멕시코의 사회주의, 성적으로 남성/여성의 관계를 그의 주제로 설정하고 있는 것이다. 그리고 그러한 대립항들을 일원론적으로 통합하려는 발상 자체가 음양의 공존을 지향하는 노자의 음양론을 떠올리게 함은 무리가 아니다.

종교적, 문화적 통합의 문제를 좀더 상세하게 점검하자. 작가에게 이교는 음적인 요소에 다름 아니다. 그것은 하늘에서 내려온 천사가 아니고 땅 속에서 화산처럼 솟아난 용이고, 밝은 기독교 문화에 대한 토착민들의 어두운 저항이다(50). 그것은 새의 이미지 맞은편에 있는 뱀의 형상이고, 새로운 것에 대한 옛것, 신에 대한 인간, 인간이기보다는 야수, 문명에 대한 원시성, 정신에 대한 피, 햇빛이 가려진 그늘이며, "자아와 사회가 잃어버린 모든 것"(Buckley 44)이다. 그리하여 기독교 문화에서 이교도의 문화로 온 케이트가 거부감을 느끼는 토착 문화의 모든 요소는 음적이다. 작가는 이러한 음의 요소의 재생을 끊임없이 도모하고 있다.

그렇다면 음적인 요소의 재생을 도모하려는 작가의 종교적인 의도는 무엇인가? 아일랜드의 "판에 박힌 의미"와 목적론적 신의 개념에 몹시 짜증이 난 케이트에게 케쓰알코아틀은 "모든 모순된 것들의 혼재"(54)로서 서양의 기독신과 멕시코의 토속신의 융합이다. 주목할 점은 그러한 융합을 통하여 기운이 쇠잔해진 기독신이 생기를 되찾을 수 있다는 것이다. 라몬은 케이트에게 "이제 예수가 다른 신들처럼 죽어 다시 태어나기 위하여 긴 목욕을 해야 할 때"(58)라고 말한다. 기독교의 세계관이 양적 요소라면, 케쓰알코아틀은 음적 요소다. 기독신이 생기를 잃은 까닭은 음적 요소의 결핍이기 때문에, 예수는 생기회복을 위하여 케쓰알코아틀을 적이 아닌 형제로 맞이해야 한다는 것이다(116). 따라서 라몬은 자신이 결코 "예수의 교회"를 미워하지 않는다는 사실을 주교에게 분명하게 밝힌다(263). 음양이 조화된 신의 개념으로 보면 세계의 교회는 근본적으로 하나의 교회다. 다만, 신의 "현현"(manifestations)은 개인이나 문화권에 따라 다를 수밖에 없다는 것, 그리고 그 현현의 표현인 케쓰알코아틀을 아우르지 않는다면 기독신앙은 멕시코에서 소외받을 수밖에 없다는 것이 라몬의 주장이다(359). 대신, 그러한 음적인 성질을 받아들였을 때에는 온전한 생명의 발현이 가능하다고 본다. 라몬이 궁극적으로 추구하는 신의 모습은 원기를 잃어버린 기독신이 음적 요소의 결핍을 극복함으로써 재탄생하는, 음양이 조화를 이룬 생명의 신인 것이다.

케쓰알코아틀 운동의 구원자로서 라몬이 비판하는 보다 구체적인 인간의 심상은 기독교인의 고집스러운 '의지'(will)다. 기독교인에 대한 라몬의 비판의식은 그와 그의 아내 카를로타(Carlota)와의 종교적인 갈등 속에 극명하게 드러난다. 독실한 천주교도인 카를로타가 베푸는 사랑과 자선활동은 "자연 분출적인 흐름"이 아니고 성신(聖神)의 추상적인 명령에 복종함으로써 생기를 잃고 굳어져버린 의지의 소산이라는 것이다. 그리하여 카를로타가 신과 남편과 자식들에게 바치는 사랑과 이웃에게 베푸는 자선은 기실 그녀의 고착된 "사랑의 의지"(love-will)를 강제하는 행위일 뿐이고, 그것은 진정한 사랑도 자선도 아니라는 주장이다(206-7). 의지에 휘둘린 삶이라 함은 결국 정신과 피의 융합 곧, "고대 무척추동물의 피의식과 현재 백인의 혼령의식의 융합"(415)이라는 로렌스가 늘 천착하는 주제를 상기시킨다. 카를로타의 사랑과 자선행위에는 다시 피의 의식(blood consciousness)이라는 음적인 요소가 결여되어 있다는 결론이다. 그리고 라몬이 바로 서로 대립적으로 보이는 "인간의 기본적인 두 가지 충동"(418) 곧, 양적인 충동과 음적인 충동을 조화시킬 수 있는 새로운 종교의 구원자라고 스스로 주장하는 것이다.

PS를 쓸 무렵, 로렌스는 멕시코에서 롤프 가디너(Rolf Gardiner)에게 써 보낸 한 편지에서 "유대교의 유일신론적인 성격"에 대해 느끼는 불편한 심기를 드러내는 한편, 종교적 비전의 통합이 필요함을 역설한다. 그는 통합적인 비전의 성취는 서구의 유일신론적인 비전만으로는 불가능하고, 오히려 멕시코 인디언들의 통합적인 사유와 원시적인 삶의 방식의 실천을 통하여 가능함을 시사한다.

> 사실, 나는 유대교의 유일신론적인 성격이 몹시 짜증스럽습니다. 유대교는 편집광적 입니다. 나는 수많은 이교의 신들과 물활론적(物活論的)인 비전이 좋습니다. 록키산맥의 산기슭에 위치한 이곳 농장에서 서쪽으로 사막을 바라보고 있노라면, 창백한 헤브라이 유일신론적인 우리의 아집이 죽어버린 문자가 되어 우리의 영혼이 더 이상 그것에 화답하지 않는다는 것을 저절로 알게됩니다. 우리는 별이 총총한 밤에 이곳 통나무 집 바로 위에 캠프를 설치하고 인디언들과 함께 불가에 둘러앉습니다. 인디언들은 밤늦도록 노래를 부르고, 우리 모두는 종종 인디언의 땅 밟기 춤을 춥니다. 그것이 나에게는 세계의 통합이고 평화, 바로 그런 모든 것입니다. (*Letters* 280)

로렌스는 무엇보다도 그의 『묵시록』(*Apocalypse*)에서 기독교의 일방주의적 세계관을 격렬하게 공박하고 있다. 기독사상은 영혼의 세계만을 추구한 나머지 몸의 언어를 잃어버렸다는 것이다. 그 결과 인간은 기계론적인 운명론에 빠졌고, 그것이 곧 인간이 갇혀있는 마음의 감옥이기 때문에, 우리 인간에게 필요한 것은 "해와 달이 우리 안에 함께하는 우주적인 삶"을 재생시키는 일이라고 주장한다(78). 다시, 음양이 조화된 세계관을 암시하고 있다고 볼 수 있다. 이다(Iida)가 언급하고 있듯이, 로렌스가 PS를 통하여 "기독교와 이교 사이의 균형"(189)을 도모하고 있다면, 멕시코 인디언의 사유와 삶의 방식은 기독교라는 양의 세계관을 보완해 주는 역동적인 음의 세계로서의 지위를 확보하는 것이다.

『주역』의 각 괘에서 효들의 배합이 예증하고 있듯이, 음과 양의 관계는 두 개의 극단적인 음의 성질과 양의 성질만을 지칭하는 것이 아니고, 두 가지의 속성을 나타내는 양상이 그 배합의 강도와 정도에 따라 무한히 다양하다. 건괘는 가장 강한 양이고, 곤괘는 가장 강한 음이며, 그 둘 사이에 만상의 배합이 존재한다. 그리하여 산은 하늘에 비하여 음이지만 강에 비하면 양이다. 아들은 어머니에 비하여 양이지만 아버지에 비하면 음이다. 더구나 일반적으로 음이나 양의 요소로 분류되는 같은 부류의 사물이나 인간의 경우에도 음양의 배합의 정도가 각기 다르기 때문에, 두 개의 음의 존재나 두 개의 양의 존재가 서로 조화를 이루는 양상에도 다양한 스펙트럼이 존재한다. 바로 이러한 음양의 역동적인 관계지움이 케이트에게 의아하게 보이는 라몬과 시프리아노의 관계를 설명해 준다.

라몬은 본디 스페인의 백인 출신이고, 시프리아노는 멕시코 인디언이다. 라몬이 케쓰알코아틀의 사제임에 비하여, 시프리아노는 태어나자마자 사람들을 살해한 전쟁의 신 휘칠로포치틀리(Huitzilopochtli)의 존재를 구현하는 장군이다. 아즈텍 문화에 관한 자료에서 휘칠로포치틀리의 형상을 여러 가지로 묘사하고 있으나, 이 신은 무엇보다도 뱀들에 의하여 둘러싸여 있는 이미지로 묘사되고 있다(Spence 2). 그렇다면 케쓰알코아틀을 통하여 새와 뱀의 융합의 이미지를 추구하는 라몬에게 휘칠로포치틀리는 피의 의식 곧, 음적 요소를 보완해 주는 짝이다. 라몬과 시프리아노는 같은 남성이지만, 그들은 서로를 필요로 하는 상호 보완적인 관계를 확립함으로써 각각의 개체 안에서 음양의 조화를 지향하고 있는 것이다. 케이트는 소설의 말미에서 마침내 두 인간(신)의 "이상한 결합"의 의미를 깨닫는다. 반 발가벗은 채로 포옹하는 그들의 모습은 "매우 강렬한 삶의 한 요소"로서 수용해야 하는 피의 의식의 교융(交融)인 것을 깨닫는 것이다(417).

이 소설에서 전개되는 남녀관계를 분석하기 전에 정치적 이원론에 대한 내러티브를 간략하게 탐색할 필요가 있다. 동양의 음양론의 관점에서 보면, 정치적 일방주의 역시 지양되어야 할 중요한 과제이기 때문이다. 사회주의 혁명과 관련된 멕시코의 정치적 불모 상황은 케이트가 멕시코에 도착한 직후 차 모임에 참석하기 위해 트라콜룰라(Tracolula)로 가는 길에 목격하는 멕시코의 자연경관과 인근의 건물들을 묘사하는 대목에서 암시적으로 묘사되고 있다. 계곡은 말라있고, "흙은 이상하게 메마르고, 검고, 인위적으로 수분을 제공받는 듯하고, 늙어버린 듯이 보였다"(26). 또한, 건물들은 균열이 생겨 황폐화되어 있고, 균열이 생긴 건물 벽에서는 두꺼운 벽토가 떨어져 내리고 있었다고 묘사한다. 사회주의라는 정치적 일방주의의 심각성은 케이트와 대화를 나누는 멕시코의 한 젊은 대학 교수 가르시아(Garcia)의 열변을 통해 드러난다. 그는 멕시코에서는 정치적인 균형감각을 유지할 수 없고 사회주의자이거나 아니면 자본주의자가 되어야 한다고 주장한다(49). 사실,

아일랜드에서 사회주의 운동에 전념하다 요절한 남편 조킴(Joachim)에 대한 기억을 지워버리고 싶은 케이트에게 음양의 균형을 상실한 멕시코의 정치상황에 대한 이해의 문제는 종교적, 문화적 변혁의 문제와 함께 하나의 중요한 과제가 된다. 사회주의 방식을 제외한 모든 "옛날의 삶의 양식들"(135)은 조킴이 규정 한 대로 과연 '악'인가라는 문제다. 그 해답은 케이트가 자본주의나 사회주의라는 정치체제로 고정시킬 수 없는 라몬의 이상향으로 점차 빠져드는 플롯의 전개에서 찾아져야 할 것이다.

Ⅳ

케이트를 중심으로 전개되는 남녀관계에 대한 작가의 입장은 앞에서 언급하였듯이, 종교적, 문화적, 정치적 이원론을 함께 문제삼는 보다 큰 사색의 틀을 통하여 조명되어야 한다. 음양론이라는 통합적인 사색틀로 PS에서 묘사하는 남녀관계를 분석할 때 그 유효성이 더욱 극명하게 드러난다. 논의의 초점은 케이트가 자신의 '의지'를 지켜내느냐 그렇지 못하느냐의 문제로 귀결된다. 여기에서 케이트의 의지는 카를로타의 의지와는 그 성격과 강조점이 다르다. 카를로타가 기독신앙을 지향하는 의지에 강하게 집착한다면, 케이트의 의지에는 종교적, 문화적, 정치적 요소와 함께 여성으로서의 자아(individuality)를 지켜내려는 의식이 통합되어 있다. 따라서 남녀관계에 대한 케이트의 인식의 틀이 변화하는 과정은 케쓰알코아틀 부흥운동은 물론 멕시코의 토속문화와 정치적인 상황에 대한 케이트의 인식변화와 본질적인 관련을 맺고 있다. 음양의 큰 틀에서 보면, 구세계(영국)의 경험에 의하여 고착된 케이트의 의식세계가 대체로 양의 속성을 지닌다면, 멕시코에서 겪는 그녀의 새로운 경험들은 음의 속성에 치우쳐 있다고 보아 크게 무리가 없을 것이다.

예의 투우장 관람을 묘사하는 대목에서부터 케이트의 문화적 우월감이 여실히 드러난다. 투우에 피의 의식을 투사하는 멕시코 군중의 심리를 이해하지 못하는 케이트의 눈에 투우는 인간의 잔인성과 비겁함으로 밖에 보이지 않는다. 그리하여 투우를 통하여 오히려 생명의 환희를 느끼는 사회주의자 오웬에 반하여, 케이트는 심한 문화적 저항감을 느낀다(2-4). 소설의 도입부에서는 그러한 문화적 저항감이 궁극적으로 그녀의 서구문화중심주의에서 기원한다는 사실을 스스로 깨닫지 못하고 있다. 시프리아노를 처음 만난 직후에도 역시 문화적 편견을 드러낸다.

> 케이트는 안도의 한숨을 쉬면서 의자에 깊숙이 들어앉았다. 그처럼 야만스러운 장소에서 벗어난 것이 다행이었다. 그처럼 훌륭한 남자[시프리아노]에게서 벗어난 것까지도 안도가 되었다. 그는 대단히 좋은 사람이었다. 그러나 그 남자 역시 벗어나고 싶은 느낌이 들게 하는 사람이었다. 그는 그녀를 부담스럽게 하는 무겁고, 어두운 멕시코인의 숙명을 지니고 있었다. (18)

피의 의식을 담지하고 있는 투우나 "어두운 멕시코인의 숙명"은 오웬과 젊은 빌리어즈(Villiers)에게는 생명성의 발현으로 인식되지만, 케이트에게는 "영혼의 타락"과 "변태"로만 여겨진다(21). 케이트는 아직 자신의 고착된 의지의 모태인 유럽의 문화, 종교, 정치학, 여성관 등에 대한 본질적인 의문을 제기하지 못하고 있는 것이다.

소설의 전반부에서 인물의 배치를 음양론의 관점에서 살펴보면, 등장인물들의 관계가 복합성을 띠고 있다. 아직 '의지'로 표현되는 백인문화 혹은 백인여성의 자아 정체성에 집착하는 케이트의 성격이 남성-양/여성-음이라는 생물학적인 도식에 지배를 받는 한편, 케이트-의지-양/오웬과 빌리어즈-생명-음으로 분류할 수 있는 음양 관계의 복합성과 역동성을 보여준다. 케이트-라몬-시프리아노의 관계도 음양의 관계라는 틀 안에서 유의미하다. 우선 여성/남성의 스펙트럼에서 하나의 관계지움이 가능하다. 또한, 케이트-의지-서양-양/시프리아노-생명-멕시코-음이라는 도식적인 관계가 설정되어 있음을 알 수 있다. 서양의 이분법적 사유에 경도된 케이트가 시프리아노를 만나 문화적 거부감을 강하게 느끼는 이유가 이러한 인물설정의 배경을 설명해 주는 것이다. 케이트는 시프리아노의 "무의식적인 강렬한 남성성"과 "도리 없이 야만적인 검은 입술" 그리고 "힘찬 파충류의 피"를 연상시키는 "교화되지 않고, 매끈하고, 활기찬 그 무엇"에 압도당하면서 동시에 거부감을 갖는다(63). 케이트와 시프리아노가 음양의 대척점에 있다면, 라몬은 문화적으로 그 둘이 조화된 인물로 분석된다. 시프리아노가 멕시코 인디언임에 비하여, 라몬은 본디 스페인 사람으로 백인 출신이다. 앞에서 언급한 대로, 시푸리아노가 전쟁의 신으로서 음의 세계를 대표한다면, 라몬은 케쓰알코아틀이 표상하는 음양의 조화를 구현하는 인물이다. 그렇기 때문에, 케이트가 음양을 상호보족적인 관계로 보지 못하고 갈등구조로 파악하는 소설의 초반부에서는 시프리아노에 대해서 문화적 저항감을 심하게 느끼는 대신에 라몬에 대한 거부감은 비교적 작은 것이다.

음양조화의 표상으로서의 라몬의 이미지는 "밤과 태양 바로 그 사이에 걸려 있는 샛별"(88)로 형상화된다. 샛별은 낮과 밤의 속성을 함께 지닌 완벽한 조화의 상징이다. 그리고 그 조화는 종교, 문화, 정치체제, 인종의 차이에서 비롯되는 차별의식을 극복해 주는 철학적 개념일 뿐 아니라 남녀평등의 실현까지 가능케 하는 포괄적인 통찰이다. 적어도 로렌스는 남녀갈등의 문제를 근원적으로 해결해 보려는 자신의 철학적 사유의 프로그램을 라몬이라는 복합적 조화의 인물을 묘사해 가는 과정에 편입시키고 있다. 그리고 남녀관계의 본질을 파악하여 드러내려는 작가의 기획은 라몬을 중심으로 하는 다양한 인물들과의 교류와 관계를 통하여 전개되는 케이트의 성격변화 속에 도사리고 있다. 그렇다고 케이트의 성격변화가 선형적으로 단순하게 이루어지는 것이 아니다. 그녀는 소설 전편을 통하여 자신의 정체성을 유지하려는 욕구와 자신의 의지를 포기하고 라몬이라는 인격체(혹은 신)로 상징되는 음양조화의 세계관을 수용하느냐의 갈림길에서 끊임없이 갈등하는 인물이다. 다시 말하면, 케이트의 성격변화의 의미는 곧 이 소설의 중요한 주제 중 하나인 것이다. 따라서 이 작품 속에 드러난 성차별주의 극복의 주제를 살피기 위하여 케이트의 성격변화의 과정을 좀 더 상세히 검토할 필요가 있다.

도입부에서 투우를 보면서 심한 거부감을 가졌던 케이트는 소설의 전반부가 지나면서 이른바 피의 의식에 대한 매력과 거부감을 함께 느낀다. 그녀는 자신이 거주하는 사율라(Sayula)라는 호수

유원지의 광장에서 벌어지는 토속춤에 매료되며 동시에 저항감을 느낀다. 그녀는 원형을 그리면서 춤추는 남자들의 "*원천적인* 힘"(이탤릭은 작가의 강조)에 끌리면서 열광한다. 그녀는 아직도 이상한 중압감에서 벗어나지 못하며 영혼이 땅 속으로 꺼져버리는 느낌에 저항감을 갖긴 하지만 이제야 비로소 생명이 현묘한 불꽃으로 타오름을 느낀다. 그것은 존재의 한 가운데에서 느끼는 "어두운" 생명의 횃불이다(119). 그러나 케이트는 그러한 생명의 잔치를 행동으로 경험하는 것이 아니고 그것을 아직은 이해하는 수준에 머무르고 있다는 한계점을 안고 있다. 그녀는 광장에서 벌어지는 생명의 잔치에 몸소 참여하지 못하고 그저 구경꾼의 입장에 머물러 있을 뿐이다.

감각의 세계 곧, 음적인 문화 속성을 온전히 수용할 단계에 이르지 못한 케이트가 시프리아노에게 이끌리기 전에 라몬에게 매료되는 것은 당연한 현상이다. 그녀는 음적인 속성의 극단에 있는 시프리아노보다 음과 양이 조화로운 라몬에게 거부감을 덜 느끼는 것이다. 의미심장한 점은 케이트가 라몬에게 끌리는 요인이 문화적인 음의 요소와 생물학적인 양의 속성이 교묘하게 복합되어 있는 감각이라는 점이다. 케이트는 라몬에게 노골적으로 성적인 매력을 느낀다. 라몬은 "허리 살을 둥그렇게 파고드는 푸른 허리띠를 매고, 엉덩이와 사타구니의 생명력이 번득이는 얇은 린넨 옷을 입고, 자신의 순결하고 멋진 감성을 그녀에게 뽐내면서 흡사 마약 같은 매력을 발산했다"(183). 음의 문화와 교감하는 라몬의 성적인 매력에 압도된 케이트는 거의 의식이 마비될 지경이다. 케이트의 의지로 대변되는 양중심의 세계관이 생물학적인 음양조화의 강렬한 힘의 도전을 받아 그 존립의 위기에 처한 상황이다. 이렇듯 작가는 생물학적인 음양의 원리를 총체적인 음양론의 중요한 프로그램의 하나로 편입시킴으로써 음양공존의 큰 틀에서 남녀평등의 원리와 실천을 견인하려는 노력을 계속한다.

그러나 케이트는 음적 속성의 극단에 위치한 시프리아노와의 결혼의 문제를 놓고 다시 한 번 심리적인 갈등상황으로 빠져든다. 이번에는 케이트의 의지와 시프리아노의 의지 사이의 대결이다. 자신은 한 사람의 남자 이상의 존재임을 암시하는 시프리아노의 말이 케이트에게는 단지 남성중심사상을 극단으로 몰고 가는 언사로만 들린다. 그것은 시프리아노의 의지의 강요일 뿐이다(387). 의지와 의지의 대결구도에서 케이트의 의지가 설 자리는 없어 보인다. 그는 그녀의 자아를 결코 보지 못할 것이고, 그들 사이에는 호혜성의 원리(reciprocity)가 적용되지 못할 듯이 느낀다. 시프리아노에게 그녀는 단지 "그의 부름에 호응하는 응답, 그의 칼을 넣는 칼집, 그의 번개를 일으키는 구름, 그의 비를 맞는 땅이고 그의 불을 지피는 연료일 뿐"(386)이라고 느낀다. 케이트의 의문은 과연 여성이나 남성이 독립적인 자아를 유지할 수 없고 오직 양성의 결합을 통해서만 진정한 자아를 공유할 수 있는 것인지의 문제다. 라몬과 시프리아노의 답변은 물론 단성의 자아는 존재할 수 없다는 것이다.

여성과 남성의 관계설정에 관한 케이트의 저항은 또 다시 작가가 상정한 거대한 음양의 사색틀에 함몰되어버린다. 케이트는 마침내 말린찌(Malintzi)라는 여신의 지위를 받아들이면서 전쟁의 신 휘칠로포치틀리를 배우자로 맞을 결심을 한다. 그리고 그런 결심과 함께 그들의 두 개의 생명의 불꽃이 결합하여 하나의 불꽃으로 새로 태어나듯이 두 개의 독립적인 자아가 하나가 됨을 느낀다(392). 성차별의 문제의식은 다시 토속신화에 내재한 복합적인 음양공존의 논리 속에 묻혀버린다.

케이트의 자아 정체성은 라몬의 두 번째 아내인 테레사(Teresa)와의 대화를 통하여 최후의 시험대에 올려진다. 테레사가 라몬에게 바치는 사랑은 곧, 음양대대의 원리에 부합하는 이성간의 사랑의 전형이다. 케이트가 시프리아노에게 주는 사랑에는 그녀의 혼이 들어있지 않지만, 테레사의 사랑에는 그녀의 육체와 혼이 융합되어 있다. 케이트와 시프리아노가 원하는 사랑은 그들의 삶의 일부분이고 "순간"일 뿐이지만(398), 라몬의 영혼은 테레사의 자궁 속에 있고, 테레사의 영혼은 라몬의 자궁 속에 있다(412). 테레사를 "하찮은 침모"나 "창녀 같은 여자"(396)로 비하하면서 내심 우월감에 취해있던 케이트는 이제 테레사가 오히려 자신보다 "위대한 여자"(410)일 수도 있다는 가능성에 스스로 놀란다. 케이트 역시 남녀혼융을 통하여 전일적인 새로운 삶이 가능하리라고 믿긴 하지만, 그녀는 자신의 "아름답고 냉정한 여성의 힘"(410)을 잃고 싶지 않다.

케이트는 결국 시프리아노와 결혼하고 멕시코에 머무르겠다고 결심하지만 테레사와는 달리 자신의 자주적인 정체성을 완전히 포기하지는 않는다. 그녀는 과거의 자아와 현재의 자아 사이에서 끝까지 방황의 끈을 놓지 않는다. 그녀는 어느 한 쪽을 선택하기보다는 오히려 두 개의 자아를 모두 간직하겠다는 조건부 승복을 결심한다.

> 그녀는 홀로 다짐했다. "나는 둘 다 갖겠어. 시프리아노와 라몬을 거부해서는 안 되지. 그들은 내 몸 속에서 피가 솟구치게 하는 사람들이다. 그들에게 한계가 있다는 뜻이다. 그렇다면, 누구에게나 한계가 있어야 한다. 사람에게 한계가 없다면, 끔직한 일이다. 나를 만지고, 나의 의지를 제한하고 가라앉히는 시프리아노가 없다면, 나는 끔찍한 노파가 될 것이다. 나는 제한당하기를 *원해야* 해. 어느 남자가 따뜻하게 만져주고, 강인한 의지로 나를 제한해 준다면, 나는 *기뻐해야* 해. 나를 따뜻하게 해주고 제한해 주는 남자의 손길이 없다면, 이른바 나의 위대함과 내 뒤에 있는 주님의 위대함이 나를 텅 빈 허무의 밑바닥에 떨어지게 할 것이기 때문에. 그렇지! 늙어 끔직한 모습이 되기보다는 차라리 굴복하겠어. 그것이 나에게 필요한 만큼만. 그 이상은 아니야." (439-40, 이탤릭은 작가의 강조)

케이트가 간직하겠다는 둘은 시프리아노와의 감각적인 새로운 삶(음)과 그녀의 의지를 지키는 삶(양)이다. 자신의 제한적 승복을 테레사의 온전한 복종과 차별화하려는 케이트는 시프리아노에게 자신이 영국으로 돌아가지 않고 멕시코에 머물겠다는 말을 '가지 않겠어요'라고 하지 않고 "내가 가도록 내버려두지 않겠지요!"(445)라고 유보적으로 표현하고 있다. 작가는 남녀관계에 대한 두 여성의 반응을 분명하게 대비시키고 있는 것이다.

V

결국, 중국의 음양법은 이분법적 사유에 바탕한 서양의 여성학으로는 설명할 수 없는 테레사의 순종적 삶의 의미를 명쾌하게 규명해 주는 유효한 (비)논리다. 본디 서구의 계몽주의 사상과 자유주의를 모태로 하는 서구의 여성학은 이분법적일 수밖에 없는 태생적 한계를 지니고 있다. 주체와 객체, 남과 여, 정신과 육체, 문화와 자연, 이성과 감성, 초월과 내재 등의 이원론적 가름의 사색틀을 근간으로 하는 서구의 여성학에서는 남녀의 관계를 배타적인 분리의 관계로 파악할 수밖에 없다(최수빈 30). 따라서 서양의 이분법적 여성학의 시각에서 보면, 테레사의 순종은 바로 남성지배의 이데올로기를 (재)생산해 온 대표적인 심리적 기제다. 그러나 동양의 음양법을 남녀의 상호 보족적인 공존을 담보해 주는 사유체계로 보는 입장에서 보면, 테레사라는 음의 존재와 라몬이라는 양의 존재가 대대유행하며 그들의 일원론적 가치를 온전히 발휘하고 있는 것이다. 더구나, 동양의 여성학은 음양론이라는 거대 담론의 틀 안에서 작동하고 있고, 그 만큼 설득력을 제고할 수 있다. 다만, 이 경우는 음의 속성과 양의 속성 사이의 평등관계를 상정하는 음양론을 적용할 때의 이야기다.

관건은 케이트의 유보적 승복을 어떻게 설명해 내느냐의 문제다. 흥미로운 점은 동양의 음양론에 대한 예의 양분된 입장이 이 작품에서 드러난 로렌스의 여성관을 종합적으로 조명해 주는 패러다임이라는 것이다. 특히, 『주역』의 음양론을 양중심의 사유체계로 파악하는 시각에서 보면, 남성 인물들과의 관계 설정에서 케이트가 유보적인 입장을 견지하는 이유가 보다 명쾌하게 설명된다. 케이트는 하늘은 높고 땅은 낮으며, 왕은 존귀하나 백성은 미천하며, 인간은 고귀하나 짐승은 열등하고, 남자는 이끌고 여자는 따른다는 관념에 내재한 차등적 음양론에 저항하고 있는 것이다. 설령, 케쓰알코아틀이라는 신의 개념이 수평적 음양공존의 사유를 담지하고 있다 할지라도, 케쓰알코아틀 부흥 운동을 주도하는 인물은 라몬이나 시프리아노지 테레사나 케이트 같은 여성 인물이 아니다. 라몬과 시프리아노의 의지는 케쓰알코아틀 운동을 통하여 발현되지만, 케이트의 의지는 남성인물들의 의지 실현을 위하여 실종되어야 할 위기에 처한다. 그렇다면, 케이트의 제한적 복종의 정치학은 작가의 여성관의 또 다른 축임이 분명해 진다.

끝으로, 『주역』의 음양론이 양 중심주의에 경도되어 있다는 지적을 받아들이면서 한편으로는 그러한 수긍이 본질적으로 어디에서 기원하는가라는 의문을 갖지 않을 수 없다. 예컨대, 하늘-땅, 해-달, 산-강, 남성-여성, 성인-소인, 공격-방어, 주는 것-받는 것, 적극적-소극적 등의 짝에서 혹은, 김정미가 예로 드는 '바르고 굳음'-'유순함'의 대비에서 우리가 전자는 양으로서 우월하고 후자는 음으로서 열등하다고 인식한다면, 그러한 인식의 근원은 무엇인가 하는 문제다. 후자가 오히려 우월하고 귀하다고 보는 이도 없지 않을 것이다. 노자 같은 인물의 반응을 상상해 보라. 문제는 음양론을 접하고 해석하는 입장에 따라 반응이나 그 반응의 수위가 다를 수 있는 것이다. 그래서 주백곤도 「역전」의 "높고 낮음의 관념은 중국 고대의 계급 사회의 반영"이며, "이러한 관념은 사회에 조성해 놓은 부정적인 측면의 반응이었다"(235)고 언급한다. 어느 특정한 사회에 계급의식이나 차등의식이 전혀 없다면 그 사회에는 차별의 언어도 없을 것이고 위에 든 후자의 언어들이 결코 열등하거나 천하게 받아들여지지도 않을 것이다. 그러나 안타깝게도 어떤 형태로든 차별과 편견이 없는 사회는 인간의 역사에 없었으니 어쩌랴. 차별의 언어 속에서 오늘을 사는 우리는 노자의 음양론이나 유가의 음양론에서 모두 음으로 간주하는 언어에 늘 부정적인 의미를 투사하는 한, 중국의 음양론을 통하여 재충전을 기도하려는 여성학 프로그램도 그 한계를 지니지 않을 수 없다. 그리고 이 점이 바로 중국의 음양론으로 PS에 드러난 로렌스의 여성관을 읽을 때 부딪히는 한계점이기도 하다. 언어의 의미에 의하여 사회의 권력 관계가 바뀌는 동시에 권력 관계가 언어의 의미를 심각하게 규정한다는 사실을 받아들인다면, 케이트의 유보적인 승복은 한층 더 유의미한 저항임이 분명해진다.

3-2. 무위자연의 정치학
— 어슐러 K. 르귄의 『어둠의 왼손』

I

어슐러 K. 르귄(Ursula K. Le Guin)의 『어둠의 왼손』(*The Left Hand of Darkness*)은 출판되자마자 비평가들의 뜨거운 찬사와 혹독한 비판을 동시에 촉발하였다. 이 소설의 영어본이 1969년에 처음 출판된 이래로 30여 회나 재판되었고 현재 세계 27개국의 언어로 번역·출판되어 읽히고 있다는 사실은 일단 이 작품에 대한 독자들의 열띤 반응을 짐작케 한다. 그러나 이 소설에 대한 비평가들의 평가는 엇갈린다. 르귄은 문화적 은유를 통하여 환상적인 이야기를 "고매한 문학작품"(high literature)으로 탈바꿈시켰다는 해롤드 블룸(Harold Bloom)의 호평을 필두로(8) 수많은 비평가들이 르귄이 구축하는 가상세계가 함의하는 현실개혁의 전망에 공감한다. 그러나 르귄의 가상세계 은유는 급진적 페미니스트들과 진보적인 문화비평가들을 포함한 보다 더 자유주의적인 비평가들의 눈높이를 충족시키기에는 역부족이다. 주지하다시피 노자의 무위자연사상을 그 철학적 배경으로 삼기 때문에 언뜻 신비주의적으로 비칠 수 있는 이 소설의 메시지는 과연 급진적인 현실개혁론자들의 안목으로 보면 보수주의의 한계로 여겨질 수도 있겠다.[21]

21 르귄이 노자의 『도덕경』을 번역하였다는 사실만 보아도 그녀가 얼마나 도가 특히 노자사상에 매료되었었는지 짐작할 수 있다. 그녀의 문학세계를 관통하는 주제는 도가사상이라고 해도 과언이 아니다. 예컨대, 헤인 시리즈

이 소설을 비판하는 페미니스트들과 진보적 비평가들의 비판의 키워드는 프레드릭 제임슨(Fredric Jameson)이 사용한 "현실축소"(world-reduction)라는 함축적인 용어로 보인다(57). 제임슨은 물론 급진주의 페미니스트들의 비판의 표적은 르귄의 가상세계는 지나치게 단순화되어 현실세계의 대안이 될 수 없다는 점이다. 즉 작가가 묘사하는 게센(Gethen) 혹은 겨울(Winter) 행성은 현실에서는 결코 존재할 수 없는 양성인(androgyne)들이 거주하는 사회이며, 더구나 이 소설은 인간의 삶의 양태를 지배하는 요소로서 성의 문제를 지나치게 강조한 나머지 현실변화를 추동하는 그 밖의 역사성과 사회문화적 요소를 삭제해버린다는 비판이다. 그러나 르귄이 전하는 이 소설 속의 메시지는 오히려 현실의 확장으로 보인다. 그리고 그 메시지가 현실 확장을 도모하는 만큼 르귄은 독자에게 현실 개혁을 주문하고 있는 것으로 보인다. 이 글은 바로 『어둠의 왼손』을 현실 확장의 담론으로 읽을 수 있는 여지를 탐색한다.

Ⅱ

『어둠의 왼손을 비판하는 일단의 페미니스트 비평가들은 이 소설이 페미니스트 작품으로 보기에는 불충분하고 따라서 여성의 이상향을 지향한다고 볼 수 없다고 주장한다. 이들이 들이대는 비

(Hainish Series)에 속하는 『박탈당한 자』(*The Dispossessed* 1976)나 『세상을 위한 말은 숲이다』(*The Word for World Is Forest* 1976)만 해도 그 주제가 유위와 무위 혹은 양적인 요소와 음적인 요소의 상호 의존적인 관계맺음을 지향한다고 볼 수 있다.

판의 표적은 우선 이 소설의 등장인물들은 모두 남성으로 그려진다는 점이다. 에쿠멘(Ekumen)이라 불리는 지구를 포함한 83개의 세계 연합체로부터 행성 사이의 소통과 교류를 도모하려는 임무를 띠고 '겨울'의 행성 게센에 파견된 지구인 젠리 아이(Genry Ai)가 남성일 뿐만 아니라 에스트라벤(Estraven)과 카하이드(Karhide)의 왕 아가벤(Argaven)을 비롯한 주요 등장인물들이 한 달(26일)에 이틀 동안만 활성화되는 케머(Kemmer)라는 발정기간을 제외하면 언제나 남성으로 묘사된다는 점을 지적하는 것이다. 루비(Kathy Ruby)는 이 소설에는 '여성은 아무도 없다.'는 러스(Joanna Russ)의 신랄한 비판에 동조하면서, 출산이라는 고유한 능력에 의하여 구성되고 정의되는 여성은 이 소설 속에 등장하지 않는다고 비판한다(32). 즉, 이 소설은 현실 속의 여성의 모습을 회피한다는 지적이다. 같은 맥락에서 평상시에는 생물학적으로 양성을 띠는 게센인들을 'he'나 'him' 등의 남성 대명사로만 지칭함으로써 남성본위의식을 드러내는 부주의를 범한다는 비판도 있다(Mellor 253 및 Wendell 351). 이들 비판이 공유하는 지점은 『어둠의 왼손』에는 여성의 현실을 당당하게 드러냄으로써 현실을 개선하려는 작가의 의지와 노력이 결여되어 있다는 지적이다.

한편, 매거리(Susan Magarey)와 제임슨 역시 『어둠의 왼손』에 드러난 세계관이 지나치게 현실을 축소한다고 지적한다. 매거리는 우선 성을 생물학적 성(sex)과 문화적 성(gender)으로 가르는 페미니즘 학계의 견해에 동의하면서 『어둠의 왼손』에서는 젠더의 문제가 생물학적, 자연적 성에 의하여 결정되고 있다고 비판한다(332). 즉, 양육과 문화의 구성체인 젠더가 자연과 본성의 소산인

성(sex)에 의존함으로써 젠더와 관련한 삶의 실천이 궁극적으로 자연의 성에 의하여 결정되고 있다는 것이다. 물론 매거리 자신도 자연의 성이 문화의 성에 의하여 결정되는 측면이 있다는 점을 차후 깨닫게 되었다고 고백하고 있지만, 『어둠의 왼손』에서 언뜻 보기에 양성인 인물설정과 케머링(kemmering)이라는 성적 본능의 발현이라는 특별한 발상이 주제와 플롯을 짜는 중요한 축임을 인정할 수 있는 만큼은 매거리의 비판도 유효하다.

제임슨 역시 르귄의 '현실 축소'를 지적한다. 흥미로운 점은 매거리가 성의 문제에 과도하게 의존하는 르귄의 비현실성을 지적한다면, 제임슨은 성의 문제를 지나치게 축소함으로써 현실을 왜곡한다고 비판하는 것이다. 게센인은 케머링 기간을 제외하면 성적 욕구가 사라진다. 제임슨이 비판하는 대목은 바로 그러한 성욕의 단순화이다. 즉, 성적 욕구가 완전히 제거된 사회를 상정한 것은 성욕은 본디 강한 환상에 의해 작동하는 인간 활동이라는 점에서 하나의 현실 축소라는 것이다("World-Reduction" 65). 르귄은 『어둠의 왼손』에서 "과도한 추상화와 단순화를 통하여 의도적으로 엷어지고 뿌리가 뽑힌 현실"를 묘사하고 있다는 비판이다(61). 제임슨도 우리의 현실을 낯설게 하고 그것을 재구성하려는 SF소설의 목적을 긍정하지만(*Archaeologies of the Future*, 286), 그는 적어도 그 목적의 성취와 수단의 동원이 가능해야 하고 그 만큼은 매사에 갈등이 존재하는 현실에 바탕을 두어야 한다고 지적한다. 다양한 층위의 갈등이 지배하는 현실의 개혁은 갈등의 조정과 연대를 통해서만 가능하다고 보는 입장에서 보면, 과연 르귄의 상보적 관계론의 한계가 커 보일 수 있을 법하다.

사실 제임슨의 보다 더 내밀한 비판의 화살은 역사성이 배제된 르귄의 이상향 개념을 향한다. 제임슨은 르귄이 구축하는 이상향은 인간이 "폭력으로부터 자유로워진 곳이 아니고 오히려 역사 자체의 [정치적, 사회적, 경제적] 결정론으로부터 해방된 곳"일 뿐이라고 일침을 가하면서 현실의 변화를 추동하는 역학 관계가 복잡하게 뒤엉켜 있는 사실을 애써 외면하는 작가의 세계관 축소가 마뜩치 않다는 속내를 드러낸다("World-Reduction" 66). 나아가 그는 『어둠의 왼손』의 플롯 자체도 역사적 진화의 틀 안에서 작동한다는 점을 들어 어떤 사회나 담론도 역사적 특수성의 맥락으로부터 자유로울 수 없다는 사실을 반증하려든다. 즉, 소설 속의 나라 카하이드도 소설의 서사가 시작되면서 함께 그 역사가 시작되며, 오고린(Orgoreyn)과 카하이드가 마침내 에쿠멘 연합체와 교류하기로 결정한 사실 자체도 역사적 진화라는 지적이다. 제임슨의 이러한 지적은 노자사상을 그 세계관의 축으로 삼고 있는 이 소설이 신비주의나 본질주의에 매몰된 혐의가 짙다는 비판과 그 맥이 맞닿아 있기도 하다.

예의 비판들에 대한 르귄 자신의 반응을 우선 점검할 필요가 있다. 그녀는 『*어둠의 왼손*』의 인물설정이 남성 중심주의로부터 벗어나지 못한다는 비판에 대응하여 제 25회 기념판에서 "소설에 등장하는 대명사에 젠더 귀신이 출몰한다."는 내용을 논의하는 후기를 포함하면서 젠더 문제가 이 소설의 한계임을 자인한다(25th Edition 287). 또한 25회 판에는 네 개의 장으로 구성된 부록을 실험적으로 추가하고 그중 3장에서 'he'를 'e', 'es', 'enself' 등으로 대체한다. 그리고 르귄은 이 부록은 "젠더 형성과 언어의 한계에 관심이 있는 사람들만을 위한 실험"이라고 못을 박고 있지만, 그녀는 이후 허구와 비 허구를 가리지 않고 그녀의 글쓰기에서 젠더 문제를 강하게 의식한다(292-3). 아울러 르귄은 『어둠의 왼손』에서 묘사하는 세계는 '현실 축소'라는 비판을 의식하면서 1976년 판 서문에서 그녀의 입장을 표명한다.

> 그렇다. 그 [소설] 속의 사람들은 양성이다. 그렇다고 내가 천 년쯤 후에는 우리가 모두 양성인이 될 것이라고 예견한다거나, 우리가 반드시 양성인이 되어야 한다는 생각을 표명하는 것이 아니다. 나는 SF소설에 어울리는 특별하고 상도를 벗어나며, 생각을 실험하는 방식으로 단순히 관찰하고 있는 것이다. 그런데 어느 낯선 시대의 특정한 *기후에서 우리를 바라보면 우리는 이미 그러한 방식 안에 존재한다.* 나는 [무엇을] 예견하거나 규정하지 않는다. 나는 묘사하고 있다. 나는 추상적인 거짓말을 정교하게 지어 내는 소설가의 방식으로 *심리학적인 사실*의 어떤 양상들을 묘사하고 있다.

> Yes, indeed the people in it are androgynous, but that doesn't mean that I'm predicting that in a millennium or so we will all be androgynous, or announcing that I think we damned well ought to be androgynous. I'm merely observing, in the peculiar, devious, and thought-experimental manner proper to science fiction, that if you look at us at certain odd times of day in certain weathers, we are already are. I am not predicting, or prescribing. I am describing. I am describing certain aspects of *psychological reality* in the novelist's way, which is by inventing elaborately circumstantial lies. ("Introduction" xv, 이탤릭은 필자의 강조임)

비평계의 이러저러한 비판을 염두에 둔 르귄의 이러한 언급을 단순히 자기변명으로 치부할 일이 아니다. 현실론에 백기를 들고 투항하는 것은 더더구나 아니다. 오히려 이 해명은 『어둠의 왼손』를 지배하는, 어쩌면 서구인들에게는 '낯선' 사유방식을 옹호하고 있는 것이다. 그리고 그 방식이 바로 동양의 노장사상임을 암시하고 있다. 갈등을 '심리학적 사실'로 받아들이는 서구의 인간학에 대한 도전의 임무를 르귄이 떠맡고 있다는 의미다. 그렇다면 예의 비평가들의 르귄 비판이 합당한 것인지를 따지려면 우선 노자사상과 이 소설의 주제, 인물설정 혹은 시점 등의 문학적 장치와 전략이 어떻게 관련을 맺고 있는지를 면밀히 검토할 필요가 있다.

Ⅲ

노자사상을 현실의 변혁과는 무관한 고담준론(高談峻論)으로 치부하는 해석은 도덕경(道德經)의 81개 장구에 대한 심각한 오독이다. 이성과 합리적 사고에 의존하는 서양철학의 관점으로 보면 직관적 통찰의 산물인 노자사상은 현실성이 결여된 세계관으로 보이기 십상이다. 더구나 도(道)의 개념을 (탈)규정하는 도덕경 1장은 언뜻 보면 도무지 이 세상 사람의 사고와 언어가 아니다. 그러나 도와 명(名)의 해체는 기실 현실 변혁을 도발하는 예봉의 언사다. 주지하듯이, 도가사상은 유가(儒家)에 대한 도전이지 현실도피의 정당화가 아니다. 그것은 유가사상에 기반을 둔 인위(人爲)에 의하여 혼탁해진 사회정치적 현실을 개혁하려는 욕구에 의하여 추동된 현실개조론이다. 도의 의미를 언어로 명확하게 정의하고,

본디 그 의미가 제한적일 수밖에 없는 언어로 사물과 사태의 이름을 단정하는 처사는 유가의 사유방식이자 사회정치적, 도덕적 가치론이다. 따라서 도와 명의 해체는 인위를 앞세운 유가의 정치학을 극복하려는 강한 현실변혁의 의지를 천명한 것이다. 사실 노자는 전란이 극심했던 중국의 춘추시대에 살았던 인물로서, 그의 『도덕경』은 그러한 난세의 산물이다. 노자는 당시에 팽배한 권모술수와 전란이 인위의 윤리와 정치학에 기인한다고 보고 그 대안으로서 무위(無爲)의 철학과 무위의 치세론을 제시한 것이다.

노자가 천명하는 무위의 정치학은 전술한 대로 유가사상의 극복을 지향한다. 『도덕경』 19장은 인의예지(仁義禮智)를 숭상하는 유가의 실천윤리에 대한 명확한 도전이다.

> 성(聖)을 끊고 지(智)를 버리면
> 백성들의 이익이 백배가 되고,
> 인(仁)을 끊고 의(義)를 버리면
> 백성들이 다시 효성스럽고 자애로워지며,
> 교묘한 재주를 끊고 이로운 재물을 버리면
> 도적이 없어지나니,
>
> (絶聖棄智, 民利百倍; 絶仁棄義, 民復孝慈; 絶巧棄利, 盜賊無有. 왕필 104)

유위(有爲)의 정치가 초래한 폐해를 경험한 노자는 무위자연(無爲自然)의 철학을 정치학으로 차용할 것을 주문한다.[22] 무위의 정치

22 여기서 자연이란 명사가 아니라 형용사로서 '저절로 그러한', '스스로 그러한', '자연스러운'의 뜻으로 자연현상이나 자연물을 가리키지 않는다. 그것은 자연현상이 작동하거나 자연물이 생성·변화하는 원리다. (이권 37)

는 현실정치의 포기가 아니고 피폐한 정치현실을 완벽한 이상사회로 탈바꿈하려는 현실변혁의 대안수단이다. 심지어 노자는 그러한 대안사회의 모형을 80장, 이른바 소국과민(小國寡民)의 장구에서 제시하고 있다. 소국과민의 사회는 "상류서열주의"가 극복되고 "서민평등주의"가 실현된 소규모 공동체이고(김영주 92), 그것은 또한 아나키스트 공동체와 유사한 이상향이다. 예의 미션을 수행하기 위하여 게센에 홀로 온 젠리 아이의 설명에 따르면, 그가 카하이드와 오고린 두 나라에 교류하기를 권하는 에쿠멘 연합체도 "목적이 수단을 정당화하는 주의주장의 반대 원리"가 작동하는 사회이다(259). 에쿠멘이나 소국과민의 사회 모두 무위의 정치학에 의하여 다스려지는, 권위적인 정부가 없는(anarchistic) 공동체를 지향하고 있는 것이다.

노자가 무위의 정치를 말한다고 해서, 그가 유위의 무용성을 주장하는 것은 아니다. 무위와 유위는 오히려 상반상성(相反相成)하는 관계이다. 노자 11장에서는 유와 무의 관계를 바퀴통의 바퀴살(輻)과 중심의 빈 구멍(無)의 관계로 비유한다. 즉 서른 개의 바퀴살에 모아진 동력이 바퀴통의 중앙에 있는 빈 구멍에 전달되어 마침내 수레가 굴러가듯이 유는 무가 있으므로 쓰임이 있다. 『도덕경』에서 무는 흔히 '물(水)', '골짜기(谷)', '여성스러움(雌)', '부드러움(柔)', '굽히는 것(曲)', '비움(虛)', '고요함(靜)', '모른다는 것을 아는 것(知不知)' 등의 예로 설명되고 있다. 사실 『도덕경』의 어젠다는 유위 중심의 문화가 야기한 사회정치적 혼란과 갈등을 치유하기 위하여 무위의 정치를 강조하는 것이다. 춘추전국시대의 정치적, 문화적 폭력과 혼란을 경험한 노자가 대안의 정치학을 제안한다는 점에서 그는 "문화적 세례를 받기 전의 인간의 자발성"(최진석 29)이 발현되는 사회를 지향하기 보다는 오히려 유교 문화의 실용적인 대안을 제시하고 있는 것이다. "무위는 아무 것도 하지 말라는 의미가 아니라 인위의 극치에 도달하여 인위의 흔적이 없는 경지를 일컫는다."는 김종미의 노자 독법을 곱씹어 볼 필요가 있다(204). 노자 81개의 장구 대부분은 바로 유위를 폄하하고 무위의 가치를 말하는 내용이다. 그러나 노자가 무위를 강조한다고 해서 무위중심주의를 지향한다는 독법은 오류다. 노자는 유위에 함몰된 현실을 비판하는 잣대로 무위의 가치를 내세우고 있을 뿐이기 때문이다. 노자의 철학은 오히려 무위와 유위의 탄력적인 혼융을 지향한다. 그리고 유위중심문화의 현대적 항목들을 이성중심주의, 남성중심주의 혹은 인간중심주의로 파악한다면, 노자사상의 현대적 의미는 주변으로 밀려난 감성과 여성 그리고 비인간 자연의 위상을 제고하는 것일 수 있다. 이 글의 주제를 환기하면, 무위의 철학을 내면화한 『어둠의 왼손』는 유위중심의 편협한 현실로부터 무와 유, 어둠과 빛이 조화된 지점으로 향하는 세계관의 확장이다.

『도덕경』은 춘추전국의 난세를 염두에 둔 노자의 대안 정치학이라는 점에서 우선 노자의 역사 인식이 분명하게 존재한다면, 『어둠의 왼손』에서도 사회정치적 대안은 물론 남성중심사회의 대안을 제안하고 있다는 점에서 르귄의 분명한 역사의식을 확인할 수 있다. 이 소설에서 르귄이 양성인의 사회를 상정한 배경은 동성애를 옹호하거나 인간의 생리적인 양성성을 인정하는 것이 아니다. 그것은 오히려 생리적인 성(sex)의 차이가 사회문화적 성

(gender)의 차별을 결정해버리는 우리의 현실을 되짚어 보려는 의도를 포함한다. 에쿠멘 역(曆) 1448년에 최초로 게센을 답사한 오뽕(Oppong)은 양성인 사회의 순기능적 요소를 제안한다. 양성인 사회의 첫 번째 순기능은 신체적, 심리적 출산의 의무와 특권을 남녀가 평등하게 공유할 수 있다는 점이다. 누구나 케머 기간의 환경과 파트너에 따라서 여성성 혹은 남성성이 발현되기 때문이다. 당연히 양성인들에게는 이른바 이디퍼스(Oedipus) 신화도 의미가 없고, 주기적으로 발정하는 야생동물들의 사회에서 그렇듯이 성폭행이 불가능한 사회이다. 특히 게센과 같은 양성인 사회에는 계층적 이원론이 존재하기 어렵다.

> 강한 자와 약한 자, 예컨대 보호자와 보호받는 자, 지배자와 피지배자, 주인과 하인, 능동적인 자와 수동적인 자의 구분이 없다. 사실 겨울의 행성에서는 인간의 사고를 지배하기 쉬운 온갖 이원론이 경감되거나 변할 수 있다.
>
> There is no division of humanity into strong and weak halves, protective/protected, dominant/submissive/ owner/chattel, active/passive. In fact the whole tendency to dualism that pervades human thinking may be found to be lessened, or changed, on Winter. (94)

나아가 오뽕의 관찰과 분석은 게센은 성적 학대나 성적 좌절을 현저히 방지할 수 있는 사회이고, 성적 좌절이 없기 때문에 전쟁처럼 조직화된 사회적 공격성을 피할 수도 있다는 상상으로까지 비약한다. 르귄의 메시지는 적어도 계층적 이원론의 해체를 지향함으로써 유위에 치우친 사회에서 유와 무의 균형추를 잡기 위하여 의도적으로 무위의 가치를 강조하는 노자의 세계관을 닮아있다.[23]

남성과 여성의 관계에 대한 계층적 이원론의 해체는 생리학적 성 구분이 덧씌운 사회적 성역할의 거부라는 사회정치적 함의를 지닌다. 이 소설 속에서 생리적 성의 차이가 규정한 사회문화적 성 편견을 깨는 인물은 바로 젠리 아이다. 『어둠의 왼손』에서 플롯의 한 축은 자연의 성(sex)과 문화적 성(gender)의 관계에 대한 아이(Ai)의 인식이 변해가는 과정을 중심으로 전개된다. 소설의 초입부에서 지구인 아이가 에스라벤을 불신하는 가장 큰 이유는 그(녀)의 성 정체성이 모호하기 때문이다.

> 나는 겨울 행성에 거의 2년 동안 체류하였지만 아직도 그 행성인들을 결코 그들 자신의 시각으로 볼 수 없었다. 나는 [그들을 그들의 시각으로 보려고] 노력하였다. 그러나 그것은 게센인을 처음에는 남자로 그 다음에는 여자로 보는 나의 자의식적 노력이었다. 그러면서 나는 강압적으로 그를 그의 본성과는 상관없지만 나에게는 매우 본질적인 범주로 분류했다. […] 나는 식사 중에 에스트라벤의 행실이 여성스럽고, 매우 매력적이며 재치 있고 [자아의] 실체가 없고, 외양만 그럴 싸 하며 재바르다고 생각했다. 내가 실제로 그를 싫어하고 믿지 못하는 이유는 아마도 그처럼 나긋나긋한 여성성 때문이었을까? 바로 내 곁에 있는 희미한 불빛 속의 그처럼 검고 얄궂으며 강인한 그의 존재를 여자로 생각할 수 없었다. 그러나 한편, 그를 남자로 생각할 때는 언제나 거짓이나 속임수로 느껴졌다. [그러한 거짓

23 사실 『도덕경』의 모든 장구는 무위의 가치를 강조한 내용이라고 할 수 있다. 특히 무와 유의 관계를 직접적으로 언급한 대목은 11장, 22장, 40장, 43장 등이다.

은] 그로부터 나온 걸까 아니면 그에 대한 나의 태도에서 비롯된 것이었나?

Though I had been nearly two years on Winter I was still far from being able to see the people of the planet through their own eyes. I tried to, but my efforts took the form of self-consciously seeing a Gethenian first as a man, then as a woman, forcing him into those categories so irrelevant to his nature and so essential to my own. [⋯] I thought that at table Estraven's performance had been womanly, all charm and tact and lack of substance, specious and adroit. Was it in fact perhaps this supple femininity that I disliked and distrusted in him? For it was impossible to think of him as a woman, that dark, ironic, powerful presence near me in the firelit darkness, and yet whenever I thought of him as a man I felt a sense of falseness, of imposture: in him, or in my own attitude towards him? (11-12)

양성인 사회에 처음 노출된 아이는 여지없이 남성중심사회의 편견을 드러낸다. 비록 자신의 인식 방식을 스스로 자문하고 있긴 하지만 그는 지구인이 그렇듯이 게센인을 처음 대하는 순간 우선 생리적 성 정체성을 확인하려든다. 아이의 뇌리에는 여성은 본질적으로 '온순함'의 특성을 지닌 인간으로 각인되어 있다. 그가 에스트라벤을 불신하는 이유는 단지 그의 성 정체성이 읽혀지지 않기 때문이다. 아이는 정형화된 지구의 성별의식 때문에 카하이드에서 유일하게 그의 미션 수행을 도우려는 에스트라벤의 진정성을 심각하게 곡해한다. 그러나 사실 그는 거대한 사회문화적 삶의 실천과는 무관한 성별 확인의 문제에 무의식적으로 집착하는 지구인의 표상이다. 그는 자연의 성과 '제2의 성'을 충분히 구분하지 못하는 지구의 선남일 뿐이다. 그는 스스로 "타고난 성별의 차이"와 "학습된 성별의 차이"를 구분하는 것이 극도로 어렵다고 고백한다(234).

아이는 오고린에서 카하이드로 탈출하는 과정에서 스스로 혹독한 고통을 겪고 에스트라벤의 헌신적인 도움을 받으면서 비로소 인간을 반드시 남과 여로 갈라 보는 편협한 시각을 벗어나 에스트라벤을 있는 그대로의 인간으로 볼 수 있는 인식의 지평을 새롭게 경험한다. 지구에서 '학습된 성의 차이'에 그토록 친숙했던 그는 이제 성 개념의 혼란을 경험한다. 그는 드디어 에스트라벤의 성 정체성보다도 지구의 여성성이 더 낯설게 느껴지는 자기인식을 경험한다(234). 에스트라벤이 죽고, 카하이드가 에쿠멘과 교류하기로 결정한 후 남녀로 구성된 일단의 에쿠멘의 우주인들이 카하이드에 도착하는 소설의 말미에 이르면 아이의 눈에 동료 에쿠멘인들은 "항상 발정이 나있는 커다란 원숭이"이거나 ""두 개의 서로 다른 낯선 동물의 종"으로 보인다. 반면에 그를 돌보는 카하이드의 의사는 더 이상 남자의 얼굴이나 여자의 얼굴이 아니고 이제는 그에게 친숙한 "인간의 얼굴"이다(296). 마침내 그는 "남성성과 여성성을 초월함"으로써 온전한 인간으로 재탄생한다(Brown 233). 이제 그의 (무)의식은 자연적인 성의 차이가 결코 문화적 성의 차별은 물론 차이까지도 결정하지 않는 단계로 진화한 것이다.

아이가 경험하는 인식의 확장은 곧 성 개념에 대한 독자의 인식변화를 자극하며, 그러한 독자의 인식변화를 도모하는 것이 이 소설의 내밀한 주제이다. 르귄이 상정하는 독자는 성별의 차이가 그(녀)의 "기대, 활동, 사고방식, 윤리, 태도" 그리고 [언어를 포함한] "기호의 사용, 의복 심지어 음식" 등, 거의 모든 것을 결정해버리는 평범한 지구인이다(234). 독자는 아이의 인식 변화를 추적하면서 독자 자신의 성 인식을 반추할 것이다. 물론 독자의 반응은 다양할 수밖에 없다. 그러나 래부킨(Eric S. Rabkin)이 언급하듯이, 독자는 적어도 결정론과 자유의지 사이에서 인간과 사물의 본성을 바라보는 관점의 탄력성을 얻는다(169). 그리고 독자의 성 의식이 변하는 정도만큼은 성별의 차이가 사회문화적 차별을 야기하는 독자자신의 현실을 독자가 스스로 되돌아봄으로써 현실의 변화 가능성이 열리는 것이다. 환언하면, 독자의 현실 개념이 확장된다는 의미이다.

한편, 이 글의 서두에서 언급하였듯이, 일단의 비평가들에 의하여 르귄의 페미니즘은 불충분하다는 비판을 받는다. 노자가 "천하가 모두 아름다운 것이 아름다운 줄 알지만 이것은 보기 흉한 것일 뿐이요, … 높고 낮음은 서로 바뀌며, …"라고 갈파하듯이,[24] 강점의 오른손은 약점이고, 약점의 왼손은 강점일까? 특히 양성인(androgyne)의 사회를 상정하여 묘사하는 르귄의 『어둠의 왼손』는 그녀의 다른 어느 작품보다도 더 많은 페미니스트 비평가들의 비판을 초래하였다. 르귄은 불충분한 페미니스트 혹은 '얼치기 페미니스트'라는 수식어가 합당한 비판인지를 판단하기 위하여 페미니

24 天下皆知美之爲美, 기惡야; … 高下相傾(『도덕경』 2장, 번역은 『왕필의 도덕경』(임채우 역)에 의존함. 이후 노자 인용도 이 책에 근거하고 있음을 밝힌다.)

스트 이상향을 그리는 수많은 다른 작가들의 작품세계도 들여다볼 필요가 있다.

마셀리노(William Marcellino)의 분석에 따르면, 페미니스트 이상향을 그리는 소설은 그것이 지향하는 궁극적인 목표와 그러한 목표 성취를 도모하는 방식에 따라 분리주의와 역식민화(countercolonization)로 양분할 수 있다(203). 분리주의 작가들은 여성의 경험이 남성의 그것과 다르기 때문에 여성의 세계를 남성의 세계로부터 분리함으로써 남녀불평등의 문제를 포함한 다양한 층위의 사회적 악습을 해결할 수 있다고 주장한다. 여기에서 한 걸음 더 나아가 역식민주의 페미니스트 작가들은 여성이 남성을 지배하는 사회를 지향한다. 마셀리노는 전자의 대표적인 작품으로 길먼(Charlotte Perkins Gilman)의 『허랜드』(*Herland*)와 기어하트(Sally Miller Gearhart)의 『유랑의 땅』(*The Wanderground*)을 들고 후자의 예로는 조안나 러스(Joanna Russ)의 『여성 인간』(*The Female Man*)와 차너스(Suzy McKee Charnas)의 「말을 타는 여자들」(Riding Women) 연작을 꼽고 있다(204). 예의 두 입장은 여성의 사회적 지위가 남성의 그것에 비교하여 열등한 현실을 개선하려는 의도를 지니고 있다는 점에서 공감을 일으키지만 이상향을 찾아가는 방법론의 급진성 때문에 오히려 역차별을 허용한다는 비판을 면하기 어렵다.

분리주의와 역식민화를 지향하는 페미니즘의 급진성은 곧 그들이 성취하기를 갈구하는 사회가 비현실적이라는 점이다. 예컨대, 『여성 인간』에서 암살자로 등장하는 여성 인물 잴(Jael)은 침팬지의 DNA로 복제하여 뇌가 없는, 그래서 자신이 남성이라는 성별 의식이 없는 인조인간 대비(Davy)와 성행위를 한 후, 그녀가 대비를 소유했다고 자랑한다. 『유랑의 땅』의 여성 인물들은 남자들이 남성성을 버리고 여성화되지 않는다면 인류의 멸종을 각오하고 기꺼이 지구상의 모든 남자들이 죽기를 기도한다. 페미니즘의 궁극적인 목표가 생물학적인 성별의 차이에 기인한 사회문화적 차별의 철폐에 있다는 관점에서 본다면 예의 급진적 페미니스트 작가들의 메시지는 역차별의 담론으로 환원한다는 비판을 면하기 어렵다. 에스라벤이 이원성(duality) 자체는 부인할 수 없다고 말하듯이(233), 생리적인 남성성과 여성성은 본질적으로 다르다. 그러나 급진론자들은 생물학적인 차이마저 부정하는 한편, 아예 타(other)를 배제한 이상향에서 기꺼이 나르시시즘에 빠지기를 자처한다. 그들의 세계관은 그들 스스로 감당할 수 없을 만큼 비현실적이다. 남성이 완전히 제거된 사회나 여성이 남성을 지배하는 사회를 상정하는 것이야말로 현실축소다. 독자와 비평가 대부분이 꿈꾸는 실현가능한 페미니스트 이상향은 여성중심사회나 가부장제가 아니고 성의 차이가 개인적, 사회적 차별을 정당화하지 않는 평등사회이기 때문이다.

오히려 현실의 지평을 넓히면서 동시에 역차별의 한계를 극복할 수 있는 사유의 지점은 도가사상 특히 『도덕경』에 뿌리를 두고 있는 어슐러 K. 르귄의 여성관이 지닌 확실한 강점이다. 주지하다시피, 여성관과 자연관 혹은 사회정치사상을 포함한 르귄의 총체적 세계관은 음과 양의 상보적 관계론에 바탕을 두고 있다. 노자의 무위철학이 억압된 여성성의 해방과 맞물려있는 만큼 르귄의 여성관은 유위(有爲)의 문화가 초래한 남성중심사상을 해체하면서도 여성과 남성 혹은 여성성과 남성성 사이의 상호 의존적 관계의 틀을 벗어나지 않는다. 그리고 남녀관계를 포함한 다양한 층위의 상호 의존성을 강조하는 르귄의 관계론적 세계관은 상대방의 존재를 기꺼이 인정한다는 점에서 현실적이고 아(我)와 타(他)의 상호 보완적 미래를 지향한다는 점에서 현실인식의 확장이다. 같은 맥락에서 르귄을 "현재의 개연성 왜곡을 최소화하면서 가까운 미래를 신중하게 투사하는 작가"로 평가하는 스콜즈(Robert Scholes)의 언급을 재음미할 필요가 있다(35). 특히 『어둠의 왼손』의 힘은 다양한 현실의 문제들을 함께 엮어내고 다양한 목소리와 가치들을 하나의 질서정연하고 균형 잡힌 전체로 묶어내는 방식에 있다.

마지막으로 게센인의 독특한 성욕의 발현방식 역시 현실축소라는 비판을 재고하고자 한다. 게센인은 누구나 한 달에 2일 동안의 케머 기간에만 국한하여 여성 혹은 남성으로 성적 욕구가 발현되어 성행위가 가능하다는 상정은 생리학적 혹은 성 심리학적 현실과 전혀 다르다는 점에서 과연 제임슨이 지적한 바대로 현실축소라는 비판을 받을 만하다. 그러나 이 문제는 생리적 성(sex)의 중요성을 작가가 의도적으로 폄하한다는 관점에서 접근할 필요가 있다. 이 소설의 주제를 미시적으로 파악한다면, 그것은 사회문화적 성(gender) 개념의 전복이라고 볼 수 있다. 젠더 개념의 재구성은 르귄의 많은 작품을 통괄하는 (하위)주제이다. 『어둠의 왼손』에서 게센이라는 비현실적인 양성인 사회를 설정한 작가의 의도는 그곳을 이성인 사회와 대비시킴으로써 이성인 사회(지구)에서 작동하고 있는 비틀리고 폭력적인 젠더 이미지를 부각시키는 것이다. 따라서 작가가 전하는 메시지의 방점은 르귄 자신도 그 이원성을 인정하는 sex의 문제에 있지 않고 gender의 문제에 찍혀있는 것이다.

물론 지구의 상대방을 보다 현실적인 이성인 사회로 상정할 수도 있다는 반론이 가능하다. 그러한 문제제기는 이 소설에서 르귄의 주제는 신비주의 혹은 본질주의로 환원함으로써 갈등과 불협화음이 난무하는 현실에 실제적으로 대처할 수 있는 사유와 행동양식을 보여주지 못한다는 비판과 맞물린다. 르귄의 신비주의와 본질주의는 바로 노자의 그것을 닮아있는 만큼 르귄 비판은 곧 노자 비판이다. 이 소설의 제목을 포함하고 있는 카하이드의 종교 한다라(Handdara)의 시(Tormer's Lay)는 바로 균형과 조화를 지향하는 노자사상을 연상시킨다.

> 빛은 어둠의 왼손
> 그리고 어둠은 빛의 오른 손.
> 둘은 하나, 삶과 죽음, 케머에 빠져
> 함께 누워있는 연인들처럼,
> 함께 포개진 두 손처럼,
> 목적과 수단처럼.
>
> Light is the left hand of darkness
> and darkness the right hand of light.
> Two are one, life and death, lying
> together like lovers in kemmer,
> like hands joined together,
> like the end and the way. (233)

빛과 어둠의 조화는 노자가 말하는 양과 음의 조화에 다름 아니다. 빛과 어둠의 조화를 지칭하는 단어는 그늘 정도이겠지만, 삼라만상이 완벽하게 조화된 상태를 의미하는 단어는 바로 노자의 도(道)이다. 그런데 노자의 도의 개념은 끝없이 미끌미끌해서 '하나'라는 단어 이외로는 도무지 붙잡을 수가 없으니, 그것은 언뜻 신비주의 속에 몸을 감추고 있는 듯 보인다. 그러나 전술하였듯이 노자의 『도덕경』은 그 집필 동기는 물론 전체적인 내용이 사회정치적 대안의 삶을 제안하고 있다는 점에서 충분히 현실적이다. 그리고 노자의 본질주의는 일단의 서양철학이 상정하는 본질주의와 근본적으로 다르다. 서양철학은 인간이 본질을 안다고 보고 그 본질을 인간의 언어로 옮기지만, 노자의 본질(도)은 느끼고 알 수는 있지만 인간의 언어로 번역이 불가능하다. 노자 81장구의 내용은 도 앞에서 겸손하라는 가르침이다. 인간의 역사에 의하여 특권을 누려온 '빛'의 언어는 이제 '어둠'의 언어와 그 특권을 공유하라는 충고다.

르귄의 양성인 사회는 바로 음과 양이 하나로 혼융된 일원론적 세계관의 구현체이다. 따라서 그녀가 상정한 양성인 사회는 일차적으로 그녀의 철학적 은유로 이해할 필요가 있다. 그녀가 인간의 양성성이라는 비현실성을 감수하면서까지 굳이 양성인 세상을 창조한 동기는 남성과 여성의 상호 의존적 관계를 정당화하는 논리를 거대한 우주론으로부터 끌어내려는 전략에서 비롯된 것으로 볼 수 있다. 그만큼 젠더 평등이 실현된 세상에 대한 그녀의 욕구가 강렬하다는 반증이고, 그만큼 그녀는 실현가능한 평등사회를 주문하고 있는 것이다.

사실 SF소설 자체가 현실인식의 확장이다. SF는 일반적으로 "과학과 문학, 합리적 지식과 예술의 융합을 도모한다"는 클라인(Gérard Klein)의 말은 특히 르귄의 소설에 합당한 평가다(85). 음과 양의 조화라는 노자사상에 뿌리를 둔 르귄의 우주관은 『어둠의 왼손』에서 양성인 사회를 창조하는 배경이 될 뿐만 아니라 종교적, 정치적 이원론에도 관여한다. 오고린이 양중심의 정치체제로서 구소련의 사회주의를 연상시킨다면, 카하이드는 shifgrethor[25]라는 음적 원리가 모든 사회적 소통과 관계를 추동하는 중세의 봉건사회나 지구상의 자본주의 체제를 떠올리게 한다. 또한, 오고린의 종교 Yomeshta가 유일신교에 가깝다면, 카하이드의 Handdara는 도교나 불교와 비슷한 비교조적이고 비체계적인 종교다. 나아가 작가는 오고린과 카하이드의 신화와 민담을 네 개의 장으로 나누어 삽입함으로써 과거가 살아있는 현재를 묘사하고 있다. 베인(Dena C. Bain)도 노자사상이 『어둠의 왼손』과 『박탈당한 자』(*The Dispossessed*)에 미친 영향을 분석한 글에서, 르귄은 그 사상적 근원을 동양의 우주론에 두고 문화적 요소와 사회정치적 입장을 뭉뚱그리고 있음에 주목한다(224). 르귄은 특히 『어둠의 왼손』에서 철학적, 종교적, 문화적, 그리고 사회정치적 공간과 시간을 문학의 언어와 장치로 한 데 묶어 실로 방대한 현실의 개념을 구축하고 있다.

---

25 shifgrethor는 '그늘'을 뜻하는 게센의 고어에서 유래한 용어로 "위신, 체면, 지위, 자존심, 카하이드와 게센의 모든 문화에 존재하는, [영어로는] 번역할 수 없는, 매우 중요한 사회적 권위의 원리"(13)이다. 카하이드는 음의 나라로서 상대방을 존중하는 뜻으로 이 개념을 사용하지만, 양의 나라 오고린인들 사이에서는 이 개념이 작동하지 않는다.

Ⅳ

제임슨의 르귄 비판은 그녀가 『어둠의 왼손』에서 창조한 세계는 역사성이 배제되어 있다는 점에 초점이 맞추어져 있다. 그러나 『도덕경』의 출현 자체가 유교사상에 대한 역사적, 사회정치적 비판의 산물이라면, 이 소설도 유위의 문화가 지배하는 작가 자신과 독자의 현실에 대한 역사적 반응이다. 사회정치적 사상은 물론 어떠한 철학적, 문화적 담론도 그 역사성을 부인할 수는 없다. 역사성을 부인하는 순간 전체성이나 보편성으로 환원할 수밖에 없기 때문이다. 제임슨이 역사를 추동하는 동인을 정(正)과 반(反)의 충돌과 갈등으로 파악하든지 아니면 르귄이 양과 음의 상호 의존성으로 보든지 두 사람 모두 그들의 담론과 문학작품에서 결코 역사성을 배제하지 않는다. 르귄이 그리는 페미니스트 이상향이나 불필요한 권위를 여읜 사회정치체제는 곧 그녀가 지향하는 역사적 진화의 현장이다. 그리고 그러한 대안사회의 제안은 독자의 현실 개념을 확장한다. 독자는 유위의 정치라는 대안사회에 이르는 기존의 방식에 더하여 이제 무위자연의 정치를 진지하게 고려할 수 있기 때문이다.

시몬느 드 보브와르(Simone de Beauvoir)는 그녀의 탁월하고 방대한 저술 『제2의 성』(*The Second Sex*)의 말미를 "남성과 여성은 궁극적인 승리를 위하여 자연적인 차이를 넘어 함께 그들의 형제애(brotherhood)를 맹세할 필요가 있다."라는 언사로 끝내면서 남과 여의 상호 의존적 연대를 강조한다(760). 보브와르의 이러한 언급은 비단 남성과 여성의 미래지향적 관계설정을 넘어 다양한 층위의 사회적 갈등과 불평등의 문제를 풀어갈 수 있는 단초를 제공한다. 인종차별, 종차별, 연령차별, 혹은 정치경제적 계층차별을 무의식적으로 내재화하고 있는 우리의 (무)의식을 되돌아보면 그 안에 섬뜩한 오해와 오류가 도사리고 있다. 우리는 상대방의 존재가 없다면 나의 언어와 나의 존재 자체도 불가능하다는 엄숙한 존재론적 사실을 간과하기 십상이다. 그러나 상대방은 곧 내 존재의 한 축이다. 그리고 나와 타인이 존재론적으로 의존해있다는 인식에서 공감과 연대의 정치학이 도출된다. 르귄 문학의 사명은 궁극적으로 그러한 공감과 연대의식의 확장으로 보인다.

4. 비교문학적 접근

비교문학은 언어, 국가 그리고 학문의 경계를 넘나드는 문학과 문화를 연구하는 분야로서 그 영역이 매우 넓다. 특히 영문학의 경우에는 영어로 써졌으나 작품의 생산국이 다른 문학작품들을 필두로 국가와 민족은 물론 문화적, 종교적 배경이 다른 작품에 이르기까지 비교의 대상이 되는 문학작품과 철학적, 사상적 담론의 폭이 다른 어느 외국문학에서보다 더 넓다고 하겠다. 그러나 이 장에서는 시도하는 비교문학적 접근은 매우 제한적이다. 이 장에서는 다만 선정한 한국의 작가와 미국의 작가가 공유하는 동양사상의 결을 비교·분석하는 연구에 만족하고자 한다.

근래에 외국문학의 연구가 점차 문화의 연구와 이해를 촉진하는 하나의 방식으로 진화하는 추세를 감안하면 비교문학적 연구의 가치는 매우 높다. 영문학 비평이 서구문화중심주의의 틀을 깨려면 특히 문화적, 종교적 배경이 유의미하게 대조되는 동아시아 문학사상의 검증과 제안을 겸허히 수용할 필요가 있을 것이다. 한국의 영문학 연구자로서 한국문학과 영문학 작품을 비교·연구하는 작업은 영문학의 수용이 세계 속에서 한국문학의 문화적 위상을 보다 냉철하게 확인하는 계기가 되었듯이 영어민 비평가와 연구자들이 영문학 작품의 메시지와 문학적 전략을 보다 더 객관적으로 되돌아보는 기회를 마련할 것이라고 믿는다. 그리고 그러한 믿음이 보다 넓은 차원에서 동서비교문학연구에 관심을 기울이는 연구자의 보람이다.

4-1. 고은과 개리 스나이더의 공과 그 정치학

I

고은과 개리 스나이더(Gary Snyder)의 삶과 시학은 공통적으로 불교사상과 불가분의 관계를 맺고 있다는 사실은 잘 알려진 바다. 고은은 1952년에 출가하여 1962년에 환속을 선언하기까지 10여 년 동안 승려의 삶을 전후하여 『현대시』에 발표한 「폐결핵」(1958)으로 등단하고 그의 첫 시집 『피안감성(彼岸感性)』(1960)을 시작으로 하여 『해변의 운문집』(1966)과 『제주가집(濟州歌集)』(1967)을 연이어 발표하고, 스나이더는 1956년과 1969년에 걸쳐 일본과 캘리포니아 사이를 왕래하면서 본격적으로 선불교 사상을 섭렵하고 이 기간에 그의 첫 시집 『신화와 텍스트』(*Myths & Texts*, 1960)를 필두로 하여 『끝없는 산과 강』(*Mountains and Rivers Without End*)의 초기 본(1965), 『오지』(*Back Country*, 1967), 『쇄석과 한산시』(*Riprap and Cold Mountain Poems*, 1969) 그리고 『파도를 바라보며』(*Regarding Wave*, 1969) 등, 이른바 그의 초기 시들을 연이어 발표한다. 그러나 비록 두 시인이 비슷한 시기에 불교사상을 궁구한 흔적이 그들의 초기시에 분명하게 드러나지만, 기존의 사고와 행동을 거부하면서 삶의 본질을 추구하려는 1950년대 비이트족(Beat Generation)의 대표시인 스나이더와 입산수도의 길을 가며 허무적멸(虛無寂滅)을 극복하려 고투한 고은의 삶과 문학사상은 그 초기부터 작지 않은 틈새를 보인다.

사실 불교사상을 공유한다는 점을 제외하면, 언뜻 두 시인이 천착하는 시의 소재와 주제에서 공통점을 찾기가 쉽지 않다. 그래서 일까? 사실 두 시인이 "막역한" 사이임에도(『두 세기의 달빛』, 176) 아직 그들의 시세계를 비교·분석한 글이 없다. 제행무상(諸行無常)의 시학으로부터 인간 사랑의 언어로 급회전하는 고은의 관심과 투쟁은 그의 초기시부터 불교의 만물평등사상을 현대의 생태의식으로 치환하려는 스나이더의 시적 성취와 애초부터 어긋나 보이기 때문일 것이다. 확실히 허무의 언어에서 민족과 민중을 대변하는 투쟁의 시학으로 변모하는 고은과 인간애보다는 비인간 자연을 향한 공감심을 끊임없이 고취하려는 스나이더를 불교사상의 끈으로 함께 묶어내기는 어렵다. 그러나 보다 거시적인 안목에서 보면, 두 시인이 관심을 기울이는 사랑과 공감의 대상이 다를 뿐이고 그들의 시학이 지향하는 궁극적인 지점은 생명사랑이다. 이 글쓰기는 바로 두 시인의 생명사랑이 어떻게 불교사상, 특히 연기론과 내밀한 관련을 맺고 있는지를 탐색하는 일이다.

Ⅱ

종단 생활을 전후하여 네 번에 걸쳐 시도하였으나 모두 실패로 끝난 고은의 자살 기도는 그의 초기 시에 짙게 배어있는 허무의식과 무관하지 않을 터이다. 젊은 시절 그의 방랑은 현실의 삶이 버겁다는 무기력증보다는 인간 존재의 근원적인 고뇌의 증거다. 그러나 그의 존재론적 허무는 개인의 삶을 넘어 사회적 현실과 맞닿아있음도 사실이다. 고은 시인이 스스로 자신을 "전후 문학의 불안과 미완"이 빚어낸 "폐허의 자식"이라고 부르듯이, 그의 '허망감'은 다분히 한국전쟁 후 1950년대에 '전통의 단절과 계승'을 둘러싸고 전개된 한국문단의 논란과 갈등을 배경으로 형성된 정서다(『두 세기의 달빛』, 25). 이를테면 그의 「폐결핵」에서 형상화하고 있는 삶과 죽음의 맞대결이라는 주제도 밀려오는 서양문화를 액면 그대로 수용하느냐 아니면 민족문화의 고유성을 온전하게 지켜내느냐의 문제로 수렴될 수 있다. 왜래 문화는 '파스·하이드라지드병 속에/ 들어 있는 정서'로 표현되고, 두 문화 사이에서 고뇌하는 화자의 심상은 '폐결핵'으로 형상화된다. 양약을 복용하여 폐결핵을 치료하려는 행위나 죽음을 쫓아내려는 "기침은 누님의 간음"이다(『고은 시전집 1』, 23).[26] 여기에서 이기한의 표현대로, 누님은 "세속적 공간에서의 긴장감"을 형상화한다고 볼 수 있다(53). 그런데 화자에게 변화하는 현실의 삶을 수용하는 것은 타락이다. 그처럼 비루한 삶을 향한 욕망과 지고지순한 삶의 본질(죽음)은 화자의 내면에서 처절하게 대립하고, 그 맞대결의 승자는 죽음이다. 화자는 '자는 것만이 사는 것'이라는 역설에 굴복한다. 욕망이 허무에게 자리를 내어준다.

고은의 초기시에 두드러진 허무감은 그의 고단한 삶에 제법무아의 불교사상이 틈입한 정서다. 사물의 본질 혹은 도(道)를 추구하는 수도승이 깨달은 바는 과거와 현재 사이의 연속성의 부재이다. 죽은 자들은 "작은 祭日 하나를 남겼을 뿐/ 옛날은 이 세상에 없고" 그들만의 고립된 역사를 남겼을 뿐이다(『전집 1』, 80). 하여

---

26 이후 이 책에서 인용한 부분은 『전집 1』로 그리고 『고은 시 전집 2』에서 인용한 부분은 『전집 2』로 표기함.

시인도 현재의 시간을 따라 유랑할 뿐이다. 시인은 종종 바다의 이미지를 차용하여 본질적 가치의 존재를 긍정하는 듯하다. 그러나 그 바다에 도달하려는 그의 몸부림은 매양 헛수고다.

아무리 내가 어린 시절의 누리로 한 다발씩 지어 쓰러뜨려도
저 건너 바닷가까지는 너무나 넓고
다만 내가 어린 아이로 갈대밭에 들어 있을 뿐
어느 누구에게도 내가 보이지 않고 바람에 휩쓸리는 갈대가 말한다.
홀로 돌아가거라. 누가 여럿으로 기다리리라. (『전집 1』, 85)

바람에 흔들리는 갈대는 세속적인 욕망의 은유이리라. 달리 말하면, 그것은 불교에서 일컫는 오온가화합(五蘊假和合)의 수작일 터이다. 시인은 '묵은 무쇠낫'을 갈아 갈대를 베지만, 바닷가까지 이르기에는 턱없이 역부족이다. 그것은 불가능이다. 시인은 이 시에서 현실의 삶을 향한 욕망을 비우고, 또 비워도 결코 삶의 본질에 닿지 못하고 끝내 다시 욕망의 족쇄에 발목이 잡히고 마는 구도자의 무기력증을 형상화하고 있다.

속세의 욕망에도 굴복할 수 없고 구도의 가능성도 거부당한 시인에게 남은 길은 자신의 언어를 해체하는 것이다. 언제 어디서나 무엇을 짓는다는 행위와 언어의 허망함을 토로한 시인은 이제 「山莊尋訪」에서 '기의'(signified)의 해체를 다짐한다.

어디서 누가 떠날 때와 같이
나는 이곳의 平和에 이르렀다
길게 여읜 諦觀의 품 안으로

내가 아는 것들을 세로 세운 채 재울 것이다
한 가락 트럼펫 소리로써
온갖 흐름과 변함을 弔喪할 것이다
누구의 하룻밤이 이곳에 올 것이다

그리하여 富裕한 어둠 속에서 말할 것이다
한 떨기 등불을 밝혀 어둠을 더할 것이다
홀로 이 山莊의 寂寞 속에서
아무도 모르는 死語로써 산스크리트로써
나의 숨결을 記錄할 것이다
그리하여 종소리도 혼도 없이
나는 아프면서 한 번의 죽음을 기다릴 것이다 (『전집 1, 96-97)

우선 시의 제목으로 쓴 '산장심방'(山莊尋訪)이라는 언어의 일시성이 관심을 끈다. 구도하는 시인의 시 제목으로는 '산사안주'(山寺安住) 쯤이 마땅할 터이나 굳이 뜨내기 행인이 잠시 거쳐 가는 '산장'이고 이집 저집 떠돌아다니는 '심방'이다. 불가에 귀의한 화자가 불도를 이룰 수 있는 가능성을 스스로 포기한다. 태고종(太古宗)이라는 특수한 불가에('諦觀의 품 안으로') 귀의하였기에 그곳에서 얻는 평화는 '이곳의' 평화일 뿐, 항구적인 평화가 아니다. 그리고 화자의 기존 지식은 환호할 지혜도 아니고 폐기할 대상도 아니기에 불안정한 상태로 그냥 놔두겠다('세로 세운 채 재울 것이다')는 언설이다. 바로 제법무아를 깨달은 화자가 해야 할 일은 삼라만상의 '흐름과 변함을 조상'(弔喪)하는 것뿐이다. 제행무상이니 이제 구도자에게 남은 언어는 '사어'(死語)일 뿐이다. 그토록 밝히려는 등불은 밝혀본들 존재의 밑바닥을 드러낼 가망이 없고 오히려 혼미만 가중시킬 뿐이니 시인은 차라리 침묵하면서 자신의 시어를 죽이겠다는 다짐이다. 이러한 허무적멸(虛無寂滅)의 심상이 네 번에 걸친 시인의 자살기도와 무관하지 않으리라. 그리고 그것은 스나이더가 선불교 수행을 결심한 배경이기도 할 것이다.

스나이더의 불도(佛道) 수행은 애초부터 자연의 문법을 배우려는 (무)작위다. 고은의 초기시가 의미의 구성을 포기한다(deconstruct)면, 스나이더의 시학은 그 시작부터 보다 집요한 반문화적 저항이다. 『신화와 텍스트』(*Myths & Texts*)와 『쇄석』(*Riprap*) 등의 초기시집에는 인본주의적 문화를 거부하는 시어가 두드러진다. 특히 그의 시 「파이우트 개울」(Piute Creek)에는 인본주의를 거부하는 과격한 시어가 난무한다. 이 시의 화자는 인본주의 사상이 역사에 남긴 온갖 '쓰레기' 곧 '언어와 책들'의 가치를 부정한다. 화자는 도(道)가 메말라버린 책 속에 있지 않고 화강암 산봉우리, 나무 한 그루, 바위 하나, 작은 개울, 심지어 웅덩이 속에 있는 나무껍질 한 조각에 들어있다고 확신한다. 스나이더에게 관념이 지어놓은 온갖 의미는 허구다.

> 분명한 작위(作爲)의 마음은
> 아무런 의미가 없고, 보고
> 안다는 것은 진정 보이는 것이다.
> 아무도 바위를 사랑하지 않지만, 우리는 여기에 있다.
> 으스스 추운 밤. 달빛
> 한 줄기가
> 노간주나무 그늘 속으로 스민다.

쿠거나 코요테의
차갑고 당당한 눈이
일어서 가는 나를 바라보고 있다.

A clear, attentive mind
Has no meaning but that
Which sees is truly seen.
No one loves rock, yet we are here.
Night chills. A flick
In the moonlight
Slips into Juniper shadow:
Back there unseen
Cold proud eyes
Of Cougar or Coyote
Watch me rise and go. (NN, 6)

시인에게 인본주의적인 지식과 문화는 개인의 구체적인 경험과 유리된 관념의 횡포다. 그리하여 시인의 수행은 특히 서양인으로서의 관념, 곧 상온(想蘊)과 식온(識蘊)비우기로 시작한다. 사물을 본다는 것은 선험적인 지식과 정서, 즉 관념으로 사물과 사태를 해석하는 행위이니, 그것은 존재의 본질을 왜곡하는 작위다. 그리하여 시인은 차라리 선험적인 편견으로부터 자유로운 야생동물의 차가운 눈빛을 닮고 싶은 것이다. 인본주의 사상의 전복이다.

스나이더의 저항은 고은의 허무와 그 결이 다르지만, 그의 저항 역시 제행무상을 증득(證得)한 결과에서 오기는 마찬가지다. 그가 제안하는 세계관의 쇄석(碎石)은 제행무상이다.

4차원의

　　바둑게임처럼

끝없는 세계.

　　얕은 흙 속의

개미와 자갈, 하나의 바위는 하나의 단어

　　개울물에 씻긴 돌

불과 무게의 고통이

　　깊게 배인 화강암

뜨거운 열기로 결합된 수정과 퇴적물

　　모든 것은 변한다. 사물뿐만 아니라

사상도.

The worlds like an endless

　　four-dimensional

Game of Go.

　　ants and pebbles

In the thin loam, each rock a word

　　a creek-washed stone

Granite: ingrained

　　with torment of fire and weight

Crystal and sediment linked hot

　　all change, in thoughts,

As well as things. (*NN* 21, Riprap ?)

삼라만상의 본질적인 속성이 있다면, 그것은 4차원의 바둑게임에서 상상할 수 있는 무궁무진한 변화다. "진리는/ 돌아서는 여자의 배처럼/ 언제나 지나간다."(*NN*, 143) 화강암에서 뜨거운 불과 압력의 흔적을 확인할 수 있듯이 사물은 모두 변화의 흔적을 남긴다. 물질과 정신이 모두 변하는 존재임을 깨닫는 순간 시인은 인본주의 문화에 의하여 고착된 자신의 정신을 스스로 거부하는 것이다. 선험적인 지식은 소녀가 한 번 올라타면 그녀의 의지와 상관없이 맹목적으로 돌아가는 회전목마처럼 시인의 자유를 억압한다(*NN*, 147). 시인의 자유는 무엇보다도 고착된 문화가치의 매개가 없이 자연과 삶을 경험하려는 욕구를 지향한다.

스나이더가 선험적인 문화가치에 저항하는 의도는 실재(reality)를 해체 혹은 재구성하려는 것이라고 볼 수 있다. 그에게 고착된 실재의 개념은 허구이며 강압이다. 그의 초기시집 『신화와 텍스트』(*Myths & Texts*)가 전하는 메시지의 핵심은 실재가 늘 신화와 텍스트 사이에서 (재)구성된다는 주장이다. 실재의 본질은 없다. 스나이더의 시학에 의하면, 책을 통하여 받은 유산과 자연 혹은 현재의 삶에 대한 직접적인 경험이 상호 틈입함으로써 실재가 구성된다. 그는 추상적인 신화의 기원마저도 기실 "옥수수, 순록, 호박, 고구마 및 쌀" 그리고 "그들의 노래"로 환원한다고 지적한다(*Practice* 61). 즉, 신화는 '살아진 현실'이라는 예지다. 그렇다면 스나이더의 실재는 부정(nothing)이 아니라 이중부정(nothingness)이다.

사실 공은 스나이더의 초기시로부터 후기시에 이르기까지 편재하는, 그의 시학을 지탱하는 쐐석이다. 공사상은 그가 편집한 시전집 『무성』(*No Nature*)의 마지막 페이지에 배치한 후기시 「수면의 물결」("Ripples on the Surface")에 잘 녹아있다.

　　　　… 자연은 책이 아니고 하나의 *연기*, 하나의
고귀한 옛 문화

파훼되며, 지워지고, 사용되며, 또 사용되는
늘 새로운 사태…
풀밭 밑에 감춰진
머리타래 같은 강의 지류들…

광활한 야생지는
　　그 자체로 하나의 집.
야생지 안의 작은 집,
집 속의 야생.
둘 다 잊히다.

무성

　　둘이 함께, 거대한 하나의 빈 집.

　　　　… Nature not a book, but a *performance*, a
high old culture

Ever-fresh events
scraped out, rubbed out, and used, used, again…
the braided channels of the rivers
hidden under fields of grass…

The vast wild
　　the house, alone.
The little house in the wild,
　　the wild in the house.
Both forgotten.

No nature

　　Both together, one big empty house. (*No Nature*, 381)

자연은 스나이더 문학의 키워드지만(스나이더의 자연관 혹은 생태의식은 뒤에서 상세히 논의함), 그는 이 시에서 자연의 의미를 스스로 해체해버린다. 그러나 자연의 개념 자체를 뒤흔드는 시인의 의도는 근본주의적인 문화가치가 투사된 자연의 의미를 지우고 살아 숨 쉬는 자연의 의미망을 복원하는 것이다. 그것은 인본주의 사상에 젖어 편협한 '책'이 고착시킨 자연의 이름을 거부하고 자연에게 자연 호명의 춤사위('연기')를 허용하는 것이다. 그리하여 시인은 '야생'과 '집'을 분별하는 언술행위 자체를 해체한다. 그에게는 자연의 내재적인 속성이 없다. 자연의 이름도 공이다. 그리하여 인본주의 문화에 대한 스나이더의 저항 시학은 제법무아와 제행무상의 설법에 다름 아니다.

Ⅲ. 연기와 공감의 시학

전술하였듯이, 고은과 개리 스나이더의 허무감은 그들의 시세계를 구축하는 하나의 중요한 정서이자 사상이다. 주목할 점은 두 시인의 시어가 공통적으로 그러한 무상에 머무르지 않고 허망감을 넘어 타자에 대한 공감심(compassion)을 발현시키는 차원으로 진화한다는 것이다. 물론 두 시인의 공감심을 유발하는 대상과 공감의 강도가 서로 다르다. 고은은 그의 중기시부터 민족과 역사에 대한 연민과 책임의식이 두드러지기 시작한다면,[27] 스나이더는 초

27 사실 고은의 초기시에서도 국가와 민족에 대한 연민의 단상이 보인다. 예컨대, 「九月 어느날」에서 "우리 國運"과 "百姓 설움"으로부터 자유로울 수 없는 화자는 "高麗靑瓷를 함부로 돌려보낼 수 없"는 심경을 토로하고 있다

기 시편부터 그 싹이 보이긴 하나 특히 중기 시에서 독자에게 비인간 자연에 대한 공감과 존중심을 강하게 주문한다. 인간 사랑과 자연 사랑의 의미가 다른 만큼 두 시인이 발휘하는 공감의 색깔과 결은 무척 달라 보이나, 불교 수행을 공유한 두 시인의 공감심이 결국 모든 부파불교와 대승불교가 공유하는 연기론적 사고의 소산임은 당연하다.

고은의 민족주의나 인간애는 언뜻 인간중심사상의 전형으로 치부될 소지가 있다. 그러나 그의 내밀한 고뇌는 인간애마저 자연의 도(道) 안에 포섭할 수 있는 가능성을 타진하려는 데에 있다. 흔히 수많은 비평가들이 「文義마을에 가서」를 역사와 민족의 아픔을 보듬으며 허무의 시어에서 공감의 시학으로 변모하는 고은의 대표시로 꼽는데, 이 시에서도 화자는 인간 사랑이라는 인위의 정당성을 자연에게 묻는다.

> 겨울 文義에 가서 보았다.
> 죽음이 삶을 꽉 껴안은 채
> 한 죽음을 무덤으로 받는 것을.
> 끝까지 참다 참다
> 죽음은 이 세상의 인기척을 듣고
> 저만큼 가서 뒤를 돌아다본다.
> 지난 여름의 부용꽃인 듯
> 준엄한 正義인 듯
> 모든 것은 낮아서

(『전집 1』, 98-9). 「여수」에서도 "남아메리카 볼리비아 어느 마을"(330)이 화자의 불면증과 관련이 있다는 연기론적 상상력을 표명하고 있다.

이 세상에 눈이 내리고
아무리 돌을 던져도 죽음에 맞지 않는다.
겨울 文義여 눈이 죽음을 덮고 나면 우리 모두 다 덮이겠느냐.
(『전집 1』, 346)

이 시에서 눈은 자연의 섭리를 제유(提喩)한다. 눈이 온 누리를 뒤덮듯이 어떤 존재도 죽음이라는 자연의 섭리를 피할 수 없다. 돌을 던져도 결코 죽음을 죽일 수 없다. 화자는 죽음이라는 자연의 도를 흡사 '준엄한 정의'인양 그 위세를 인정하지 않을 수 없다.[28] 잠시 죽음을 극복한 듯하지만, 김현이 언급하듯이 극복 자체가 "모순과 갈등"을 다시 일으킨다(62). 그럼에도 불구하고 화자가 포기할 수 없는 의문은 눈이 삶까지도 뒤덮을 수 있는지 그리고 뒤덮어야 하는지에 맞추어진다. 사실 죽음마저도 자연의 섭리에 순순히 굴복하기에는 미련이 남아 '이 세상의 인기척을 듣고' 뒤돌아본다. '하물며 삶이 과연 자연의 도에만 온전히 내맡겨져야하는가'라는 반문이다. 이 시에서 시인은 인간의 인위적인 도모가 인간의 삶을 보다 자유롭고 아름답게 그리고 따뜻하게 변화시킬 수 있는 가능성은 없는 지에 대한 근원적인 질문을 던지고 있는 것이다. 그의 시 「바다의 무덤」에 오면, 바다는 모든 삶의 자유와 희망('춤추는 갈매기')의 무덤만은 아니다. 이제 "바다와 땅은 하나인 사랑"이기에, 죽음과 삶은 하나이다(『전집 1』, 436). 삶은 적어도 죽음만큼 무겁다.

28 여기에서 '죽음'을 고은의 자살 기도와 관련시켜 생물학적인 죽음으로 이해할 수도 있겠지만(이경호 48) 이 글에서는 죽음에 돌을 던지는 행위는 오히려 허무를 극복하고 삶을 긍정하려는 화자의 의지로 본다.

시인은 문의마을에서 가서 제기한 물음에 대하여 이후 스스로 자신의 삶과 시로 응답한다. 고은은 1973년에 서울의 화곡동으로 이사한 이후 허무의 시인이라는 딱지를 떼어내고 3선 개헌반대 운동, 문인간첩단사건 구명운동, 민청학련사건의 관련자 석방운동 등의 민주화 운동에 주도적으로 참여하면서 작가의 사회적, 역사적 책무를 다하는 면모를 보이기 시작한다. 「肺結核」에서 떠나는 '누님'을 무기력하게 바라만 보던 시적 화자는 이제 당장 맨발로라도 잃어버린 '누이'를 찾아 나설 기세다.

> 내 私生活 십여년 전까지는 허깨비 근친상간으로
> 흰 옷 입은 누이
> 흰 인조치마 누이
> 죽은 누이 어쩌구 어쩌구했으나
> 그건 새빨간 거짓말
>
> 오늘 아침 나는 펄펄 살아 있는
> 總天然色 누이를 찾아나선다.
>
> 누이야
> 누이야
> 누이야
> 앗 뜨거운 꼭두새벽 이 벌판을
> 細石平田 철쭉바다로 꽃 피어 소리 질러라.
> 내 우렁찬 누이야 (『전집 2』, 512)

누이는 누님처럼 여전히 사회적·역사적 삶의 은유이리라. 지난 10

년 동안 허무의 바다에 빠져 누님과의 관계를 근친상간으로 규정하였던 화자는 이제 '총천연색' 누이를 당당하고 치열하게 찾아 나선다. 사회 현실 참여를 거짓과 수치 그리고 가망 없는 수작으로 여겼던 화자는 과거에 신봉하였던 허무의 허상을 직시하면서 이제 민족의 현실과 역사적 책무를 힘차게 껴안겠노라 선언하고 있다. '누이야'를 세 번이나 반복하고, '아침', '펄펄 살아 있는', '총천연색', '뜨거운 꼭두새벽', '철쭉바다', '우렁찬' 등의 밝고 힘찬 어휘들을 사용하고 있음은 죽음의 '바다'를 삶의 공간으로 바꾸려는 시인의 의지와 열정이 그만큼 강함일 터이다. 고은 시인 자신이 '시는 시인의 운명이 완성되는 것을 증오한다.'는 두보의 언명에 공감하듯이, 김재홍이 고은은 "형성형 인물 또는 진행형 인물"(239)이라고 규정하듯이, 고은시의 관심과 주제는 지금도 늘 열려있다. 그러나 1970년대 초중반은 그의 시어가 허무주의에서 빠져나와 타자에 대한 공감을 지향하는 전환점이 되었음은 분명하다.

타자에 대한 고은의 공감심은 어느 작품에서 보다도 그의 삶과 직간접적으로 관련된 사람들과 역사적 인물들 1만 명에 관한 1만 편의 시를 쓰려고 하다가 줄여서 30여 년 동안에 걸쳐 총 4001 편을 써서 2010년에 30권으로 완간한 『만인보』에서 매우 '은성'(殷盛)하게 발현되고 있다. 흥미로운 점은 이 방대한 시집을 읽다보면 등장하는 사람들이 시인의 사적인 지기이든지 아니면 역사적인 인물이든지 결코 홀로 독립된 개인이 아니고 그들 모두의 삶이 상호 의존하는 연기론적(緣起論的) 존재임을 깨닫게 된다는 것이다. 이 세상에서 시인과 사람들의 모든 만남은 "공적인 것"이고 "거기에는 역사의 불가결성"이 있다는 그의 말은 바로 연기의 불가피성을 지칭한 언설일 것이다(『만인보 1』, 6). 「서시」는 인간의 시공간적 연기의 형상화로서 시집 전체에 등장하는 5,600여 인물들의 희로애락뿐만 아니라 한민족의 과거와 현재의 삶을 총체적으로 연결하는 고리에 값하는 시이다.

너와 나 사이
여기에 머나먼 별빛이 온다
부여땅 몇천리
마한 쉰네 고을마다 변한 진한 마을마다
너와 나 사이 만남이 있다
그 이래 하나의 마음이 되고 만 노래에 이르기까지
하나의 노래 수많은 노래로 흩어지기까지
이 오랜 땅에서
서로 헤어진다는 것은 확대이다
어느 누구도 저 혼자일 수 없는
삶의 날들이 있다

오 사람은 사람과 사람 사이에서 기어이 사람이다 (『만인보 1·2·3』, 17)

이 시집은 어린 시인에게 맨 처음 연기적 인간관계를 가르쳐준 '머슴 대길이' 아저씨를 비롯하여 시인의 사적인 삶으로 인연을 맺은 사람들로 시작해서 근현대의 역사적 인물을 거쳐 원효와 의상 등의 고승에 이르기까지 한민족의 고대와 현재를 아우르는 방대한 인물평전이다. 그런데 다양한 인물들을 바라보는 시적 화자의 시선이 흥미롭다. 역사적인 위인과 반역자를 묘사하면서도, 민중의 삶 속에서 만나는 호불호의 인간군상을 가름하면서도 화자의 언어는 끝내 그윽하다. 미운 이가 꼭 밉지만은 않다. “그리움에 포개어/ 미움이 있다”(『만인보 1·2·3』, 410). 같은 맥락에서 ‘서로 헤어진다는 것은 확대이다’라는 싯귀의 울림이 크다. 사람은 ‘사람 사이에서’ 끝내 사람일 수밖에 없다는 언명은 이것과 저것이 양방향의 원인관계로 생멸한다(此有故彼有, 此生故彼生, 此無故彼無, 此滅故彼滅)는 연기적 예지에 다름 아니다. 총 30권에 수록된 모든 시에 단 하나의 쉼표도 마침표도 없다는 것은 삼라만상이 주체와 객체로 분리되지 않는 인과관계로 존재하듯이 한국인은 시간적, 공간적 불협화음을 넘어 하나의 운명 공동체임을 자각하라는 암시일 터이다.

고은의 민족주의와 인간 사랑의 시학이 가장 웅혼하게 드러나 있는 작품은 역시 『만인보』와 거의 같은 시기에 발표된 서사시 『백두산』이다. 이 작품 또한 서사시이면서 역사적 위인이 주인공이 아니고 노비 출신인 김투만 일가의 항일투쟁사라는 점에서 흥미를 끈다. 김투만의 아들 바우가 투쟁에 나서는 동기는 가족 사랑에서 시작하여 민족애로 나아간다. “이제 나는 나서야겠다/ 내 마누라와/ 내 자식을 위하여/ 태어날 자식을 위하여/ 내 2천만 동포 위하여 나서서/ 내 등판에 찍힌 쌍놈 자국 지우지 말고/ 내 동포 옭아맨 사슬 풀어야겠다”(『백두산 1·2』, 18). 이른바 카프문학의 이념이 김투만과 그의 자식 바우와 옥단을 투쟁으로 내모는 것이 아니고, 신분제와 외세의 침략으로 비루해진 개인의 삶을 스스로 거부해야 하는 절박한 현실에서 출발하여 민족의 자유와 평등을 실현하려는 집단의식으로 진화하는 것이다. 그리고 시인에게 그러한 “자유와 평등의 실현이 불교의 참 뜻이다”(김재홍 271).

『백두산』 역시 개인과 개인 그리고 개인과 사회 사이의 연기적 상호작용의 필연성을 구현한 작품이다.

고은의 연기론적 평등의 시학이 주로 인간 사랑을 지향한다면, 스나이더의 그것은 오히려 자연 사랑으로 기운다. 특히 두 시인의 중기시에서 그들이 사랑하는 대상은 다르지만, 그 사랑의 연원은 공통적으로 연기적 평등과 공감심이다. 이타자적인 사랑과 윤리의식의 발현은 연기론적 세계관의 수용이 야기하는 논리적 귀결이다. 그런데 고은과 스나이더의 연기론적 공감심은 기실 공(空)과 공공(空空)의 이중담론으로부터 도출되는 논리다. 그들 모두 '공도 공하다'는 부처의 가르침 그리고 용수(龍樹)의 이중담론에서 허무를 넘어 인간 사랑과 자연 사랑을 실천하면서 노래해야 하는 논리와 윤리의 근거를 찾고 있기 때문이다. (공)공성의 자각이 비인간 자연을 향한 스나이더의 공감심의 발현으로 치환되는 논리는 분명하다. 삼라만상에 자성이 없고 공하기에 나의 존재는 너의 존재에 의존하여(연기) 정체성을 획득하고, 연기이기에 타의 고행은 아의 공감심을 불러일으키는 것이다. 만물평등사상을 지향하는 스나이더의 시적 상상력은 바로 (공)공성의 자각에서 비롯된 연기론적 공감심의 발로이다. 그래서 법도 윤회의 틀 안에서 작동하기 때문에 쇠락할 수밖에 없다는 회의론자들의 비판에 그는 "제법무상이 결코 공감심과 방향성을 놓아버리거나 타자의 고통을 지나쳐버리는 이유가 결코 아니라."라고 일침을 가하면서(*danger on peaks*, 101) 공공(空空)의 논리와 공감심의 윤리를 역설하고 있는 것이다.

사실 스나이더는 그의 초기 시에서부터 강한 생태평등의식을 보이고 있다. 초기 시집 『신화와 텍스트』에서 그는 동양과 서양 그리고 북미 원주민의 신화들에 표명된 자연관과 생태적 실천을 냉철하게 점검한다. 「벌목」, 「사냥」, 「방화」 등, 세 개의 장으로 구성된 이 시집의 전반부에서 동서양을 불문하고 주류의 신화들은 생태적 수탈을 정당화한다고 질타한다. 희랍 신화와 그 생태적 영향을 다룬 첫 번째 시의 첫 행 "샛별은 별이 아니다"(4)는 이 시집의 말미에 배치된 마지막 시행 '태양은 단지 아침에 뜨는 하나의 별이다'라는 구절과 극명하게 대조된다. 전도된 샛별의 지위는 곧 문화적 전복이다. 샛별이 태양으로 특권화된 그리스 신화와 유대 기독교 신화에 내재한 계층적 이원론을 지적함으로써 시인은 인간과 비인간의 지위를 계층적으로 가르는 서양문화 근원을 신랄하게 비판하고 있는 것이다. 동시에 시인은 동양의 이분법적 사상과 문화도 질타한다. 「벌목 10」에서 시적 화자는 자연의 억압과 수탈을 정당화하는 유교사상을 거부하고 만물만인평등을 지향하는 불가(佛家)와 도가(道家)의 사상을 옹호한다. 그는 "'인간이 우주의 중심/ 오 원소의 결말,/ 음식과 색깔과 소음을 즐기도록 태어'"났다고 가르치는 공자를 거부하고 불교와 노장사상 그리고 북미 인디언의 사고와 삶의 방식에서 대안 문화의 가능성을 타진한다(11). 시인이 자연 사랑과 친생태적 대안문화를 추구하도록 부추기는 원동력은 바로 공성과 연기론적 공감심임을 다시 확인하는 대목이다.

스나이더의 중기 시집으로 볼 수 있는 『거북 섬』(*Turtle Island*)은 그의 생태학적 정치성이 강하게 표명된 시집이다. 「전선」("Front Lines")은 그 제목부터 정치성이 적나라하게 드러난다. 이 시에서 벌목은 곧 생태적 암이다. 불도저가 대지를 완전히 파괴하기 전에 맹목적인 산업발전과 군사팽창에 맞서 싸워야한다고 화자는 외치고 있다. "뒤에는 북극으로 이어지는 숲이 있고/ 아직도 파이우트족이 소유하는 사막이 있다/ 우리는 여기에/ 우리의 전선을 쳐야 한다"(Behind is a forest that goes to the Arctic/ And a desert that still belongs to the Piute/ And here we must draw/ Our line,(*TI* 18). 그런가 하면, 「야성의 외침」("The Call of the Wild")에서는 힌두교로 개종한 후 공감심과 '야성'(Coyote mind)을 잃어버린 수행자들을 조롱하기도 한다. 화자에게 야성의 상실은 시적, 정치적 재앙이다. 그에게 야성의 상실은 궁극적으로 군사적 폭력과 비인간 자연의 수탈을 부추기는 죽임의 문화의 만연을 의미한다. 예의 두 종류의 폭력이 상호 연결되어 있다. "그리하여 폭격하고 폭격한다/ 날이면 날마다, 온 지구를/ 참새들을 눈멀게 하고/ 올빼미의 고막을 찢고/ 벚나무들을 산산이 조각내면서/ … 독극물과 폭발물을 투하한다/ 아시아로 먼저,/ 다음은 북아메리카로,"(So they bomb and they bomb/ Day after day, across the planet/ blinding sparrows/ breaking the ear-drums of owls/ splinting trunks of cherries … Dumping poisons and explosives/ Across Asia first,/ And next North America,) (*TI* 22-3). 스나이더는 한 때 시학은 정치학과 상호작용해야 한다고 언급한 바 있다. 자아의 예술적 표출만으로는 시의 사명을 완수할 수 없다는 충고이다(*The Real Work*, 65). 스나이더에게 시는 정치를 하는 방식이고 정치는 시를 쓰는 행위이다.

명징한 언어로 규정할 수 없는 자연의 도(道)가 허무의 언어로부터 고은을 구하듯이, 스나이더에게 공의 시학을 가르치는 존재는 비인간 자연이다. 시인의 교사는 "나뭇가지 위에, 고개 숙이고,/

꼼짝없이, 잠자면서./ 숙고하며, 타자들을 알아보는"(on a limb, head tucked under,/ motionless, sleeping. Peering deeper, seeing others) 거대한 왜가리이거나, 바람을 거스르며 큰 소음을 내는 자동차들과는 달리 "흔들리고 아래로 미끄러지면서/ 날개에 부딪치는 바람을 흘려버리는"(spill the wind from their wings/ wobbling and sideslipping down) 기러기, "잡목 숲 속에서/ 갑자기 집고양이를 쫓는 살쾡이"(Out of the underbrush/ a bobcat bursts chasing a housecat.), "예술을 이야기하고/ 수많은 작은 물고기들에게 강의하는/ …" 공중에서는 서툴지만 물속에서는 "제트기처럼 재빠르고, 무척 우아한" 가마우지, 혹은 숨을 깊게 들이 쉬면서 향을 맡으면 공동(空洞)뿐만 아니라 마음까지 정화시켜주는 캘리포니아 월계수이다(강용기 38). 야생 동식물의 생태를 관조하는 것이 바로 시인 자신에게 불성(佛性)을 가르치는 최고의 교육이다. 시인은 통각(統覺, Self-Realization)과 문화 변용의 길을 모두 자연의 문법에서 찾고 있는 것이다.

스나이더의 시학이 비인간 자연을 향한 공감심의 도모를 강조함에는 틀림없지만 사실 시를 포함한 그의 저작물의 많은 부분은 전술하였듯이 자연물과 자연현상의 관조를 통하여 공과 연기의 법을 확인하려는 내용이다. 그러나 스나이더의 연구가 공이나 선(禪) 혹은 연기에만 초점을 맞춘 나머지 시인이 독자에게 전하려는 보다 직접적인 친생태적 정치성이 지나치게 경시되는 경향이 있다. 그러나 독자는 용수의 공사상과 모든 유파의 불교가 공유하는 연기론적 세계관을 체득한 시인이 그러한 깨달음의 결과로 고통 받는 삼라만상을 위한 공감심을 불러일으켜야 한다는 강한 메시지를 생성하는 논리적인 과정에 주목할 필요가 있다. 1940년대에 이미 자연을 파괴하는 인간의 모든 세력들과 맞서 싸우겠노라고 다짐하였고, 일찍이 1950년대에 화석연료의 과용이 야기할 환경파괴를 우려한 스나이더의 생태학적 시학은 그가 일본으로 건너가 선불교를 수행하기 전에 이미 그 방향이 결정되었음직하다. 그렇다면 그의 시의 근골을 형성하는 생태학적 정치성은 불교사상과의 조우를 통하여 더욱 견고한 논리와 감수성으로 진화하였다고 볼 수 있다.

Ⅳ. 나오며

고은과 개리 스나이더의 시학은 모두 제행무상, 제법무아의 변으로부터 공공의 인식을 거쳐 연기론적 공감의 실천으로 진화한다. 그러나 두 시인이 공감심을 발휘하는 대상은 다르다. 전술하였듯이, 고은 시인의 언어는 궁극적으로 민족과 민중의 자유와 평등을 옹호한다면, 스나이더의 시학은 인본주의 사상을 폄하하면서 오히려 비인간 자연의 지위향상을 도모한다. 두 시인 모두의 시작(詩作)을 추동하는 힘과 (비)논리는 무엇보다도 불교의 연기론적 공감심에 기인하지만, 두 시인이 처한 서로 다른 사회적 상황이 그들의 관심과 시적 성취의 색깔을 가르고 있는 것이다. 고은의 시학은 70-80년대 한국의 암울한 정치현실을 차마 외면할 수 없었고, 1950년대 중반에 특히 산업주의를 거부하면서 미국을 풍미한 비트족 문화와 70년대 초에 서유럽에서 태동한 이른바 '심층생태운동'의 중심에 있었던 스나이더의 시어는 자연스럽게 인간중심주의 다시 보기와 생태평등사상으로 기울었던 것이다.

비록 두 시인이 주문하는 문화변용과 사회변혁의 키워드는 분명히 다르지만, 그들이 호소하는 변화의 방식과 궁극적인 지향점은 결국 자연의 운행원리라는 점이 매우 흥미롭다. 스나이더의 시학은 거론할 필요도 없겠다. 그러나 그의 문학에서 '인간사랑'이라는 표식을 결코 떼어낼 수 없는 고은도 최근 "자연 생태계가 유지하는 기본 욕망의 균형으로부터 인간의 욕망이 한 수 배워야 할 것이다."(『개념의 숲』, 254)라고 언급하면서 인위의 시어도 결국 무위자연의 도로 환원해야 하리라는 깊은 속내를 드러낸다. 즉, 고은도 "역사의 자연화"(191)를 꿈꾸고 있는 것이다.

다만 고은은 '자작나무'의 포용력을 배우면서도(송기한 109) 늘 엄숙한 민중의 삶과 상호작용하는 자연의 의미를 일구고 있다. 『전원시편』에서 화자는 "농민인 척하는 것이 아니라 혼신의 힘을 다해 농민이 되고 있다."는 최원식의 언급에 공감한다(296). 스나이더가 『무성』의 서문에서 '자연은 우리의 기대와 이론의 틀을 회피한다.'고 언급하듯이 자연의 의미는 자연의 것일 뿐이다. 인간의 언어로 자연의 궁극적인 운행원리를 표현할 길이 없다. 진제(眞諦)의 유무를 묻는 질문에 부처는 침묵으로 답하였다. 그러함에도 그 침묵은 산은 산이고 강은 강임(眞如, tathata)을 부정함이 아니리라.

4-2. 토착문화로 귀의하는 김지하와 개리 스나이더의 생태시학

I

김영일(김지하)과 개리 스나이더(Gary Snyder)의 작품세계가 필자의 비교문학적 접근을 부추기는 요인을 든다면 우선 두 시인이 처한 역사적·문화적 상황은 서로 달랐으나 각기 집단적 삶의 개혁을 향한 언어와 몸짓이 치열하였다는 점을 꼽을 수 있고, 또 하나는 두 작가 사이에 시기적인 차이는 있으나 후기 작품으로 갈수록 이들의 생태환경보전을 위한 목소리가 두드러진다는 공통점이다. 김영일의 경우 60～70년대에 경제개발과 남북분단상황을 방파제로 삼은 독재정치에 저항하는 목소리의 한 가운데에 있었고, 스나이더는 1950년대 이래로 서구적인 사유와 삶의 방식을 끊임없이 비판하며 실천적 대안을 모색하는데 평생의 열정을 바쳤다해도 과언이 아닐 것이다. 특히 김영일은 자신이 고백하였듯이 옥중에서 체험한 생명현상에 대한 자각과 잇따르는 참선수행 이후로 그의 산문 모음집 『타는 목마름에서 생명의 바다로』라는 제목 자체가 표명한 대로 80년대 초반 무렵을 전후하여 갈등과 대립의 언어를 극복하고 상생·상보적 생명의 세계로 향한다. 한편, 청년기부터 선불교에 매료되어 실제로 십여 년간 일본에 건너가 수행한 경험이 있는 스나이더는 1968년 캘리포니아에 돌아와 안주할 때까지 인도, 중국, 그리고 대만 등 아시아권의 나라들을 여행하며 동양사상을 섭렵하고 이를 토대로 죽음과 죽임의 문화를 넘어 삼라만상이 공존공생하는 새로운 신화창조(mythopoesis)를 꿈꾼다.

그렇다고 두 시인이 공유하는 생명에 대한 외경이 단순하다는 뜻이 아니다. 오히려 두 시인의 시적 형식의 문제는 차치하고라도 그들의 문학적 소재나 주제의 폭은 그들이 살아온 삶의 부피나 그들이 천착하는 문화가치의 깊이만큼 다양하고 복합적이다. 독자는 스나이더의 시나 산문에서 서구문화에 대한 저항의식이 불교사상과 미토착민들의 세계관에 접목되고 이것이 다시 그의 트레이드 마크인 생물지역주의(bioregionalism)의 사상적 기틀을 제공하고 있음을 감지해야한다. 김영일은 최근 20 여 년간에 걸쳐서 생명, 애린, 후천개벽, 향아설위, 천지공심, 접화군생, 율려, 흰그늘, 부용 등의 용어를 창조 혹은 차용하면서 그의 생명사상의 신비성과 실천성을 아우르는 부단한 작업을 계속하고 있다. 두 시인의 이처럼 드넓고 풍부한 사상의 바다를 필자의 좁은 식견으로 홀로 항해하기에는 애시당초 가당치 않은 시도인줄 알면서도 만용을 부리는 까닭은 서로 문화적 배경이 판이하게 다른 이들의 세계관 혹은 우주관이 의미심장한 유사성을 보이고 더구나 그들이 공통적으로 우리에게 주는 메시지나 교훈이 오늘날 인류가 가장 심각하게 도전받고 있는 생태환경문제의 해결을 위한 유효한 사고의 틀을 제공해 줄 수 있으리라는 기대감 때문이다.

본고에서는 첫째, 그들의 복합적인 생태의식과 토착적인 사유와 삶의 방식이 어떻게 관련을 맺어 가는지 그 과정을 살피고, 둘째로 그러한 토착문화에 뿌리를 둔 사유체계가 생태환경보호의 관점에서 어떤 의의를 지니는지 밝히고자 한다.

Ⅱ

김영일과 스나이더는 공통적으로 서구의 문화가치에 저항하거나 그 한계성을 지적하고 있으므로 우선 그 내용을 점검하는 것이 그들의 생태의식의 뿌리를 밝히는 작업의 일환이 될 것이다. 스나이더의 문화비판의 목소리는 1950년대의 초기작품으로부터 1996년에 완성하여 출판한 시집 『끝없는 산과 강』(*Mountains and Rivers Without End*)에 이르기까지 묵시적이건 명시적이건 그의 전 작품에 편재(偏在)하지만, 김영일의 경우는 민주화라는 절박한 정치적 상황이 작품의 주된 소재가 되었던 초기의 작품들보다는 아무래도 『애린』 연작이 출간된 1984년을 전후한 시기로부터 최근의 산문집 『옛 가야에서 띄우는 겨울 편지』에 이르기까지 생명의식을 그 모티브로 하는 시어와 담론들에 그의 문화저항의 의도가 배어 있다. 물론 홍용희가 지적하듯이 60년대의 시들도 궁극적으로 "생명가치의 복원"이라는 큰 틀에서 볼 수 있겠지만 이 글의 초점이 인간을 포함하는 삼라만상의 생명가치를 두루 고양할 수 있는 새로운 사유방식의 비교에 있으므로 김영일의 초기시들은 본고의 논의 대상에서 제외된다.

김영일의 문화 혹은 문명비판의 내용을 살피려면 우선 그가 현대적으로 해석하고 있는 수운 최제우의 후천개벽(後天開闢)의 개념을 되짚어볼 필요가 있다. 마치 스나이더의 상상력이 구석기 시대에까지 미치듯이 김영일은 동학에서 말하는 오만 년 개벽에 주목한다. 호모 사피엔스의 출현과 인류 문명의 시원을 구석기 시대의 중간쯤, 즉 오만 년 전 정도로 보고, 이 때부터 20세기에 이르기까지 인간의 역사는 우주생명의 질서를 파괴해온 과정인데 이를 일컬어 선천시대라 한다. 선천시대에는 주로 서양의 기계문명, 산업주의, 과학주의, 인간중심주의가 확산되면서 인류는 생명질서로부터 끊임없이 이탈해 왔고, 이러한 현상은 19세기 즉 무기와 종교를 앞세운 서구열강의 제국주의적 침략기에 와서 그 절정에 이르렀다는 시각이다. 그러나 선천개벽 후 약 오만 년이 지나 문명의 번복이 일어나는데 수운은 이를 후천개벽이라 명명한다. 김영일은 수운의 후천개벽사상을 풀어 "잃어버린 우주의 생명을 자기 안에서 다시 회복시킬 뿐만 아니라 그 생명의 질서에 일치해 살며 타인 속에도 이웃 속에도 그와 같은 무궁한 우주생명이 있음을 인정하고 동식물을 공경하며, 흙이나 물과 같은 무기물 속에도 생명이 살아 있음을 인정하고 또한 공경하는, 그리하여 우주생명과 일체로 천지를 공경함으로써 천지와 일체가 되는 그러한 사상"(『타는 목마름에서 생명의 바다로』 39)이라고 말한다. 즉 후천개벽은 서구문화가 대표하는 생명질서의 파괴와 죽임의 문명으로부터 무기물을 포함하여 우주만상을 살리는 친생태적 문화로의 인류문명사적 대전환이다.

김영일은 제국주의적 서세동점 이래로 동·서의 구분 없이 만연된 생명 파괴적인 문화의 대안을 철저하게 동양에서 찾는다. 흔히 동도서기(東道西器)라 하여 정신세계의 근원은 동양사상에서 취하되 과학·기술은 서양의 것을 받아들여야한다고 보지만 그는 오히려 자연과학의 씨앗도 동양 특히 한국의 전통사상에서 찾아야한다고 믿는다. 예컨대, 『주역』은 중국역으로써 물질우주세계의 과학적 원리를 태극음양(太極陰陽)이라는 고정된 사고의 틀로 설명하는 정태적 사상이라면 1885년에 공표된 김일부의 『정역』은 우주질서의 조정에 인간이 참여할 수 있는 가능성을 제시한 역동적인 과학원리이며 이것이 곧 후천우주과학이어야한다고 본다(『옛 가야에서 띄우는 겨울 편지』72-4). 결국 그는 후천시대의 인문·자연과학은 동도동기(東道東器)로 나아가야 한다고 주장한다.

대안문화로써 김영일의 후천개벽사상의 보다 구체적인 내용은 뒤에 다시 점검하므로 여기에서는 다만 그의 생태의식의 발아가 서양문화의 비판과 필연적인 관련을 맺고 있음을 지적하는 것으로 만족하고 이제 스나이더의 경우를 살핀다.

스나이더는 바로 초기작품에서부터 서양문명이 부추기는 생명파괴의 다양한 양상들에 주목한다. 그는 1959년에 출판된 『신화와 텍스트』(*Myths & Texts*)에서 '신화는 (만상이)살았던 하나의 현실' 이며 동시에 '현실은 살아진 하나의 신화'(Murphy 21에서 재인용) 라는 화두를 전제로 하고 기독교 신화에 뿌리를 둔 생명현상의 억압을 고발한다. 이 시집의 제사(題辭)로 인용하는 「사도행전」19장 27절은 우상파괴의 명령으로 대립적이고 이원론적인 기독교 세계관의 표상일 뿐만 아니라 「벌목 2」의 첫 두 행 역시 이교를 배척하고 악이나 이단의 온상으로 연상하는 숲을 파괴하라는 「출애굽기」 34장 13절로 시작한다.

> 그러나 너희는 그들의 제단을 부수고,
> 　그들의 우상을 파괴하고, 그들의 숲을 베어라.

> But ye shall destroy their altars,
> 　break their images, and cut down their groves. (4)

이러한 신화는 현실로 살아진다.

"소나무들은 잠에서 깨어나는 용처럼
쇠발톱으로 구름을 움켜쥔다"
하루에 250,000 보드피트
사람이 아무도 다치지 않고
벌목 트랙터가 계속 작동한다면

"Pines grasp the clouds with iron claws
like dragons rising from sleep"
250,000 board feet a day
If both Cats keep working
& nobody gets hurt (5)

신화의 물리적인 결과(텍스트)는 이 경우 동·서양을 불문하고 전지구적으로 자행되는 삼림파괴행위이고 나아가 보다 광범한 자연훼손이지만 더욱 심각한 것은 배타적인 문화가치의 확산이 토착문화를 주변화한다(marginalize)는 점이다. 그리하여 스나이더는 「벌목 1」을 그리이스·로마신화와 연상되는 봄의 풍요와 생명현상의 찬미에 바친 후 곧바로 두 번째 시에서 기독교 신화의 메시지를 침입자의 이미지로 삽입하는 것이다.

특히 서양의 근대사에서 기독교 신화의 텍스트는 산업주의나 극단적인 경우인종차별주의 형태로 나타나고 더구나 그것들은 보편적인 문화가치로 격상되어 그 자체가 또 하나의 신화로 굳어진다. 즉, 인류의 역사에서 신화/텍스트의 확대·재생산이 끊임없이 이루어진다. 스나이더는 이처럼 문화가 세대를 이어 전수되는 방식을

「도끼자루」(Axe Handles)라는 시에서 절묘한 비유로 형상화한다.

> "도끼자루를 만들 때
> 　　　　모형이 멀리 떨어져 있지 않다."
> 　이 이야기를 카이에게 한다
> "자, 우리가 쓰는 도끼의
> 　자루를 보고
> 　도끼자루를 깎자…"
> 　　……
> 　이제 알겠다. 파운드는 도끼였고,
> 　첸도 도끼였다. 이제 내가 도끼이고
> 　내 아들은 머지않아 모형과
> 　도구가 될 도끼자루,
> 　이것이 문화의 조화,
> 　우리가 살아가는 방식.

> "When making an axe handle
> 　　　　the pattern is not far off."
> 　And I say this to Kai
> "Look: We'll shape the handle
> 　By checking the handle
> 　Of the axe we cut with…"
> 　　……
> 　And I see: Pound was an axe,
> 　Chen was an axe, I am an axe
> 　And my son a handle, soon
> 　To be shaping again, model
> 　And tool, craft of culture,
> 　How we go on. (*Axe Handles* 5-6)

이러한 신화적 유산은 스나이더에게 보다 심층적인 집단사유방식을 형성하고 지식을 통제하는 결정적인 요인으로 비친다. 서양식 사고방식이나 형이상학에서 그가 문제삼는 것은 무엇보다도 이원론적인 태도이다. 정신과 물질, 이(理)와 기(氣)를 상호 대립·갈등하는 두 요소로 파악하고 전자는 항상 후자의 우위에 있다고 보는 차등적 이원론이 인간중심주의를 부추기고, 그렇게 인간이 다른 만상보다 우월하다고 보는 세계관의 근원이 성경이라는 "하나의 커다란 책"에 있음을 가이아(Gaia)에게 고백한다: "하나의 커다란 책이 떨어져/ 다른 책들을 넘어뜨렸다"(A large book fell/ and knocked over others (*Axe Handles* 58). "다른 책들"이 인간의 지식을 상징한다고 보면, 인간중심주의적 지식은 궁극적으로 기독교 신화에 뿌리를 두고 있음을 암시한다.

서구의 차등적 이원론이 인간 이외의 다른 생명체들(우리의 지식체계상 무기체로 분류되는 모든 것들을 포함하여)의 파괴를 정당화하는 논리로 작용할 수 있다는 시인의 우려는 물질/기 없이 정신/이의 존재가 불가능하다는 「물질 없이 정신 없다」(No Matter, Never Mind)라는 시 한 편을 낳는다(*Turtle Islands* 11). 이 시에서 물질과 정신의 상호보완적 관계는 남녀간의 결합의 이미지를 통하여 표출된다. 더 이상 물질과 정신 사이의 차등관계는 없다. 스나이더의 생태평등사상은 「어머니 지구와 고래들」(Mother Earth: Her Whales)이라는 시에서 극명하게 드러난다.

연대. 사람들.
서 있는 나무 사람들!

날으는 새 사람들!
헤엄치는 바다 사람들!
네 발 달린, 두 발 달린 사람들이여!

Solidarity. The People.
Standing Tree People!
Flying Bird People!
Swimming Sea People!
Four-legged, two-legged, people! (*Turtle Islands* 48)

의심의 여지없이 불가의 영향을 받은 스나이더의 문학적 성취의 중심에 만물평등의식이 확고하게 뿌리 박혀있고, 이는 확실히 서구의 전통문화가치와 정면으로 배치된다고 보아야 할 것이다.

Ⅲ

그렇다면 김영일과 스나이더는 생태환경과 인간성의 오염과 파괴를 조장하는 죽임의 문화에 대한 대안을 각기 어디에서 찾고있는가? 두 시인 공히 어느 하나의 폐쇄적인 사상이나 문화가치에서 그들의 돌파구를 찾는 것이 아니고 앞에서 언급하였듯이 동·서양의 사상을 두루 섭렵하여 매우 포괄적인 통찰을 제시하고 있다. 우선 김영일의 사상적 대안을 더듬어 보자.

김영일이 그의 생명사상을 시와 산문을 통하여 전개하면서 매우 구체적인 녹색대안을 제시한다는 점이 의미심장하다. 생태환경의 문제로 고뇌하는 남한의 문학인들 대부분이 환경의 오염과 파괴를 비판하고 성토하거나 아니면 자연이 주는 생명감이나 아름다움을 찬미할 뿐 구체적이고 실천적인 대안문화의 창조를 향한 작품쓰기에는 아직 인색하다. 예의 옥중의 신비스러운 체험 이후 『애린』 연작과 『중심의 괴로움』에 이르기까지 김영일은 새로운 녹색문화의 초석이 될 사상적 대안찾기의 외로운 투쟁을 계속한다. 특히 『애린』은 그의 사상적 변모의 시작이다.

『애린』을 읽은 독자라면 누구나 "애린"이라는 신조어가 의미하는 바가 곧 이 연작 시집을 통괄하는 주제어임을 쉽게 간파한다. 그러나 "애린이 무엇인가?"라는 질문에 대한 답변찾기는 그리 녹록한 문제가 아니다. 애린을 보는 관점을 단순화하여 요약하면 다음 두 가지이다. 하나는 애린이 『황토』 이후 『애린』 이전까지 인간의 역사를 포함하는 만상의 이치를 모순과 대립의 원리로만 파악하는 시인의 양(陽)에 치우친 세계관으로부터 음(陰)적·곡선적 세계로 나아가는 심상의 표출이라는 입장이고(채광석 152, 홍용희), 다른 하나는 이원적 대립의 세계에서 전일적 혹은 통일적 관점으로 시인의 통찰이 옮겨갔다는 시각이다(성민엽 96). 각자 관심의 차이에 따라 시각의 차이가 있을 수도 있겠지만, 필자가 보기에는 『애린』 이후 상당한 기간을 두고 출판된 『중심의 괴로움』과 최근에 나온 김영일의 산문 모음집들에서 추적되는 일련의 사상적 변모의 궤적과 관련하여 애린의 개념을 조명할 필요가 있다고 본다.

결론부터 말하자면 『애린』 연작시편들에서는 시인의 세계관이 양적·직선적 요소와 음적·곡선적 세계의 전일적 합일의 경지에 이르렀다고 보기는 어렵다. 애린을 애타게 찾는 이유는 시인에게 그것이 결여되어있다고 혹은 잃어버린 소중한 그 무엇이라고 느끼기 때문이지 그 자체가 완벽하게 채워진, 음양이 조화된 완결체가 아니다. 자주 인용되는 「결핍」이라는 시의 제목 자체가 암시하듯이 애린은 화자에게 결여되어 있는 무엇이다. 애린은 둥글고 보드라운 심상을 향하는 요소임에 비해 시인의 마음속에는 "모난 것 / 딱딱한 것, 녹슨 것/ 낡고 썩고 삭아지는 것뿐"이었다고 고백한다. 그러나 동그라미 자체가 애린은 아니다.

애린
네 이름을 부를 때마다
나는 조금씩 동그래져
애린
네 이름을 부를 때마다
나는 조금씩 보드라와져
애린
네 목소리를 떠올릴 때마다
나는 조금씩 해맑아져
애린 (『애린 Ⅰ』 42)

음과 양이 조화를 이룬 상태는 분명히 동그라미에 의하여 형상화된다. 따라서 동그라미 자체를 음적인 세계로 볼 수 없고, 다만 애린을 부르고, 그리고, 떠올릴 때마다 화자는 동그라미, 즉, 음과 양이 합일된 경지에 점점 가까이 다가갈 뿐이다.

성민엽은 애린이 화자에게 찾아오는 시각은 낮과 밤 혹은 빛과 어둠이 교차하는 황혼이거나 여명임에 주목하여 애린은 곧 음·양이 결합·일치하는 '드넓은 통일의 세계'(116)라고 주장한다. 여기서 「반쪽 돌부처」라는 시편을 보자. 이 시에서 '나'는 '반 쪼개진 돌부처'이다. 화자는 스스로 음의 요소를 상실한 반쪽 인격체로 제시된다: "내가/ 나를 쏘아죽이고 나를/ 내가 찔러 죽이고 나를 갈라죽여 내가 … 나를 보지 못했나/ 머리부터 발끝까지 반 쪼개진 돌부처"(『애린 Ⅰ』 84-5). 잃어버린 반쪽의 "나"는 완전한 통일체를 위하여 다시 채워져야 할 대상이다. 더구나 이 시에서 애린은 「남한강에서」에서와는 달리 여명 속으로 사라져간다.

> 사무쳤구나
> 설움에, 춥고 고달픈 눈빛
> 물끓는 연탄난로 뚜껑 제치고
> 타는 불꽃 속으로 사라져가는
> 트는 먼동 속으로 사라져가는
> 붉은 눈빛
> 뭐라 나직이 숨가쁘게 속삭이는
> 푸른 입술
> 너
> 이름이 뭐니 (『애린 Ⅰ』 88)

개인적으로는 60-70년대에 양적·직선적인 삶과 사유방식을 추구하면서 잃어버린 애린이기에 그 모습이 애처롭다. 그렇다고 시인이 그토록 절박하게 대립과 갈등의 정서로 몸부림쳤던 과거의 직선적 삶의 방식의 의의를 전면적으로 부정할 수 있겠는가?

애린의 정체가 무엇이건 이 연작 시편들에 펼쳐지는 김영일의 그리움은 아직 한 송이 꽃으로 피어나지 못하고 있다. 물론 시인이 마침내 '애기파' 속에서 애린을 보았다고 하였듯이 애린이 그의 생명사상과 본질적으로 관련되어 있겠으나, 그가 애린을 되찾는 외로운 구도의 긴 터널을 지나 본격적으로 그 생명의 질료를 발견하는 것은 『중심의 괴로움』에 와서이다. 상당한 구도의 기간을 거쳐 마침내 전일적 자아를 성취하는 모습은 이 시집에서 자주 등장하는 새봄과 꽃의 이미지를 빌어 그려진다. 애린과의 교접을 통하여 배태된 통일된 자아가 꽃으로 피어나는 단계에 왔다.

봄에
가만 보니
꽃대가 흔들린다

흙밑으로부터
밀고 올라오던 치열한
중심의 힘

꽃피어
퍼지려
사방으로 흩어지려

괴롭다
흔들린다

나도 흔들린다

내일
시골 가
가
비우리라 피우리라. (50-1)

애린』에서 『중심의 괴로움』으로 넘어오면서 의미로운 변화는 김영일의 생명사상이 추상적인 단계에서 구체적인 내용으로 채워지기 시작하였다는 점이며, 그 내용이 바로 생태적 대안이고 더구나 그것이 한국의 토착사상에서 찾아진다는 특징이다. 그의 대안사고로써 가장 두드러진 내용은 우주적 자아의 개념이다. "나" 안에 신령한 우주가 살아있다는 대자아에 대한 자각으로부터 그의 생명사상은 채색되기 시작한다.

내 나이
몇인가 헤아려보니

지구에 생명 생긴 뒤 삼십오억살
우주가 폭발한 뒤 백오십억살.
그전 그후 꿰뚫어 무궁살

아 무궁

나는 끝없이 죽으며
죽지 않는 삶

두려움 없어라

오늘
풀 한 포기 사랑하리라
나를 사랑하리. (40)

결국 인간이 우주의 중심이 아니고 만상은 그물코처럼 상호 의존적으로 얽혀있음을 깨달은 화자는 이제 겸손할 수밖에 없다. 이러한 변화는 시인이 최근에 그의 아호를 노겸(勞謙)으로 변경한 배경과도 무관하지 않다. 또한, "흙도 물도 공기도 바람도/ 모두 다 형제라고/ 형제보다 더 높은/ 어른이라고"(34) 생각하니 마음 편해졌고, "모든 것 공경스러워/ 눈 가늘어진다"(37)고 고백한다.

스나이더의 경우가 그렇듯이 김영일의 시적 메시지는 종종 자신의 산문에 의하여 가장 잘 설명된다. 그가 한국의 토착사상에서 그의 생명사상의 직접적인 뿌리를 찾는 작업도 산문을 통하여 이루어진다. 그가 감옥에서 만난 수운과 해월의 동학이 그의 숙제 즉 "인간의 넋과 밥, 성스러운 것과 상스러운 것, 개인과 사회, 인간과 우주자연 사이의 통일의 꿈"(『타는 목마름에서 생명의 바다로』 16)에 답을 주기 시작했다고 말한다. 위에서 언급한 우주적 자아의 개념도 기실 향아설위나 천지공심 등 동학사상이나 최치원의 접화군생 혹은 고조선의 건국이념에 바탕을 두고있으며, 심지어 그의 구체적인 상상력은 1만 4천 년 전의 마고(麻姑)시대에까지 거슬러 올라간다. 말하자면 『애린』에서 마련된 그의 생명사상이라는 하드웨어에 들어가는 콘텐츠가 곧 한국의 토착사상인 것이다.

특히 접화군생은 곧 "인간, 동식물, 무기물까지도 다 감화시켜 가깝게 사귀고, 사랑하고 사랑을 베풀어서 인간의 마음과 동식물의 마음과 무기물의 마음까지 지구와 우주 만물의 마음까지 감화시키고, 변화·진화를 완성시켜서 해방시"키는 생명운동이다(『사상기행 2』 59). 이것이 또한 우주적 공공질서를 세우는 일 즉 천지공사(天地公事)이다. 그리고 접화군생과 천지공사를 이루기 위하여 인간이 우주적 자아로 깨어나야 하는데, 그러한 우주적 자기 정체성의 확립과 관련하여 그의 사상적 뿌리를 무엇보다도 해월 최시형의 향아설위(向我設位)에서 찾고 있다.

해월은 동서고금을 통하여 선천시대의 인류문명사는 향벽설위(向壁設位)의 역사였다고 본다. 향벽설위는 한 마디로 벽 쪽으로 위패와 메밥을 놓고 제사를 지내는 방식이다. 이러한 제의방식이 함의하는 바는 인간과 그 밖의 만물들로부터 유리된 신을 상정하고 미래의 낙원을 위하여 현재를 희생하는 것이다. 해월은 향아설위를 제창하여 그러한 절대적 실체 개념을 전도시킨다. 즉 메밥의 위치를 벽에서 상제 앞으로 돌려놓음으로써 전방위적 시간관을 지향하고 "'지금 여기' 제사드리고 있는 상제 즉 사람, 나, 우리 속에 살아 있는 신, 우리 속에 살아 있는 우주생명, 우리 속에 지금 여기서 마치 작은 씨앗처럼, 비록 낮은 차원 제한된 범위에서나마 현실적으로 실현되어야 할 무궁한 우주생명"(『타는 목마름에서』 47)을 확신하는 것이다. 그리하여 신령한 '나'를 공경함은 '나' 속의 우주, '나' 속의 삼라만상에 대한 공경이다.

해월의 향아설위는 삼경사상(제 안과 모든 사람 안에 살아 계신 한울림 뿐만 아니라 물건까지도 한울처럼 공경한다는 사상)과 함께 풍류도의 접화군생으로 거슬러 고조선의 홍익인간의 개념으로 그 형이상학적 맥이 이어진다. 김영일이 재발굴하는 토착사상 중에서 특히 삼경사상이나 접화군생은 그의 생태학적 대안사고의 백미이다. 그는 최근의 시어에서 그러한 사상을 구축한다.

내 운명은
물 한 잔

산을 지나고
물을 지난다
　…
세상에
마른, 말라, 목마른
세상에 내리고
내려
　…
봄되어
만년나무 생명나무 위
천 떨기로
꽃피랴

피어 사방팔방
흩어지랴
흩어지랴 (김영일 215-8)

수운의 피지못한 슬픈 넋을 자신의 천지공심과 동일시하는 이 시에서 우리는 확실히 『애린』 연작에서 보여준 구도의 고뇌를 딛고 이제 승(僧)의 길에 들어서려는 시인의 변모된 모습을 본다.

김영일이 유·불·선이 통합된 한국의 전통사상에서 생태적 대안 사고의 돌파구를 마련한다면, 스나이더는 선불교로 번역된 미토착민(Native American)들의 세계관과 삶의 방식으로부터 친생태적 지혜를 찾는다. 그는 '거북섬'을 점령하고 '숫자놀이'나 하면서 그곳에 인간중심적인 서구문화를 이식한 '지난 삼 백 년 동안의/ 지배자들'의 삶의 행태에서 문화적 위기감을 느낀다.

> 밤색 콧수염을 기른 주정뱅이가
> 길가에서 비틀거리며 무얼 도와줄까 묻는다.
>
> 초콜릿 우유를 마시고 있는 아이들
>
> 흔들거리는 현관에 기대어 있는 사다리들.
>
> A drunken man with chestnut mustache
> Stumbles off the road to ask if he can help.
>
> Children drinking chocolate milk
>
> Ladders resting on the shaky porch. (*Axe Handles* 22)

대지에 대한 원초적 감성을 잃어버린 현대인들에게서 새로운 문화창조를 위한 통찰을 기대하기란 마치 술에 만취된 사람에게 조언을 구하는 행위만큼이나 불안하다. 자연과 인간 사이의 균형을 잃고 왜곡된 문명에 중독되어 있는 현대 미국인들의 정신과 물질생활이 시인의 눈에는 위태롭게만 비친다.

서구문화에서 생태적 삶의 대안을 찾을 수 없는 스나이더가 거북섬의 토착민들의 생활방식이나 선불교 등 타문화권으로부터 받는 수혈은 새문화창조를 위한 열망의 표출이며 동시에 그의 실존적 삶의 투쟁이다. 50년대 초 뤼드 대학(Reed College) 시절에 이미 『아버지 마을에서 새를 사냥한 자』(He Who Hunted Birds in His

Father's Village)라는 하이다(Haida)원주민에 관하여 출중한 인류학적 논문을 썼다는 사실은 스나이더가 그의 문학적 커리어의 초기부터 미토착민들의 문화에 매료되어 있었다는 사실을 대변해준다. 그의 대표작이라 할 수 있는 『거북섬』의 첫 두 시편은 각각 자연과 조화된 미원주민의 삶의 모습과 세계의 수많은 토착문화 속에 살아있는 곰과 관련된 신화들을 찬미한다. 『도끼자루』에 수록된 「울루루 무화과 노래」에서는 대지의 원시적 기운을 회복하기 위한 호주의 울루루(Uluru) 원주민의 의식을 소재로 하고 있으며, 『오지』(*Back Country*)의 첫 시편 「딸기 축제」이래로 미원주민들의 신화속에 흔히 등장하는 인간과 야생동물사이의 성교 모티프는 스나이더의 시와 산문에서 종종 의미심장한 메시지를 전달하는 상징이 된다. 그리하여 토착신화 속의 곰 이야기에 천착하는 그는 그의 탁월한 산문집 『야생의 실천』(*The Practice of the Wild*)에서 자신의 평과 함께 이 신화를 상세히 소개한다. 뿐만 아니라 최근의 산문 『우주 속의 한 지역』(*A Place in Space*)에서는 일본의 토착신앙이나 불교로부터 곰 숭배의 흔적을 찾기도 한다(25-31).

신화창조자로서 스나이더가 토착 인디언 문화의 핵인 원시성을 늘 그의 시어로 길어내려는 의도는 문명을 야생(wilderness)의 우위에 두려는 서구문화에 경도된 현대인의 인간성을 친생태적으로 환원시키는 것이다. 그러한 생태적 인간성의 발현은 우리가 정신/물질, 문화/자연, 혹은 유기물/무기물 등 차등적 이원론을 극복하고 전일적 통찰을 체득할 때 가능하다고 보는 것이다. 그리고 스나이더는 두 상반된 요소가 잘 조화된 사유방식과 문화의 예를 옛 아시아의 불·도가사상에서 찾거나 세계의 다양한 토착문화 특히 미국 인디언의 전통적인 삶에서 찾는다.

> 인간의 어머니는 자연이다. 그러므로 우리는 자연을 존중해야한다. 인간의 삶과 운명은 스스로 자유스럽게 성장하고 깨닫는 것이다. 신성한 것은 육신을 가졌고 육신은 신성하다. 우리는 서로 사랑해야 하고 그리고 사랑한다. 과거에 이러한 견해는 교회와 국가를 위협하는 시각으로 간주되어 혹독하게 억압받았다. 그러나 오늘날 이러한 가치는 인간의 생물학적 생존에 필수적인 요소로 생각된다. (*Earth House Hold* 105)

균형을 잃은 인간성을 본래의 모습으로 되돌리는 작업은 곧 인간의 야성을 회복하는 일이다. 사회 전체적으로 볼 때 균형이 무너진 문화를 건강하게 회생시키는 길은 이(異)문화(subculture)의 가치를 수혈하는 것이며, 스나이더에게 대표적인 이문화는 미토착민의 삶의 방식과 사유체계인 것이다. 서구문명은 계층의식(hierarchy)에 기반을 두고 있기 때문에, 통합적 비젼을 제시하는 토착민의 사유와 실천적 삶은 그러한 문명에 위협적인 존재이다. 그래서 주류의 문화는 인간이 자신의 본성을 의심하도록 조장하고 관습과 법으로 억압하는 것이다. 스나이더에 의하면 이렇게 인간의 본성을 스스로 의심케하는 것은 곧 인간이 자연을 적으로 간주하도록 부추기는 행위이다. 그리고 이것이 오늘날 생태위기의 근본 원인이다 (115).

수많은 문명비평가들이 대안문화를 흔히 자연과 조화로운 삶을 추구하는 인디언의 문화전통에서 찾고 있다. 스나이더도 예외가 아니지만, 그의 통찰력의 특이한 점은 미토착민의 사유방식과 아시아의 형이상학을 통합하는 시도이다. 특히 그는 대승불교의 입장에서 현대인의 무지(우주만상은 본디 완벽하게 지혜롭고 자비로우나 인간이 자아를 버리지 못하기 때문에 그러한 경지에 이르지 못한 상태)와 고통의 원인이 불안과 욕구라는 생득적인 인간조건에 있기보다는 오히려 사회·역사적인 요인으로 보기 때문에 실제적 삶의 양식을 통하여 그들의 친생태적 우주관을 발현하는 인디언들이 곧 부처의 얼굴이다. 나아가 시인은 야성(wildness)을 잃지 않은 인간 뿐 만 아니라 모든 야생동물들에게 본질적으로 불성(佛性)이 깃들어 있다고 노래한다.

소녀들은
야생 영양이나 늑대 새끼들을 안고
자신의 하얀 젖을 먹인다.
아직도 젖가슴이 불룩한,
　　　　갓 태어난 아기들을 집으로 데려온 그들.
얼룩덜룩한 사슴가죽을 걸치고
　　　　나무 밑에서 잠자며
　　　　술 혹은 진리에 취한,
　　　　바카스의 사제들, 그대들이 할 일은,
뜻은 자비.
대리인은 인간과 동물, 야생동물들은
거의 코요테에
버금가는
불성을 지녔다.

Girls would have in their arms
A wild gazelle or wild wolf-cubs
And give them their white milk,
            those who had new-born infants home
Breasts still full.
Wearing a spotted fawnskin
            sleeping under trees
            bacchantes, drunk
On wine or truth, what you will,
Meaning: compassion.
Agents: man and beast, beasts
Got the buddha-nature
All but
Coyote. (*Myths & Texts* 16)

스나이더의 야성의 개념은 사전적인 의미를 초월한다. 옥스퍼드 사전에서, 예컨대, 야생동물을 '길들여지지 않고, 가축이 아니며, 제멋대로 구는' 동물로 규정함에 반하여, 스나이더는 '각기 자신의 본성을 부여받고 태어나, 자연생태계 안에서 사는, 자유로운 개체'로 재정의한다. 또한, 야성적인 사회는 '미개하고, 거칠고, 정부에 저항하는' 사회가 아니고 '자생적인 질서가 명시적인 규범보다는 합의와 관습에 의하여 유지되며', '경제제도가 지역생태계와 균형을 이루면서 긴밀하게 관련을 맺고있는 사회'이다(Kang 101에서 재인용). 이렇듯 스나이더가 산업문명에 의하여 왜곡된 언어를 수정하는 작업은 곧 신화창조행위(mythopoesis)에 다름 아니다. 그리고 우주만상의 야성의 발현을 통하여 스나이더가 창조하려는 문화는 궁극적으로 문명과 야생이 조화된 새롭고도 옛스러운 삶의 양식이다. 나아가 이성과 논리의 홍수에 익사한 야성을 되살리는 길은 우리 안의 불성을 깨우치는 일이며, 그것은 또한 동양사상에 전반적으로 내재하는 음·양이 조화를 이룬 통합적 비전을 체득하는 것이다. 그리하여 스나이더에 의하여 창조된 신화의 세계에서는 「거대한 가족을 위한 기도」(Prayer for the Great Family)에서 노래하듯 인간이 대지, 식물, 공기, 야생동물, 물, 태양, 그리고 거대한 하늘의 우위에 있지 않고 그들과 동등하며 갈등과 대립이 아닌 상생의 관계에 있으므로 그들을 항상 이웃으로 공경하고 그들에게 감사해야한다.

Ⅳ

문화적 다원주의(multiculturalism)는 환경보호주의(environmentalism)와 의미심장하게 관련되어 있다. 문화적 다양성을 인정하는 일은 건강한 문화 뿐 만 아니라 자연의 건강을 위해서도 필요하다. 우리가 문화의 다양성을 받아들일 때 다양한 문화가치에 내재한 서로 다르거나 유사한 자연관들을 다양하게 경험하게 된다. 그리고 그러한 경험은 곧 주류의 문화, 바꾸어 말하면, 동서를 막론하고 인류의 근대사를 지배해온 서구의 산업문화를 다시 보게 하는 초석이 된다는 점에 바로 세계 각 지역의 토착문화를 재평가해야한다는 생태비평적 의의가 있다.

그들의 역사·문화적 배경은 매우 다르나 김영일과 스나이더의 공통된 문화비평의 모티프는 한 마디로 인간을 포함하는 우주만물의 생명현상의 고양이다. 그리고 김영일이 접화군생, 천지공사, 삼경사상 등 자신의 생명사상의 내용을 한국의 토착적 형이상학에서 발굴하듯이, 불가와 도가 등의 동양사상과 교감한 스나이더의 생명사상은 미원주민의 자연과 조화된 실천적 삶에 깃든 영성(spirituality)으로 화개(花開)한다. 두 시인이 각각 자신을 낳아준 대지를 배경으로 발생한 토착사상에서 그들의 생명사상의 근원을 찾고 있음은 생태비평적으로 큰 의의를 갖는다. 오늘날 문화적 폭력이라고 불리어 마땅한 맹목적인 산업팽창주의에 중독된 우리는 이 두 예언자들이 공히 생태적 대안으로 제시하는 토착적 문화가치를 진지하게 수용하여 우주만물 앞에 진정으로 겸허해야할 것이다.

힐리스 밀러(J. Hillis Miller)는 비교문학적 접근이 궁극적으로 서구의 문화적 제국주의를 확장하고 영속화하는 위험에 빠지지 않도록 경고한다(1). 이러한 언급은 넓은 의미에서 지구화(globalization)의 맹점을 지적하고 있는 것이다. 오늘날 문화적 지구화는 미국과 유럽의 문화가치를 지구촌 곳곳에 이식하기보다는 오히려 주변문화로 폄하되어온 토착문화를 재생시켜 새롭게 해석하는 작업이어야 한다. 즉, 김영일과 스나이더, 그 밖의 여러 문화비평가들이 공감하듯이 지구화와 지방화(localization)가 동시에 진행되는 지구·지방화(glocalization)이어야 한다. 그러나 모든 문화가치의 절대적 평등을 주장하는 일은 맹목적이다. 각각의 문화가치는 오늘의 지구촌이 당면한 삶의 문제를 풀어가는 문화적 실마리를 얼마나 설득력있게 제공할 수 있는가에 따라 재평가되어야 할 것이다. 그러한 관점에서 작금의 생태환경 파괴와 인간성 왜곡을 조장하는 죽임의 문화를 넘어 우리는 김영일과 스나이더가 귀의하는 토착사상을 살림의 형이상학으로 받아들이는 진정한 지구화를 모색해야 하는 시점에 서있는 것이 아닐까?

4-3. 공(空)과 차연(差延)의 접점
– 개리 스나이더의 「수면의 물결」

미국의 생태(자연)시인 개리 스나이더(Gary Snyder)하면 심층 생태론이 떠오르고, 수많은 비평가나 독자들이 심층 생태론의 관점에서 그의 시를 분석하고 감상해 온 것이 사실이지만, 동시에 그의 시세계를 탈인간주의(post-humanism)나 탈구조주의의 시각으로 분석하려는 시도 역시 병행되어 왔다. 피터 퀴글리(Peter Quigley)의 분석에 따르면, 로빈슨 제퍼즈(Robinson Jeffers)의 반인간중심주의 서사는 자연을 "전능한 신"(206)의 지위로 격상시킴으로써 서구 형이상학의 로고스중심주의로 환원하는 결과를 낳지만, 스나이더는 에머슨의 자연관에 대한 해체적 저항을 통해 결국 탈구조주의 환경론을 지향하고 있다고 주장하고 있다. 피터 지오질로스(Peter Georgelos)는 "개리 스나이더의 작품을 통해 본 탈구조주의의 '흔적'"이라는 제목의 그의 석사학위청구논문에서 불교의 공(空)과 데리다의 해체의 개념을 연결하면서 스나이더 시학의 생태학적 (무)정치성을 추적하고 있다. 물론, 줄리아 마틴(Julia Martin), 패트릭 머피(Patrick Murphy), 가트수노리 야마자토(Katsunori Yamazato) 등의 비평가들이 스나이더의 시에서 선불교의 공사상이나 탈인간주의 서사를 찾고 있음은 주지의 사실이다.

스나이더는 자신의 일상적 경험에 바탕을 둔 대부분의 시에서 반문화적이고 신화창조적인 목소리를 내면서도 동시에 독선적인 자연관에 스스로 저항하는 목소리를 유보하고 있다는 점에서 그의 시세계가 함의하는 생태관은 독자의 보다 면밀한 관심을 끈다. 특히, 그가 스스로 자신의 대표 시들을 선정하여 출판한 시선집 『무성』(*No Nature*)의 마지막 시 「수면의 물결」("Ripples on the Surface")에는 그의 해체적 시학을 통한 비강압적인 자연관의 정치성이 잘 드러나 있다. 사실, 이 짧은 시 한 편이 스나이더의 시세계와 생태관을 요약하고 있다 해도 과언이 아니다. 각각의 시의 행과 연이 그의 수많은 다른 시들과 에세이 혹은 그와의 면담내용이나 대화를 연상시키기 때문이다. 상기한 퀴글리나 지오질로스는 스나이더의 자연관의 비강압성을 강조한 나머지 그 생태학적 정치성을 간과하고 있다는 아쉬움이 남는다. 1950년대 이래로 생태시학으로 일관해 왔고 더구나 최근에는 노구에도 불구하고 환경보호운동을 위해 새로이 정치학을 공부하겠노라는 의욕을 보이고 있는 스나이더의 시학이 충분히 정치적임은 사실이다. 따라서 본고에서는 이 짧은 시의 행과 연 혹은 시어 자체를 그의 이전의 저작내용과 연결하면서 그의 해체적 자연관의 생태학적 정치성을 새롭게 점검하고자 한다.

우선, 시 전문을 보자.

"은빛 연어가 밑으로 지나가면서 생긴—
수면의 물결은—
미풍이 일으킨 물결과는 다르다"

파도 위로 질주하는 지느러미 하나—
혹등고래 한 마리
공중으로 뛰어오르며

청어 떼를 집어 삼키고 있다
　　　　　　—자연은 책이 아니고 퍼포먼스,
고귀한 옛 문화.

문질러 벗겨지고 지워지면서, 사용되고 다시 사용되는
언제나 새로운 사건들—
초원 밑에 감추어진
편조(編組)된 강의 지류들—

광활한 야생
　　　　집은 따로.
야생 속의 작은 집,
　　　　집 속의 야생.
둘 다 잊혀지다.
　　　　　　　　　　　　무성(無性)

　　둘이 함께, 하나의 거대한 빈 집.

"Ripples on the surface of the water—
were silver salmon passing under—different
from the ripples caused by breezes"

A scudding plume on the wave—
a humpback whale is
breaking out in air up
gulping herring
　　　　—Nature not a book, but a *performance*, a
high old culture.

Ever-fresh events
scraped out, rubbed out, and used, used, again—
hidden under fields of grass—

The vast wild
          the house, alone.
The little house in the wild,
          the wild in the house.
Both forgotten.
                    No nature

          Both together, one big empty house. (*No Nature* 381)

늘 그렇듯이, 스나이더는 언뜻 단순해 보이는 자연현상의 묘사로 이 시를 시작하고 있다. 첫 번째 연은 인간이 자연현상을 어떻게 읽는가에 관한 관찰이다. 화자는 두 가지의 "물결"이 "연어의 지나감"과 "미풍"이라는 각각 다른 두 개의 우연한 자연현상을 지칭하고 있음에 주목한다. 이것은 실제적인 자연현상에 대한 단지 현상학적 묘사임에도 불구하고 추상적인 관념보다 구체적인 사건을 전치시킴으로써 심미적 저항뿐만 아니라 문화적 저항 곧, 서구의 로고스중심주의 전통에 대한 저항을 함의하고 있다. 구체적인 자연현상의 묘사가 관념에 선행하는 시작법의 틀은 스나이더의 거의 모든 시에 적용될 수 있다. 그의 시는 물론 수필이나 대화에서도 자연현상의 묘사나 개인의 경험에 바탕을 둔 언어가 지배적이라는 사실은 이미지즘이나 탈낭만주의 시학의 영향 이상의 의미를 지닌다. 시인은 한 때 "시는 진솔한 경험에서 (우러나와) 노래하고 말해야 한다"고 언급했다(*Earth House Hold* 118, 이후 *EHH*로 표기함). 같은 맥락에서, 시인이 일찍이 1950년대에 서구문화의 대안을 찾아 선불교로 귀의한 사실을 반추할 수 있을 것이다.

선불교의 형이상학은 플라톤 이래로 서구사상을 지배해 온 이원론과 근본적으로 대조를 이룬다. 서구의 정신사가 기(氣)보다 이(理)를 중시한다면, 선사상에서는 이기의 계층적 이분법을 지양한다. 자연과의 자신의 직접적인 접촉을 통해 얻는 개인의 경험이나 관찰을 기술하려는 스나이더의 시작의 경향은 바로 이에 편향된 서구인의 정신세계에 스스로 저항하려는 의도를 잘 보여주고 있는 것이다. 그리고 그의 의도적인 그러나 비강압적인 자연묘사는 대부분 이기의 계층적 이원론과 뒤얽혀 있는 산업제일주의를 문제시한다는 점에서 생태학적으로 유의미하다.

선불교의 형이상학은 대승불교의 공사상에 그 뿌리를 두고 있다. 2세기 경에 공을 대승불교의 기본원리로 확립한 이는 인도의 용수(Nagarjuna)이다. 마사오 아베(Masao Abe)는 그의 『선과 서구사상』(*Zen and Western Thought*)에서 선불교와 인도의 대승불교 사이의 형이상학적 관련성을 명쾌하게 설명하고 있다. 아베에 따르면, 소승불교의 분석적 관찰의 문제점을 극복하고 空의 色(substantial emptiness)을 본 사람은 용수다. 대승불교에서는 존재의 부정과 함께 이중부정을 상정함으로써 중용의 길을 취한다. 따라서 대승불교는 관념에 부합하는 사물이 실재한다는 근본주의적인 사고를 거부하면서 동시에 만물은 부재하다는 허무주의를 극복하고 있다(Abe 94). 공은 궁극적으로 존재와 비존재, 이와 기 사이의 이원론적 대립을 극복한 제 3의 영역이다. 그리고 이러한 3차원을 통한 이기의 이원성 극복이 바로 선불교 형이상학의 근간이다.

『무성』에 수록된 「길을 잃고」에서도 그의 수많은 다른 시들에서처럼 시인은 인간언어의 한계성을 넘어 보편적인 자연관을 견인해낼 수 있는 가능성을 배제하지 않으면서도 개인의 주관적인 자연관을 동시에 허용하고 있다. "바위 위에서/우리에게는 우리 자신의 길을 찾을 자유가 있다"(*NN* 369). 스나이더는 이 시선집의 서문에서 우리가 독선적인 자연관을 형성하려 할 때 겪는 언어적 딜레마에 대하여 언급하는 한편, 규정적 자연관 곧, 지배문화에 기인한 신경증에 저항하고 있다.

> 그러나 우리는 자연을 쉽게 알지 못하거나 심지어 우리 자신을 알지도 못한다. 자연의 실체가 무엇이건 그것은 우리의 개념과 가정에 부합하지 않는다. 그것은 우리의 기대와 이론적 틀을 피해버린다. "자연계"로 보나 "사물의 자성"으로 보나 (우리의 개념과 가정에) 부합하는 "자연"은 결코 존재하지 않는다. 우리가 자연을 가장 존중하는 길은 그것을 붙잡으려하지 말고 그것은 우리를 회피하는 존재이며 우리의 본성 또한 유동적이고 열려있으며 상황의 존재임을 인정하는 것이다. (v)

자연의 이름은 空이다. 자연의 이름은 자연의 것이다. 「수면의 물결」에서 물은 수많은 표정을 지으면서 인간중심적인 정의를 회피해버린다. "연어의 통과", "미풍", 혹은 "혹등고래"가 자신의 의미 곧, 지배문화에 의하여 고착된 이름이 아닌, 자연 자체의 행위(play)에 의하여 정의된 의미를 수면 위에 등록하는 것이다. 두 번째 연의 "책"도 문화 독선적이고 규정적인 자연의 명명화를 연상시키고 있다. 자연현상은 끊임없이 변화하는 "퍼포먼스"라는 비유 역시 자연에 대한 인간중심적인 명명의 불가능성을 함의하고 있는 것이다.

그러나 시인은 空의 無에 머무르지 않고 空의 色을 아우르려 시도한다. 자연을 "고귀한 예 문화"에 비유함으로써 시인은 자연과 (인간중심적인)문화가 분리되기 이전의 원시사회에 대한 향수를 드러내면서 자연과 문화, 기의 세계와 이의 세계, 색과 공의 융합을 꿈꾼다. 사실, 스나이더는 대안문화의 가능성을 북미 토착민의 생활방식에 아직도 그 흔적이 남아 있는 구석기 시대에서 찾고 있다. 그의 퓰리처상 수상작인 『거북 섬』(*Turtle Island*)의 첫 시 「아나사지」(Anasazi)는 자연/문화의 이분법이 사라지고 흙, 바위, 식물, 동물, 인간 그리고 신들 사이의 계층적 관계가 존재하지 않는 생태적 평등사회에 대한 열망을 담고 있다(3). 자연과 문화의 경계 무너뜨리기다. 스나이더는 "문명은 말하자면 신념의 결여이고, 인간의 나태며, 자신의 판단과 결정보다는 타인의 그것을 기꺼이 받아들이는 것 곧, 기꺼이 완전한 인간이 되기를 포기하는 것"(*EHH* 126)이라고 주장하면서 그의 시학 속의 정치학을 통하여 개인의 계몽과 집단적 문화변용을 위한 목소리를 높인다.

「수면의 물결」의 넷째 연에서 시도하는 언어의 해체는 스나이더의 문화변용에 대한 열망과 관련하여 유의미하다. "야생"과 "집"의 개념이 상호 침투하고 있다. 다시 말하면, 자연/문화 이분법의 해체다. 주류의 문화에 기반을 둔 "야생"과 "집"의 정의가 더 이상 유효하지 못하다. 스나이더는 『야생의 삶』(*The Practice of the Wild*)에서 인간중심적인 선입견을 재생산하거나 재강화하는 "야생"

의 사전적인 정의의 전복을 시도한다. 예컨대, 옥스퍼드 영어사전에서는 야생동물을 "유순하지 않고, 길들여지지 않으며, 제멋대로 구는" 동물로 정의하고 있으나, 스나이더는 이 정의를 "각자에게 주어진 천성에 따라 자연계 안에서 사는 자유로운 존재"로 수정하고 있다. 또한, "문명화되지 못하고, 교양이 없고, 법치국가에 저항하는 (야생)사회"를 "사회질서가 내부적으로 자생하고, 그것이 명시적인 법보다는 합의와 관습의 힘에 의하여 유지되며, 경제제도가 지역 생태계와 친화적이고 지속 가능한 관계에 있는 사회"(*PW* 9-10)로 재정의하고 있다. 사전에 의해 강요된 "야생"이나 "집"의 의미는 인간중심적인 자연관을 초월한 시인에게 더 이상 유효하지 못하다. 화자는 인간중심의 이기주의에서 벗어나 야생과 집이 결국 둘이 아니고 하나임을 깨닫는다. 외부의 야생이 내부의 야생(집)과 분리되지 않으며, 그 둘 사이의 프로그램화된 경계선이 "잊혀지는"(forgotten) 것이다. 스나이더는 "우주에 그 어느 것도 자연적이라고 정의할 수 없는 것은 없으며", "도시는 시골만큼 자연적이다"라고 분명하게 언급하고 있다(*RW* 91).

반문화에 대한 스나이더의 관심은 대개 언어의 전복적 의미에 반영되어 있다. 「베리네 땅」(Berry Territory)에서도, 화자가 마멋굴을 발견했을 때, 그의 첫 반응은 "야생"이지만 곧 이어 "일종의 집"(some home)이라는 전복적 의미의 어휘를 병치함으로써 비인간중심적인 야생의 의미를 회복하고 있다(*Axe Handles* 12-3). 산업발전을 연상시키는 단어 "진보"(progress)는 스나이더의 시어를 통하여 해독이 되고 자연의 내재적 순환에 부합하는 자연상태의 진화(evolution)를 의미하게 된다. 시인은 "털갈매나무 꽃"과 "물이

끓는 난방기" 처음으로 냉장고를 여는 "너구리" 그리고 "알을 낳는 진딧물"에서 진보를 본다(*AH* 72-3). 아직도 버섯을 기르고 딱정벌레 애벌레를 먹여 살리고 있는 "썩어가는 고목의 그루터기"를 화자는 면밀히 관찰하면서 삶과 죽음의 상호 침투성을 깨닫고 인간중심적 언어에 의해 강요된 이원론을 초극한다. "짧은 삶, 그리고 길고 느린/ 잇따르는 사양(飼養)"(A quick life: and the long slow/ feeding that follows)(*AH* 106). 그렇다면 스나이더의 진보는 궁극적으로 자연의 순환원리에 순응하여 삶과 죽음이 상호 침투하는 순간이다.

『끝없는 산하 외 1』(*Mountains and Rivers Without End Plus One*)에 수록된 「여행」(Journeys)이라는 시편에서 죽음은 야생의 삶을 시작하기 전에 선행되어야 하는 하나의 의식으로 변용된다.

> 코가 나를 붙잡고 절벽 위로 끌어 당겼다—우리 두 사람은 떨어지고 있었다. 나는 [절벽에] 부딪혀 죽었다. 나는 한 동안 내 몸을 바라보았다. 그리고 몸은 사라졌다. 코도 그곳에 있었다. 우리는 계곡의 밑바닥에 있었다. 우리는 그 계곡을 헤매기 시작했다. "이것이 오지로 가는 길이다."

> Ko grabbed me and pulled me over the cliff—both of us falling. I hit and I was dead. I saw my body for a while, then it was gone. Ko was there too. We were at the bottom of the gorge. We started drifting up the canyon, "This is the way to the back country." (37)

패트릭 머피(Patrick Murphy)는 이 구절에 대하여 화자가 "갑작스러운 깨달음의 순간" 곧, 주체와 객체가 상호 침투하는 순간을 경험하고 있다고 언급한다(*Understanding Gary Snyder* 73). 이 구절은 동시에 삶과 죽음, 현실과 꿈, 높음과 낮음 사이의 언어적 경계 허물기를 시도하고 있기도 하다. 이러한 해체의 결과는 스나이더의 "기층문"(Subculture) 즉, 그의 또 다른 용어를 빌리자면, "민주적" 문화의 활성화에 공헌하는 것이다.

「수면의 물결」의 3연은 데리다(Jacques Derrida)의 흔적(trace)의 개념을 떠올리게 한다. 자연현상을 "끊임없이 새로운 사건들"로 언급하는 대목은 언어적 흔적의 풍유일 수 있다. 과거에 이루어진 변화의 흔적이 축적되어 자연의 정체성이 형성된다는 뜻이다. 그러한 흔적들은 양피지에 감추어진 문자처럼 언뜻 사라지는 듯 보이지만 ("문질러 벗겨지고, 지워지고"), 그것들은 각각의 자연현상에 여전히 남아 ("사용되고, 재사용되며") 새로운 정체성에 복합성을 더해주는 것이다. 이 시행은 또한 강바닥의 퇴적물과 데리다의 언어적 흔적의 연상을 반향하고 있다. "이전의 강바닥의 퇴적층 위에 새로운 퇴적층을 겹겹이 쌓으며 대지위에 앞뒤로 구불구불 강들이 쓰는 붓글씨가 텍스트다"(*PW* 66). 3연의 3행과 4행은 자연의 그물망 개념(interconnectedness)을 언어의미의 무한한 연계성의 개념에 비유함으로써 해체적 읽기를 부추긴다. "머리를 땋아 내린"과 "감추어진"이라는 어휘와 이 두 시행에서 보여주는 자연경관의 묘사를 통해 독자는 충분히 데리다의 흔적과 차연(*differance*)의 개념을 떠올림직하다.

의미심장한 점은 이 시를 비롯한 스나이더의 다른 수많은 시편들에서 화자는 늘 데리다의 해체와 선사상 혹은 도가사상을 연결시키고 있다는 사실이다. 「수면의 물결」의 마지막 행, "둘이 함께, 하나의 거대한 빈집"을 그러한 관점에서 읽을 수 있다. 이 결론을 통하여 화자는 서구의 이원론적 형이상학에 저항하는 한편, 선불교의 중심개념인 공을 상기시키고 있다. 데리다의 해체와 선사상의 관련성을 설명하기 전에 데리다 사상의 정치성을 재점검할 필요가 있다. 데리다의 해체가 무정치적이라면, 생태비평의 관점에서 충분히 정치적일 수 있는 선사상과의 비교가 무의미해지기 때문이다.

서구의 자연관은 서구의 인문학 전체의 뒤흔들기를 시도하는 데리다의 해체로부터 자유로울 수 없다. 데리다의 해체는 논리의 전체성에 뿌리를 둔 서구의 형이상학이 냉혹하게 시험당하는 해독 프로그램이다. 지식의 힘은 언어의 힘을 전제로 성립하기 때문에, 데리다는 지식 자체의 신뢰성을 문제 삼기 전에 언어의 신뢰성 해체를 시도한다. 차이(difference)와 연기(deferment)는 언어의미의 고착화를 허용하지 않는다. 바로 괴물 같은 차연(differance)의 작용 때문에 모든 의미는 공간적으로 달라질 뿐만 아니라 시간적으로 영원히 연기된다는 것이다(*Margins of Philosophy* 4). 바꾸어 말하면, 차이와 연기가 기표(signifer)와 기의(signified) 사이의 신뢰할 수 있는 관계를 허용하지 않기 때문에, 우리는 말이건 글이건 기호에 의존하여 사물의 실체를 인지할 수 없다는 주장이다.

의미는 결코 고착되지 않는다는 기호학적 전제와 함께 데리다는 서구 형이상학의 로고스중심주의에 깊게 베어있는 계층적 이분법의 해체를 도모한다. 데리다에 따르면, 플라톤 이래로 말은 그 즉시성(immediacy) 때문에 글보다 우월한 지위를 누려왔다. 로고스중심주의의 시각으로 보면, 글은 말이 불가능할 때 사용되는 열등한 의사소통 수단이다. 그리하여 글은 의미의 변조(corruption)로 간주되었다. 데리다는 이러한 이원론적 가치체계를 문제 삼고 있다. 그는 그의 문제화의 논리적인 근거를 소크라테스와 피드러스(Phaedrus) 사이의 다음과 같은 대화에서 찾는다.

> 소크라테스: 자, 말해보게. 형성된 방식과 보다 훌륭하고 보다 강력한 자질이라는 양면에서 이 서자[단어]의 적출자 형제로 보이는 다른 유형의 말이나 단어가 있는가?
>
> 피드러스: 말씀하시는 이 단어는 무엇이고 어떻게 생겨나는 것입니까?
>
> 소크라테스: 그 단어는 학자의 정신을 통해 지적으로 *써지*는 것이네. 그것은 스스로를 방어할 수 있고, 누구에게 말해야 하는지 알고 있으며, 누구 앞에서 침묵해야 하는지를 알고 있다네.
>
> 피드러스: 학식 있는 사람의 살아 숨 쉬는 말, 글은 그것의 이미지일 뿐이라고 해 마땅한 말을 뜻하시는군요.
>
> 소크라테스: 그렇지. (*Dissemination* 148, 이탤릭은 필자의 강조)

데리다는 바로 이 구절에서 글에 대한 플라톤의 관점을 해체하는 근거를 찾고 있다. "소크라테스는 글을 가짜 형제, 반역자, 이단자, 모조품으로 간주하는 반면에, 처음으로 이 형제의 형제인 적출자를 또 다른 유형의 글, 단순히 지적이고 살아있으며 활기 넘치는 대화일 뿐만 아니라 영혼 속에 진리를 각인시키는 존재로 보게 된다"(*D* 149). 소크라테스에 의하여 주변화된 글의 지위가 소크라테스 자신에 의하여 말의 직접성이 독점해 온 진리의 목소리로 격상되는 것이다. 글이 말보다 특권화되는 것은 아니지만, "이러한 유형의 글"의 가치가 재평가되며, 그 결과는 말의 해체이다.

말과 글의 계층적 이분법을 해체함으로써 데리다는 존재와 무, 영혼과 신체, 주체와 객체, 자연과 문화 등의 개념을 계층적으로 이분화시키는 경향이 있는 서구사상의 전복을 시도한다. 바바라 존슨(Barbara Johnson)은 데리다가 제시하는 예의 이분법의 존재를 재확인하고 있다. "데리다에 따르면, 서구사상은 선과 악, 존재와 무, 현존과 부재, 진리와 오류, 영혼과 육체, 삶과 죽음, 자연과 문화, 말과 글 등 늘 이분법이나 양극법에 의하여 이루어졌다"(*D* 5)는 것이다. 그리고 데리다가 문제시하는 것은 서구의 인식론이 예의 이항대립의 쌍에서 전자를 특권화하는 한편, 후자를 주변화해 왔다는 점이다. 악은 선의 결핍이고, 부재는 현존의 결핍이며, 오류는 진리의 왜곡일 뿐이다. 후자는 항상 전자의 변조이거나 타락이라는 것이다.

데리다는 말/글의 계층화에서 보듯이 계층적 이분법의 쌍들이 궁극적으로 로고스중심주의에 그 기원을 두고 있다고 보기 때문에, 그의 해체의 일차적인 대상은 로고스중심주의와 그 주변이다. 그렇다면 그는 무엇 때문에 서구 형이상학의 긍정적인 측면을 해체하려드는가? 스피박(Gayatri Chakravorty Spivak)은 데리다 자신의 표현을 빌어 이 질문에 대한 해답의 실마리를 제공한다. 그는 데리다의 작업은 "[텍스트] 안에서 작동하는 형이상학적, 수사학적 구조들을 거부하고 폐기하기 위해서가 아니라 그것들을 또 다른 방식으로 다시 쓰기 위하여 분해하는 것"(*Of Grammatology* IXXV)이라고 언급하고 있다. 데리다에게 서구 형이상학의 역사는 로고스중심주의에 뿌리 깊게 천착한 현존(presence)의 이야기일 뿐이다(*OG* 10). 결국, 데리다는 스스로 긍정적인 철학을 구성함으로써 자가당착에 빠지지 않기 위해 주의하면서 현존과 부재, 특권화된 담론과 주변화된 담론 사이의 민주화를 도모하고 있는 것이다. 바꾸어 말하면, 해체는 현존을 말살하지 않으면서 부재의 목소리를 활성화하려는 시도이다. 그리하여 데리다의 해체는 기존의 계층적 관계를 재조정하기 위하여 타자의 목소리를 늘 환영하는 것이다.

데리다에게 글은 말에 의해 간과된 새로운 의미를 전달해주는 의사소통 수단이다. 글 속의 흔적을 통해 타자성은 부활을 꿈꾼다. 흔적은 인식론적, 문화적 혹은 사회정치적 침묵의 목소리의 재조정을 제안한다. 그리하여 글은 다른 의미의 도래를 향한 출구가 된다. 데리다는 타자성 활성화의 가능성을 분명하게 제안하고 있다.

> 새로운 서판들에 글을 새겨 골짜기들로 가져가 그것들을 읽고 읽히기 위하여 내려가, 일하고, 고개를 수그려 복종할 필요가 있다. 글은 글의 안팎으로 의미가 내려오는 출구다. 그것은 지금 여기의 타자를 겨냥한, 타자를 위한 은유, 지금 여기의 타자의 가능성으로서의 은유, 그리고 타자가 출현하면 **현존**은 모습을 감추어야 하는 형이상학으로서의 은유이다. (*Writing and Difference* 29)

섬뜩할 만큼 정치적이다. 폴 제이(Paul Jay)는 해체의 정치적 전용에 관하여 우리가 피해야 할 위험은 "해체의 외부에 존재하는 정치학에 의한 해체의 전용이 아니고, 해체가 그러한 전용으로부터 보호되어야 하거나 심지어 보호될 수 있다고 보는 시각이라"(71)

고 언급하고 있다. 그러한 시각은 흔히 해체의 무감각성, 무정치성을 강조함으로써 역정치성이라는 정치적 효과를 노리는 경향이 있기 때문이다. 위 인용문에서 "타자를 겨냥한"이라는 표현이 암시하듯이, 비록 데리다의 해체가 그 자체로서는 특별한 정치적 경향으로 경도되지는 않지만, 그 해체의 결과는 대안담론의 가능성(물론 그 반대도 가능하지만)을 충분히 보장하고 있는 것이다. 자기모순에 스스로 저항하기 위해 데리다의 담론은 늘 이중담론이지만, 부재의 담론은 현존을 대체하거나 현존의 한계를 보완할 수도 있다. 데리다의 "보완"(supplement)은 현존의 "잉여"(surplus)일 수도 있지만 동시에 현존의 대체를 분명히 제안하고 있기도 하다(*OG* 14-5).

데리다의 해체가 이중전용을 제안하듯이, 대승불교의 선사상도 전용을 허용하고 있다. 매글리올라(Robert Magliola)는 그의 『개선 중인 데리다』(*Derrida on the Mend*)에서 용수(Nagarjuna)의 중용은 데리다의 흔적과 같은 맥락에서 이해할 수 있으면서 동시에 데리다의 아포리즘을 초극하고 심지어 "로고스중심주의의 복원"을 허용한다고 주장하고 있다(87). 용수의 공은 데리다의 차연의 (무)개념과 그 논증방식이 닮아있다는 매글리올라의 주장은 기실 새로울 것이 없다. 그러나 그의 논거에 주목할 필요가 있다. 그는 우선 공의 어원학적 기원에서 그의 논거를 찾는다. 공의 영어번역 중 하나인 devoidness의 라틴어 어원의 접두사 de는 이중의 의미를 지닌다. 즉, "완전하게"와 "분리되어"라는 두 가지의 의미를 지닌다는 점에 주목한다. 따라서 devoidness라는 낱말은, 차연이 의미전달방식에서 이중성을 지니듯이, "구성"(constitution)과 "비구성"

(deconstitution)이라는 이중의미를 띠고 있다는 것이다(89).

브라만의 깨우침(브라만을 절대적 존재로 인식하는 것)과는 달리, 대승불교의 깨달음은 절대적 실재를 인정함이 아니고 사물의 상대성을 인식하는 것이다. 매글리올라는 대승불교의 깨달음을 다음과 같이 요약하고 있다. "첫째, 공은 정체성 원리를 회피한다. 둘째, 도는 경험된 실존의 유전(流轉), 생성, 사물의 상대성에 관여하지만, 영원히 흔들리지 않는 실체 곧, [목적론적으로] 절대적 진리에 관여하지 않는다. 그럼에도 불구하고, 지혜나 prajna 혹은 니르바나의 평화는 영혼의 응답이다"(96). 이제 스나이더가 왜 그토록 일관되게 경험에 바탕을 둔 언어에 집착하면서 불교의 진리관과 데리다의 절대성의 거부 사이의 유사성에 매료되는지 그 이유가 보다 분명해진다.

특별히 필자의 관심을 끄는 부분은 대승불교나 선불교의 지혜가 영혼의 응답에 관한한 확신에 차있다는 사실이다. 매글리올라에 따르면, 현존의 철학에 대한 데리다의 해체가 그 자체로서는 로고스중심주의를 구성하지 않는 반면에, 무와 함께 중용의 의미를 띤 용수의 공은 경험에 의하여 조율된 논리 즉, 또 하나의 로고스중심주의적 방법론을 지향한다. 따라서 매글리올라는 데리다는 그의 논리적 딜레마를 넘어 실재(reality)를 구성(긍정)과 부정의 공생(共生)으로 간주해야 한다고 제안한다(124).

매글리올라의 공사상 전용은 스나이더의 시학이 반문화적 정치학과 상호 침투하면서도 선불교의 모호한 형이상학과 늘 공모하는 이유를 설명해 준다. 그러나 해체를 무정치적 담론으로 치부하는 매글리올라의 데리다 읽기는 재검토되어야 할 것이다. 데리다의 해체가 침묵의 목소리에 대한 재평가를 제한하고 있는 정도만큼, 그것은 용수의 형이상학이 그렇듯이 일정한 정치적인 방향제시를 도모할 수 있는 것이다. 말하자면, 차연은 공만큼 정치적일 수 있다.

「수면의 물결」의 마지막 시행 ("둘[야생과 집]이 함께, 하나의 거대한 빈 집.")에는 스나이더의 시학과 정치학의 핵이 잠복해 있다. "빈"이라는 낱말은 즉시 공을 상기시킨다. 전술한 대로, 자연의 정체는, 공의 잠정적인 개념이 구성/분해의 이분법을 초극하듯이, 인간중심주의/반인간중심주의라는 이원론을 초월하는 것이다. 일찍이 13세기에 도겐의 가르침대로, 인간이 인간중심주의적 시각을 초월하면 산이 걷고 물 위로 여행할 수도 있는 것이다(98). 비인간중심주의적 관점에서 보면, "집"과 "야생" 사이에 더 이상 차이가 존재하지 않는다. ecology에서 "eco"의 어원이 집을 뜻하는 그리스어 oikos라는 사실도 상기해볼 일이다. 결국, 이 시를 끝맺고 있는 "집"이라는 어휘를 통하여 스나이더의 시학과 결합된 생태적 정치학의 세계의 근간을 들여다 볼 수 있다. "야생"과 "집"의 동일시는 이원론을 초극하려는 미학적 도모이면서 동시에 인간중심사상에 대한 정치문화적 저항을 강하게 천명하는 것이다.

"야생"과 "집"의 언어적 해체는 또한 생태적 상관성(interconnectedness)의 주제를 함의한다. 스나이더의 생태철학에 의하면, 불교의 우주관이 그렇듯이, 인간을 포함하여 만물은 다른 존재들과 비계층적이며 공생적인 관계에 있는 것이다. "귀뚜라미의 감미로운 노래와 우리의 관계는 / 우리와 나무의 관계이다"(As the crickets' soft autumn hum is to us, / so are we to the trees)(*AH* 51).

『거북 섬』에 수록된 시편 "산 가브리엘 산마루에 올라"(On San Gabriel Ridges)에서 화자는 삼라만상의 상관성을 깨달음으로써 삶고 죽음의 이분법을 초월하고 영원한 환희의 세계로 향한다. 특히, 그러한 환희는 만물은 먹이사슬을 통하여 영원히 살아있다는 인식에서 나온다. "우두둑 씹힌 다람쥐의 뼈, / 여우 / 의 똥 속에서 단단하고 메마른"(squirrel bones crunched, / tight and dry in scats of / fox)(40). 스나이더에게 이러한 환희는 내면의 힘 곧, 영혼의 힘이다. 「한담」(Plain Talk)에서 그는 우리가 예의 상관성의 원리를 깨달을 때 그러한 환희가 찾아온다고 말하고 있다. "환희는 온갖 차별과 반대를 초월하고, 이 세계가 경이롭고, 텅 비어있고, 복잡하면서 상호 침투하며, 서로 포옹하고, 화사하게 빛나는 단 하나의 세계임을 인식하고 깨달을 때 우러나오는 순진무구한 기쁨이다"(*TI* 113).

이러한 상관성의 통찰은 실체적 존재의 물리성뿐만 아니라 인간 사이의 관계는 물론 인간과 외부세계와의 상호 침투성에도 관여하는 것이다. 시인은 「목욕」에서 가족목욕의 이미지를 통하여 그러한 통찰을 형상화한다. 첫 두 연에서 "이것이 우리의 몸인가?"라는 자문은 시상이 전개되면서 "이것이 우리의 몸이다"라는 자기 확인으로 끝을 맺는다. 마사, 카이, 겐 그리고 시인의 몸들이 감각적으로 상호작용하기 때문에 그들의 몸은 개인의 몸이면서 동시에 "우리의 몸"이다. 5연의 마지막 3행에서는 사랑으로 상호 연결된 현재의 가족관계와 그 공간적, 시간적 확장의 개념을 간명하게 묘사하고 있다. 여기에서 "우리의"는 "다른 여인들"까지 포함되는 개념이다. 보다 의미심장한 점은 이어서 언뜻 단순한 자연경관의 묘사로 보이는 두 시행을 병치함으로써 인간관계의 영역을 비인간계로까지 확장하려는 시도가 엿보인다. 그리하여 다음에 이어지는 1행으로 이루어진 연에서 "우리의"의 언어적 의미는 갑자기 확장되어 "구름", "하늘", "소나무", 그리고 "초원 늪지의 꾸르륵거리는 물소리"까지 포함하게 된다(*TI* 14).

앞에서 살폈듯이, 시인의 개인적인 경험이나 자연과의 직접적인 접촉이 그의 시적 상상력을 자극한다. 자연현상이나 자신의 경험에 대한 시인의 주관적인 해석이 예컨대, 인간중심주의, 산업발전제일주의, 군사팽창주의 등, 지배문화가치에 대항하는 논리나 감성으로 작동되고 있다. 그러나 그의 서사는 궁극적으로 대화적인 입장을 견지하면서 신화와 텍스트, 인간과 자연, 보편성과 특수성, 그리고 지배문화와 피지배문화 사이에서 책임감 있는 상호작용을 도모하기도 한다. 시인은 대화모색의 대행자로서 비인간계, 미국토착민, 혹은 역사적으로 주변화된 사상가들의 침묵의 소리를 활성화하려는 고귀한 노력을 다한다. 따라서 시인은 구세주라기보다는 치유자이다(*The Real Work* 171). 그리고 대화모색의 대행자로서 스나이더가 성취하고자 열망하는 바는 과학과 기술의 전체적인 거부가 아니라 산업제일주의 문화를 생태학적 책임을 다하는 문화, 이른바 "야생이 견디어낼 수 있는 문명"(*PW* 6)으로의 문화변용인 것이다.

스나이더는 다시 「한담」에서 지속가능한 사회를 위한 개인과 문화의 변화를 주문하고 있다. 개인과 문화를 변화시키기 위하여 개인과 문화의 힘이 상호작용해야 함을 역설한다.

> 모든 사람은 다음 네 요소의 결과이다. 그것들은 알려진 우주(물질/에너지의 끊임없는 변화), 인간종으로서의 생물학, 자신의 유전인자, 그리고 태어난 문화 등이다. 이러한 요소들의 그물망 안에 어떤 이들에게 내면의 자유와 깨우침을 허용해 주는 여백과 틈새가 있다. 이러한 여백의 어떤 부분에 대한 단계적인 탐구가 "진화"다. 그리고 인간의 문화로 말하자면, 그것은 "역사"가 차츰 지향할 수 있는 바이다.
>
> *우리 자신을 변화시킬 뿐만 아니라 우리의 문화를 변화시키기 위하여 우리는 우리의 가장 내밀한 힘 속에 그것을 가지고 있는 것이다.* 인간이 지구상에 살아남으려면 5천년에 이르는 도시화 문명의 긴 전통을 생태적으로 민감하고, 조화 지향적이며, 야성이 살아있는 새로운 과학-정신 문화로 바꾸어야 한다. (*TI* 99, 이탤릭은 필자의 강조)

사실 지구환경이 이토록 인구과잉과 전대미문의 산업화의 질곡에 시달리고 있는 현실에서 친생태적인 문화로의 변용을 성취하는 일은 무엇보다도 지난한 과업이다. 스나이더의 방법은 대화다. 개인과 문화는 대화적으로 상호작용하면서 진화하는 것으로 본다. 인간성(humanity)의 개념은 인간과 인간 이외의 삼라만상과의 대화적인 상호작용 곧, 산업문화가 낳은 인간성과 야성 사이의 대화를 통하여 재정의되어야 한다고 주장하면서 스나이더는 탈인간(posthuman)의 개념을 정의함에 있어 인간과 함께 비인간계의 입장도 고려하라는 의미심장한 제안을 하고 있다. "개인의 자아와 문화 정체성의 형성과정에 야생자연(wild nature)이 관여하며 뒤엉켜있다. *탈인간주의*(posthumanism)라는 용어의 '탈'(post)은 *인간*(human)을 위한 언어다. 다음에 있을 대화에는 생태적 관계의 수

사학을 향해 삼라만상이 참여해야 할 것이다"(*PW* 68). 문화변용이 일어나건 아니건, 개인과 문화는 상호 침투하는 것이다. 생태학적으로 책임감 있는 그 둘의 변용이 바로 스나이더의 생물지역주의 서사의 핵심주제다.

"수면의 물결"에 대한 탈구조주의 분석을 통해 보았듯이, 스나이더의 환경론은 강압적인 주의나 원리에 빠지지 않는다. 그것은 그의 서사가 종종 자기해체를 도모하기 때문이다. 그러나 그의 서사는 동시에 정치적 무력증에 빠지지 않을 만큼 분명한 방향성을 지니고 있다. 몰워쓰(Charles Molesworth)는 스나이더의 탈낭만주의 시학에 관해 언급하면서 그의 "최근 작품은 서정적 예술의 몇 가지 특별한 언명 곧, 주로 지적인 내용과 교조적인 의도의 엄격한 회피에 위배되고 있다"(46)고 술회한 바 있다. 그러나 몰워쓰는 사실 스나이더의 거의 모든 작품 속에 잠복해 있는 불가나 도가의 형이상학과 궤를 같이 하는 해체철학의 정치적 재건효과를 간과한 듯 보인다. 스나이더의 환경서사는 데리다의 해체가 그렇듯 전복적이면서 동시에 새로운 건설을 제안하고 있다. 이러한 모순어법은 인간이 비인간 자연과 복잡하게 얽혀있는 상관성을 우리가 인식하듯이 스나이더의 해체시학이 정치적 무력증을 극복해주는 (비)논리를 도가나 불가의 형이상학에서 얻고 있기 때문이다. 특히 용수의 공사상은 스나이더 시학의 주춧돌이다. 공사상의 중심과제인 긍정/부정의 이중담론이 바로 스나이더의 생물지역주의 담론의 전복과 재건이라는 이중성을 허용해 주는 것이다.

스나이더는 야생의 보존을 위한 인간의 인위적인 관리의 필요성을 부정하지 않는다. 그의 자연관은 스스로 자기해체의 서사를 허용하기 때문에, 그의 환경담론은 궁극적으로 자연과 인간, 원시주의와 과학/기술 사이에서 대화적인 입장을 견지하면서 생태적으로 지속 가능한 개인의 변화와 문화의 변용을 향한 끊임없는 대화의 장을 향해 열려있다. 진정으로 우리는 스스로에게 "어느 만큼이 우리가 감당해야 할 변화인지"(*MR* 30) 자문해보아야 할 것이다. 「수면의 물결」에서 작가의 목소리는 무성(no nature)의 정치학이 작동하는 만큼 자연과 인간의 관계에 관한 대안담론과 그에 상응하는 우리의 삶의 양식의 회복 혹은 재구축을 도모하고 있다 할 것이다.

5. 나오면서

이 책에서는 영문학 작품을 유교사상으로 조명하는 연구는 제외되었다. '문학은 상식의 능멸'이라는 세간의 말처럼 문학적 메시지의 본질은 특정한 지역과 시대를 대표하는 문화적 가치를 비판하거나 재점검하는 역할을 담당하는 것이다. 노자의 『도덕경』은 중국의 춘추시대말기에 출현한 공자의 유교사상(유학)을 정면으로 반박한다. 주지하듯이, 『도덕경』 제1장부터 '道可道非常道, 名可名非常名'이라함은 곧 유교사상을 비롯하여 노자의 당대에 풍미한 제자백가의 절대적 진리나 가치를 부정한다. 유교사상은 상식에 입각한 수신론(修身論)이며 치세론(治世論)이다. 그리고 노장사상은 그러한 상식적인 처신과 처세의 허를 찌르는 논의로 일관한다는 점에서 그것 자체로 문학이면서 문학 작품을 분석하고 평가하는 유효한 잣대다. 상식으로 상식적인 가치를 비판할 수는 없기 때문에 이 연구에서는 유교사상으로 읽기를 제외하였다는 뜻이다.

이 연구서에서는 무속신앙(샤머니즘)으로 읽는 용례를 제공하지 못했다는 아쉬움이 남는다. 사실 가장 역사가 오래 된 한국의 전통사상은 샤머니즘이다. 그리고 그 기원이 구석기 시대까지 거슬러 올라가는 샤머니즘은 세계 각지에 편재하는 전통사상이다. 샤머니즘이야말로 시대와 지역을 초월하는 세계적 종교이며 전통사상이라고 해도 괴언이 아니다. 따라서 지역과 민족마다 각기 스펙트럼이 다른 샤머니즘을 가지고 있으면서도 그것들은 만물이 혼령을 지닌다거나 혹은 샤먼(shaman)은 혼령의 세계와 소통할 수 있어서 악령을 몰아내고 선신을 불러들임으로써 환자를 치유한다는 등의 믿음을 공유한다. 특히 기원전 약 3만년에 몽골계 유목민이 베링 해를 건너 미국 땅으로 이주했다고 알려진 북미 인디언의 전통적인 사유와 종교는 그 민족적 기원의 유사성을 지닌 한민족의 무속신앙과도 매우 유사한 측면이 있다. 그러나 필자는 아직 한국의 무속신앙과 북미 인디언의 전통적인 사유와 삶의 방식을 비교·분석한 연구를 수행하지 못했다. 아쉽지만 그것은 다음 연구의 과제로 남겨둔다.

6. 참고문헌

2-1. 오온의 굴레 ― 사무엘 베케트의『고도를 기다리며』

Beckett, Samuel. *Disjecta: Miscellaneous Writings and a Dramatic Fragment.*

______________. *Proust and Three Dialogues with Georges Duthuit.* London: John Calder, 1965.

______________. *The Letters of Samuel Beckett Vol. II (1941-1956).* Eds. George Craig and 3 Others. Cambridge: Cambridge UP, 2011.

______________. *Waiting for Godot.* New York: Grove Press, 1954. Ed. Ruby Cohn. London: John Calder, 1983.

Boxall, Peter. "Samuel Beckett: Towards a Practical Reading." *The Irish Studies Review* 10-2 (2002): 159-70.

Cronin, Anthony. *Samuel Beckett: The Last Modernist.* New York: HarperCollins, 1997.

Derrida, Jacques. Acts of Literature. Ed. Derek Attridge. New York: Routledge, 1992.

Dewey, John. *The Essential Dewey* 2. Eds. Larry A. Hickman and Thomas M. Alexander. Bloomington: Indiana UP, 1998.

Eliot, T. S. *The Complete Poems and Plays of T. S. Eliot.* London: Faber & Faber, 1969.

Esslin, Martin. *The Theatre of the Absurd.* New York: Penguin Books, 1980.

Federman, Raymond. *Samuel Beckett: The Critical Heritage.* London: Routledge and Kegan Paul, 1979.

Fletcher, John. *Samuel Beckett.* London: Faber & Faber, 2000.

Gilman, Richard. "Endgame." *Samuel Beckett's Endgame: Modern Critical Interpretations*. Ed. Harold Bloom. New York: Chelsea House, 1988. 79-86.

Han, Ja-Gyeung. *A Study of Self*. Seoul: Seugwang-sa, 1997. [한자경. 『자아의 연구』. 서울: 서광사, 1997.]

Hulle, Dirk Van. "Introduction: A Beckett Continuum." *The New Cambridge Companion to Samuel Beckett*. Ed. Dirk Van Hulle. New York: Cambridge UP, 2015. xvii-xxvi.

Johnson, Mark. *The Meaning of the Body: Aesthetics of Human Understanding*. Chicago: U of Chicago P, 2007.

Kang, Yong-Ki. "Emptifying Panca-skandha in Gerald Vizenor's *Chancers*." *English & American Cultural Studies* 16-2(2016): 1-23. [강용기. 「오온 비우기 – 제럴드 비즈너의 『챈서즈』. 『영미문화』 16-4(2016: 1-23.)]

Lawley, Paul. *Waiting for Godot*. New York: Bloomsbury, 2008.

Macy, Joanna. *Mutual Causality in Buddhism and General Systems Theory*. Albany: State University of New York, 1991.

Maude, Ulrika. "Beckett, Body and Mind." *The New Cambridge Companion to Samuel Beckett*. Ed. Dirk Van Hulle. New York: Cambridge UP, 2015. 170-84.

McDonald, Rónán. "Waiting for Godot and Beckett's Cultural Impact." *The New Cambridge Companion to Samuel Beckett*. Ed. Dirk Van Hulle. New York: Cambridge UP, 2015. 48-59.

Mead, A. George H. "The Mechanism of Social Consciousness." *Journal of Philosophy, Psychology and Scientific Methods* 9 (1912): 401-406.

Nealon, Jaffey. *Samuel Beckett and the Postmodern: Language Games and Play in Waiting for Godot and Endgame*. Great Briton: The Macmillan Press, 1992.

Um, Jung-Sik. *Self and Freedom.* Seoul: Gil, 1999. [엄정식. 『자아와 자유』. 서울: 길, 1999.]

Worton, Michael. *Intersexuality, Theories, and Practices.* Manchester: Manchester UP, 1995.

2-2. 오온의 폭력성 — 제럴드 비즈너의 『챈서즈』

무비 編. 『華嚴經』. 서울: 민족사, 1994. Print.

용수. 『中論』. 정화 역해. 서울: 도서출판 법공양, 2007. Print.

전재성. 『初期佛教의 緣起思想』. 서울: 한국빠알리성전협회, 1999. Print.

Allen, Paula Gunn. *Voice of the Turtle: American Indian Literature, 1900-1970.* New York: Ballantine, 1994. Print.

Blaeser, Kimberly M. "Gerald Vizenor: postindian liberation." *The Cambridge Companion to Native American Literature.* Eds. Joy Porter and Kenneth M. Roemer. New York: Cambridge UP, 257-70. Print.

Clarke, J. J. *Oriental Enlightenment: The Encounter Between Asian and Western Thought.* London: Routledge, 1997. Print.

Clifford, James. *Meditation in Contemporary American Literature.* Norman and London: Oklahoma UP, 1995. Print.

Das, Lama Surya. *The Facts of Life from a Buddhist Perspective.* Canada: Dzogchen Publications, 1996. Print.

Fojtová, Simona. "Forging the Discursive Presence in Gerald Vizenor's *Manifest Manners: Postindian Warriors of Survivance.*" *para-doxa: Studies in World Literary Genres* 15 (2001): 86-97. Print.

Hamilton, Sue. *Identity and Experience.* London: Luzac Oriental, 1996. Print.

Hume, Kathryn. "Gerald Vizenor on Imagination." *The Native American Renaissance: Literary Imagination and Achievement.* Eds. Alan R. Velie and A. Robert Lee. Norman: U of Oklahoma P, 2013. Print.

Krupat, Annold. *The Turn to the Native: Studies in Criticism and Culture.* Lincoln and London: Nebraska UP, 1996. Print.

Momaday, N. Scott. *The Man Made of Words: Essays, Stories, Passages.* New York: St. Martin's Griffin, 1997. Print.

Porter, Joy. "Historical and Cultural Contexts to Native American Literature." *The Cambridge Companion to Native American Literature.* Eds. Joy Porter and Kenneth M. Roemer. New York: Cambridge UP, 2005. 39-68. Print.

Schweninger, Lee. *Listening to the Land.* Athens: U of Georgia P, 2008. Print.

Vizenor, Gerald. *Chancers: A Novel.* Norman: U of Oklahoma P, 2000. Print.

______________. *Manifest Manners: Postindian Warriors of Survivance.* Hanover: Wesleyan UP, 1994. Print.

______________. "On Thin Ice, You Might a Well Dance: An Interview with Gerald Vizenor." *Some Other Frequency: Interviews with Innovative American Authors.* Ed. Larry McCaffery. Philadelphia: U of Pennsylvania P, 1996. 287-309. Print.

______________. "The Aesthetics of Survivance." *Native Liberty: Natural Reason and Cultural Survivance.* Lincoln: U of Nebraska P, 2009. 85-103. Print.

______________. *The People Named the Chippewa: Narrative Histories.* Minneapolis: U of Minnesota P, 1984. Print.

Weaver, Jace. *That the People Might Live: Native American Literatures and Native American Community.* New York: Oxford UP, 1997. Print.

Womack, Craig. *Red on Red: Native American Literary Separation*. Minneapolis and London: Minnesota UP, 1999. Print.

2-3. 무상을 넘어서 — 개리 스나이더의 『정상의 위험』을 중심으로

스트렝, 프레데릭 J. 『용수의 공사상 연구』. 남수영 역. 서울: 시공사, 1999.

Joanna Macy. *Mutual Causality in Buddhism and General Systems Theory*. Albany: State University of New York, 1991.

Martin, Julia. "Practical Emptiness: Gary Snyder's Playful Ecological Work". *Western American Literature* 27-1(1992): 3-19.

Molesworth, Charles. "The Political and Poetic Vision of Turtle Island." *Critical Essays on Gary Snyder*. Ed. Patrick D. Murphy. Boston: G. K. Hall, 1991. 144-56.

Nãgãrjuna. *The Philosophy of the Middle Way*. Ed. David J. Kalupahana. Albany, NY: U of new York P, 1986.

Norton, Jody. "The Importance of Nothing: Absence and Its Orgins in the Poetry of Gary Snyder." *Contemporary Literature* 28-1(1987): 41-66.

Padwa, David. "What's the Sanskrit Word for Coyote?" *Gary Snyder*. Ed. John Halper. San Francisco: Sierra Club Books, 1991. 302-11.

Pendell, Dale. "A Raven in the Dojo: Gary Snyder and the Dharma." *Gary Snyder*. 312-19.

Scollon, Ron. "Snyder's Culture." *Gary Snyder*. 416-20.

Slavic, Scott. "Outtakes: Soemaker/Slovic/Kyger/McClure." *The Etiquette of Freedom*. Ed. Paul Ebenkamp. Berkeley, CA: Counterpoint, 2010. 93-102.

Snyder, Gary and Jim Harrison. *The Etiquette of Freedom*. Ed. Paul Ebenkamp. Berkeley, CA: Counterpoint, 2010.

———. *danger on peaks.* Washington, D.C.: Shoemaker Hoard, 2004.
———. *Back on the Fire.* Berkeley, CA: Counterpoint, 2007.
———. *Earth House Hold.* New York: New Directions, 1969.
———. *Myths & Texts.* New York: Totem Press, 1960.
———. *Turtle Island.* New York: New Directions, 1974.
———. *The Real Work.* New York: New Directions, 1980.
———. *Axe Handles.* Sanfrancisco: North Point Press, 1983.
———. *No Nature: New and Selected Poems.* New York: Pantheon Books, 1992.
Yamazato, Katsunori. *Seeking a Fulcrum: Gary Snyder and Japan 1956-1975).* Diss. U of California, Davis, 1987.

2-4. 연기적 자아를 향하여 — D. H. 로렌스의 『사랑하는 여인들』

김성철. 『중관사상』. 서울: 민족사, 2006.
무르띠, T.R.V. 『불교의 중심 철학』. 김성철 역. 서울: 경서원, 1995.
싱, 자야데바. 『용수의 마디아마카 철학』. 김석진 역. 서울: 민족사, 1987.
원효. 金剛三昧經論. 이기영 역. 서울: 한국불교연구원, 1996.
용수. 중론(中論). 정화 역. 서울: 도서출판 법공양. 2007.
이지수. 「인과관계에 대한 용수와 가우다빠다의 비판」. 『불교학연구』 4(2002): 213-33.
華嚴經 12권. 무비 편역. 서울: 민족사, 1994.
화엄경 6권. 무비 편역. 1994.
Bersani, Leo. "Lawrentian Stillness." *D. H. Lawrence.* Ed. Harold Bloom. Philadelphia: Chelsea House, 1986.
Doherty, Gerald. *Oriental Lawrence: The Quest for the Secrets of Sex.* New York: Peter Lang, 2001.

Ebbatson, Roger. *Lawrence and the Nature Tradition.* Atlantic Highlands, N.J.: Humanities, 1980.
LaChapelle, Dolores. *D. H. Lawrence Future Primitive.* Denton: U of North Texas P, 1996.
Lawrence, D. H. *The Selected Letters of D. H. Lawrence.* Ed. James T. Boulton. New York: Cambridge UP, 1997.
______________. *Apocalypse.* New York: Penguin Books, 1980.
______________. *Women in Love.* New York: Penguin Books, 1995.
Macy, Joanna. *World as Lover, World as Self.* Berkeley: Parallax Press, 2007.
__________. *Mutual Causality in Buddhism and General Systems Theory.* Albany: State University of New York, 1991.
Oates, Joyce Carol. "Lawrence's 'Gotterdammerung': The Apocalyptic Vision of *Women in Love.*" *D. H. Lawrence.* 1986.
Price, Martin. "Levels of Consciousness." *D. H. Lawrence.* 1986.
Tenenbaum, Elizabeth Brody. "The Problematic Self." *D. H. Lawrence.* 1986.

2-5. 연기적 주권을 향하여 – 북미 인디언 문학계의 문화주권 논쟁

김성철. 『중관사상』. 서울: 민족사, 2006.
남수영. 『중관사상의 이해』. 서울: 도서출판 여래, 2015.
용수. 『中論』. 정화 역해. 서울: 도서출판 법공양, 2007.
윤희조. 『불교의 언어관』. 서울: 도서출판 씨. 아이. 알, 2012.
원효. 『대승기신론소·별기』. 은정희 역주. 서울: 일지사, 2006.
정순일. 『인도불교사』. 서울: 운주사, 2011.
한자경. 『불교의 무아론』. 서울: 이화여자대학교출판부, 2006.
Blaeser, Kimberly M. "Gerald Vizenor: postindian liberation." *The Cambridge Companion to Native American Literature.* Eds. Joy Porter and

Kenneth M. Roemer. New York: Cambridge UP, 257-70. Print.

Brooks, Lasa. "At the Gathering Place." *American Indian Literary Nationalism*. Albuquerque: U of New Mexico, 2006. 225-52. Print.

Foster, Tol. "Against Separatism: Jace Weaver and the Call for Community." *American Literary History* 20-3(2008): 565-87. Print.

Krupat, Arnold. *Red Matters: Native American Studies*. Pennsylvania: U of Pennsylvania P, 2002. Print.

__________. *The Turn to the Native: Studies in Criticism and Culture*. Lincoln: U of Nebraska P, 1996. Print.

Macy, Joanna. *Mutual Causality in Buddhism and General Systems Theory*. Albany: State University of New York, 1991. Print.

Means, Russell and Ward Churchill. *TREATY: A Platform for Nationhood*. Denver: Fourth World Center for the Study of Indigenous Law and Politics, 1995. Print.

Murray, David. "Translation and Mediation." *The Cambridge Companion to Native American Literature*. Eds. Joy Porter and Kenneth M. Roemer. Cambridge, UK: Cambridge UP, 2005. 69-84. Print.

Owens, Louis. "As if an Indian Were Really an Indian: Native American Voices and Postcolonial Theory." *Native American Representations: First Encounters, Distorted Images and Literary Appropriations*. Ed. Gretchen M. Bataille. Lincoln: Nebraska UP, 2001. 8-29. Print.

Parker, Robert Dale. *The Invention of Native American Literature*. Ithaca, N.Y.: Cornell UP, 2003. Print.

Pulitano, Elvira. *Toward a Native American Critical Theory*. Lincoln: U of Nebraska P, 2003. Print.

Strong, Pauline Turner, and Barrik van Winkle. "Tribe and Nation: American Indians and American Nationalism." *Social Analysis* 33(1993): 9-26. Print.

Weaver, Jace, Craig Womack, and Robert Warrior. *American Indian Literary Nationalism*. Albuquerque: U of New Mexico, 2006. Print.

Womack, Craig S. *Red on Red: Native American Literary Separatism*. Minneapolis: U of Minnesota P, 1999. Print.

_______________. "Theorizing American Indian Experience." *Reasoning Together: The Native Critics Collective*. Eds. Craig S. Womack, Daniel Heath Justice, and Christopher B. Teuton. Norman: U of Oklahoma P, 2008. 353-410. Print.

2-6. 전체주의적 생태론의 대안으로서 불교 생태학

김종욱. 『불교 생태철학』. 서울: 동국대학교출판부, 2004.

______. 「지식기반사회와 불교생태학」. 『지식기반사회와 불교생태학』. 동국대학교 불교문화연구원 편. 2006. 147-75.

무비 編. 『화엄경(華嚴經)』. 서울: 민족사, 1994.

박수진. 「동북아의 생태위기와 환경협력」. 『지식기반사회와 불교생태학』. 104-46.

원효. 『대승기신론소·별기』. 은정희 역주. 서울: 일지사, 2006.

용수. 『中論』. 정화 역해. 서울: 도서출판 법공양, 2007.

윤영해. 「포스트모더니티와 생태불교학」. 『지식기반사회와 불교생태학』. 236-62.

이영호. 『선적(禪的) 깨달음과 생태학적 각성」. 『지식기반사회와 불교생태학』. 49-78.

황태연. 「지식기반사회와 생태이성의 신지평」. 『지식기반사회와 불교생태학』. 3-58.

Derrida, Jacques. *Of Grammatology*. Trans. G. C. Spivak. Baltimore: Johns Hopkins U P, 1976.

Devall, Bill and George Sessions. *Deep Ecology*. Salt Lake City: Gibbs Smith, 1985.

Dogen. "Mountains and Waters Sutra." *Moon in a Dewdrop*. Ed. Kazuaki Tanahashi. New York: North Point Press, 1985. 97-107.

Guha, Ramachandra. "Radical American Environmentalism and Wilderness Preservation: A Third World Critique." *Environmental Ethics* 11(1989): 71-83.

Fordeman, Robert. "Radical Environmentalism and the Political Roots of Postmodernism: Differences that Make a Differences." *Environmental Ethics* 14(1992): 305-19.

Fox, Warwick. "The Deep Ecology-Ecofeminism Debate and Its Parallels." *Deep Ecology for the 21st Century*. Ed. George Sessions. Boston: Shambhala, 1995. 269-89.

Gare, Arran. "The Postmodernism of Deep Ecology, the Deep Ecology of Postmodernism, and Grand Narratives." *Beneath the Surface*. Ed. Eric Katz, Andrew Light, and David Rothenberg. Cambridge: The MIT Press, 195-214.

Griffin, Susan. *Woman and Nature: The Roaring Inside Her*. New York: Harper & Row, 1978.

Naess, Arne. "The Third World, Wilderness, and Deep Ecology." *Deep Ecology for the 21st Century*. Ed. George Sessions. Boston: Shambhala, 1995. 395-407.

Sale, Kirkpatrick. *Human Scale*. New York: Coward, McCann & Geoghegan, 1980.

Salleh, Ariel. "Class, Race, and Gender Discourse in the Ecofeminism/ Deep Ecology Debate." Environmental Ethics 15(1993): 225-44.

__________. "The Ecofeminism/Deep Ecology Debate: A Reply to Patriarchal Reason." *Environmental Ethics* 14(1992): 195-216.

Spurr, David. *The Rhetoric of Empire*. Durham: Duke U P, 1993.

Weston, Anthony. "Beyond Intrinsic Value: Pragmatism in Environmental Ethics." *Environmental Ethics* 7(1985): 321-339.

Zimmerman, Michael E. *Contesting Earth's Future*. Berkeley: U of California P, 1994.

3-1. 음과 양의 조화로서의 신 — D. H. 로렌스의 『날개 달린 뱀』

김영주. 「동양 음양법의 상호 관계론적 사색틀과 그 비판」. 『동양사회사상』 8. 2003. 동양사회사상학회. 75-101.

김용옥. 『여자란 무엇인가?』. 서울: 통나무, 1989.

김종미. 「양강(陽强)과 음유(陰柔)의 변주」. 『유교와 페미니즘』. 서울: 철학과 현실사, 2001. 196-240.

노자. 임수무 역해. 『도덕경』. 대구: 계명대학교출판부, 2001.

이현지. 「음양론의 여성학적 함의」. 『동양사회사상』 4. 2001. 동양사회사상학회. 255-75.

주백곤. 김학권 역. 『주역산책』. 서울: 예문서원, 1999.

최수빈. 「『노자도덕경』을 통해 조명해 본 '여성해방'」. 『노장사상과 동양문화』. 한국도교사상연구회 편. 서울: 아세아문화사, 1995. 29-61.

최영진. 「유교와 페미니즘, 그 접점의 모색」. 『유교와 페미니즘』. 서울: 철학과 현실사, 2001. 64-81.

Buckely, W. K. "D. H. Lawrence's Gaze at the Wild West." D. H. Lawrence Review 25.1-3 (1993 & 1994): 35-47.

Carpenter, Rebecca. "'Bottom-Dog Insolence' And 'The Harem Mentality': Race and Gender in The Plumed Serpent." D. H. Lawrence Review 25.1-3 (1993 & 1994): 119-29.

Iida, Takeo. "Lawrence's Pagan Gods and Christianity." D. H. Lawrence

Review 23.1-3(Summer-Fall 1991): 179-190.
Keith Sagar. The Art of D. H. Lawrence. New York: Cambridge UP, 1966.
Lawrence, D. H. Apocalypse. New York: Penguin Books, 1995.
____________. The Plumed Serpent. New York: Vintage Books, 1992.
____________. James T. Boulton Ed. The Selected Letters of D. H. Lawrence. New York: Cambridge U P, 1996.
Millett, Kate. Sexual Politics. New York: Avon Books, 1971.
Pritchard, R. E. D. H. Lawrence: Body of Darkness. U of Pittsburgh P, 1971.
Roberts, Neil. "The Novelists as Travel Writer: The Plumed Serpent." D. H. Lawrence Review 25.1-3 (1993 & 1994): 130-39.
Spence, Lewis. The Myth of Mexico and Peru. New York: Dover Publications, 1955.
(http://www.personal.psu.edu/faculty/o/x/oxf3/aztec_feathered.html).
Storch, Margaret. "But Not the America of the Whites": Lawrence's Pursuit of the True Primitive." D. H. Lawrence Review 25. 1-3 (1993 & 1994): 48-62.
VanHoosier-Carey, Kimberly. "Struggling With the Master: The Position of Kate and the Reader in Lawrence's 'Quetzalcoatl' and The Plumed Serpent." D. H. Lawrence Review 25.1-3 (1993 & 1994): 104-18.

3-2. 무위자연의 정치학 — 어슐러 K. 르귄의『어둠의 왼손』

김영주.「그림 성인지도와 치세지도에 의한 노자사상의 새로운 해석」.『동양사회사상』22 (2010): 81-115.

김종미. 「이성의 왕국에서 시시비비를 가려 참과 거짓의 표준을 세우다 – 왕충(王充)의 논형(論衡)」. 『동양의 고전을 읽는다 2』. 강신주 외. 서울: 휴머니스트, 2010. 191-206.

왕필. 『왕필의 노자주』. 임채우 역. 서울: 한길사, 2005.

이권. 「노자의 여성성」. 『한국여성철학』 창간호 (2001): 31-52.

최진석. 「이 세상에 자연의 질서를 적용하자 – 노자(老子)의 도덕경(道德經)」. 『동양의 고전을 읽는다 2』. 강신주 외. 서울: 휴머니스트, 2010. 19-34.

Bain, Dena C. *Ursula K. Le Guin*. Ed. Harold Bloom. New York: Chelsea House, 1987. 211-24.

Bloom, Harold. "Introduction." *Ursula K. Le Guin*. Ed. Harold Bloom. New York: Chelsea House, 1987. 1-10.

Brown, Barbara. "*The Left Hand of Darkness: Androgyny, Future, Present, and Past.*" *Ursula K. Le Guin*. Ed. Harold Bloom. New York: Chelsea House, 1987. 225-34.

de Beauvoir, Simone. *The Second Sex*. Trans. Constance Borde and Sheila Malovany Chevaller. New York: Gallimard, 2009.

Klein, Gérard. "Le Guin's 'Aberrant' Opus: Escaping the Trap of Discontent." *Ursula K. Le Guin*. Ed. Harold Bloom. New York: Chelsea House, 1987. 85-98.

Jameson, Fredric. *Archaeologies of the Future: The Desire Called Utopia and Other Science Fictions*. New York: Verso, 2005.

______________. "World-Reduction in Le Guin: The Emergence of Utopian Narrative." *Ursula K. Le Guin*. Ed. Harold Bloom. New York: Chelsea House, 1987. 57-70.

Le Guin, Ursula. *The Left Hand of Darkness: 25th Anniversary Edition*. New York: Walker and Company, 1994.

______________. *The Left Hand of Darkness*. New York: Ace Books, 1976.

Magarey, Susan. "Dreams and Desires: Four 1970s Feminist Visions of Utopia." *Australian Feminist Studies* 22. 53 (2007): 325-42.

Marcellino, Willaim. "Shadows to Walk: Ursula Le Guin's Transgressions in Utopia." *The Journal of American Culture* 32.3 (2009): 203-13.

Mellor, Annek. "On Feminist Utopias." *Women's Studies: An Interdisciplinary Journal* 9 (1982): 241-62.

Rabkin, Eric S. "Determinism, Free Will, and Point of View in *The Left Hand of Darkness*." *Ursula K. Le Guin*. Ed. Harold Bloom. New York: Chelsea House, 1987. 155-70.

Ruby, Kathy. "Ethics, Reproduction, Utopia: Gender and Childbearing in *Woman on the Edge of Time and The Left Hand of Darkness*. NWSA 46 (2001): 22-39.

Scholes, Robert. "The Good Witch of the West." *Ursula K. Le Guin*. Ed. Harold Bloom. New York: Chelsea House, 1987. 35-46.

Wendell, Carolyn. "The Alien Species: A Study of Women Characters in the Nebula Award Winners, 1965-1973." *Extrapolation* 20.4 (1979): 343-54.

4-1. 고은과 개리 스나이더의 공과 그 정치학

강용기. 「개리 스나이더의 공성(空性): 『정상의 위험』을 중심으로」. 『문학과 환경』 13-1 (2014): 33-51.

고 은. 『개념의 숲』. 서울: 신원문화사, 2009.

______. 『高銀 詩全集 1』. 서울: 민음사, 1983.

______. 『高銀 詩全集 2』. 서울: 민음사, 1983.

______. 『萬人譜 1·2·3』. 서울: 창작과비평사, 2010.

______. 『白頭山 1·2』. 서울: 창작과비평사, 1987.

고 은, 김형수. 『두 세기의 달빛』. 파주: 한길사, 2012.
김재홍. 『생명·사랑·평등의 시학 탐구』. 서울: 서정시학, 2014.
김 현. 『우리 시대의 문학』. 서울: 문장사, 1980.
이경호. 「허무의 바다에서 화엄의 땅으로 문학적 연대기」. 『작가세계』 3.3 (1991): 18-60.
송기한. 『고은』. 서울: 건국대학교출판부, 2003.
최원식. 「일이 결코 기쁨인 나라」. 『전원시편』. 서울: 민음사, 2007. 289-306.
Snyder, Gary. *danger on peaks*. Washington, D.C.: Shoemaker Hoard, 2004.
__________. *No Nature*. New Work: New Directions, 1992.
__________. *The Practice of the Wild*. San Francisco: North Point Press, 1990.
__________. *The Real Work*. New York: New Directions, 1980.
__________. *Turtle Island*. New York: New Directions, 1974.
__________. *Gary. Axe Handles*. Sanfrancisco: North Point Press, 1983.
__________. *Back on the Fire*. Berkeley, CA: Counterpoint, 2007.
__________. *danger on peaks*. Washington, D.C.: Shoemaker Hoard, 2004.
__________. *Earth House Hold*. New York: New Directions, 1969.
__________. *Myths & Texts*. New York: Totem Press, 1960.

4-2. 토착문화로 귀의하는 김지하와 개리 스나이더의 생태시학

김영일(옛 이름 김지하). 『옛 가야에서 띄우는 겨울 편지』. 서울: 두레, 2000.
김지하. 『타는 목마름에서 생명의 바다로』. 서울: 동광출판사, 1991.
______. 『애린 Ⅰ』. 서울: 실천문학사, 1986.
______. 『애린 Ⅱ』. 서울: 실천문학사, 1986.
______. 『중심의 괴로움』. 서울: 솔, 1994.

______. 『사상기행 1』. 서울: 실천문학사, 1999.
______. 『사상기행 2』. 서울: 실천문학사, 1999.
홍용희. 「김지하의 시세계와 생명주의적 상상력」. 『시와 생명』 창간호. 1999.
Kang, Yong-ki. "The Politics of Deconstruction in Snyder's Ripples on the Surface." *Studies in the Humanities* 26 (1999): 101.
Miller, J. Hillis. "Will Comparative Literature Survive the Globalization of the University and the New Regime of Telecommunications?" A Paper Presented in The Eighth Quadrennial International Conference on Comparative Literature in the R.O.C. (August 1999)
Murphy, Patrick. *A Place for Wayfaring.* Corvallis OR: Oregon State UP, 2000.
Snyder, Gary. *Myths & Texts.* New York: New Dorections, 1978.
__________. *Turtle Island.* New York: New Directions, 1974.
__________. *The Back Country.* New York: New Directions, 1968.
__________. *The Practice of the Wild: Essays by Gary Snyder.* San Francisco: North Point Press, 1990.
__________. *A Place in Space: Ethics, Aesthetics, and Watersheds.* Washington, D.C.: Counterpoint, 1995.
__________. *Mountains and Rivers Without End.* Washington, D.C.: Counterpoint, 1996.
__________. *Earth House Hold.* New York: New Directions, 1969.

4-3. 공(空)과 차연(差延)의 접점 — 개리 스나이더의 「수면의 물결」

Abe, Masao. *Zen and Western Thought.* Honolulu: U of Hawaii P, 1985.
Culler, Jonathan. *On Deconstruction.* London: Routledge, 1983.

Derrida, Jacques. *Dissemination.* Trans. Barbara Johnson. Chicago: U of Chicago P, 1981.

______________. *Of Grammatology*. Trans. G. C. Spivak. Baltimore: Johns Hopkins U P, 1976.

______________. "Signature, Sign, and Play in the Discourse of Human Science." *Writing and Difference.* Trans. Alan Bass. Chicago: U of Chicago P, 1978. 278-94.

Magliola, Robert. *Derrida on the Mend.* West Lafayette: Purdue UP, 1986.

Molesworth, Charles. "The Political and Poetic Vision of Turtle Island." *Critical Essays on Gary Snyder.* Boston: G. K. Hall, 1991. 144-56.

Murphy, Patrick D. *Understanding Gary Snyder.* Columbia: U of South Carolina P, 1992.

Quigley, Peter. "The Ground of Resistance: Nature and Power in Emerson, Meville, Jeffers, and Snyder." Diss. Indiana U of Pennsylvania, 1990.

Snyder, Gary. *Axe Handles.* San Francisco: North Point Press, 1983.

___________. *Earth House Hold.* New York: New Directions, 1969.

___________. *Mountains and Rivers Without End Plus One.* Bolinas: Four Seasons Foundation, 1979.

___________. *No Nature: New and Selected Poems.* New York: Pantheon 1992.

___________. *The Practice of the Wild. San Francisco*: North Point Press, 1990.

___________. *The Real Work.* New York: New Directions, 1980.

___________. *Turtle Island.* New York: New Directions, 1974.